수능 필수 영단어 1900

Can do!
수능 필수 영단어 1900

찍은날 ▎ 2007년 7월 10일
펴낸날 ▎ 2007년 7월 16일

지은이 ▎ MEC 언어연구팀
펴낸이 ▎ 조 명 숙
펴낸곳 ▎ 도서출판 맑은창
등록번호 ▎ 제16-2083호
등록일자 ▎ 2000년 1월 17일

주소 ▎ 서울 · 금천구 가산동 771 두산 112-502
전화 ▎ (02) 851-9511
팩스 ▎ (02) 852-9511
전자우편 ▎ hannae21@korea.com

ISBN 978-89-86607-60-4 53740

값 6,500원

• 잘못된 책은 바꾸어드립니다.

Can do!

수능 필수 영단어 1900

MEC 언어연구팀

도서출판 **맑은창**

Can do!

머리말

"There is no royal road to learning."
학문에는 왕도가 없다.

하지만 [can do! 수능 필수 영단어]로 수능 외국어 영역을 준비한다면 없는 길도 보입니다.

수능 외국어 영역은 무엇보다 어휘력이 중요합니다.

1. **수능 기출 문제**를 완벽하게 **분석**하여 수능 적중 어휘를 모두 모았습니다. 뿐만 아니라 **각종 고교 영어 교과서**를 **분석**하여 고등학교 영어 시험에서 좋은 점수를 받을 수 있습니다.

2. **단어별**로 **뜻과 파생어**를 한 눈에 볼 수 있도록 편집하여 학습 효과를 극대화할 수 있습니다.

3. 시사, 격언, 생활 등 **여러 분야**의 **예문**을 고루 다룸으로써 다양한 단어의 활용을 보여주고 있습니다.

[can do! 수능 필수 영단어]가 보여주는 빠르고 정확한 수능 외국어 영역 만점의 길로 달려가세요.

Contents

Chapter 1

수호천사

최우선 순위 필수 영단어

빈출/출제 경향 분석,

항상 출제되는 –

절대 사수 450단어

0001

expert

[ékspə:rt]

명 전문가　형 숙련된/노련한

▌ Experts say that not all hackers are criminals.
전문가들은 모든 해커들이 범죄자는 아니라고 합니다.

▌ If you keep plugging away, you'll be an expert soon.
꾸준히만 하면 금방 노련해질 것이다.

· 숙 **be expert at[in]** ~에 능숙하다
· **a linguistic expert** 어학의 전문가
· **be expert in driving a car** 자동차 운전을 잘 한다

0002

reflect

[riflékt]

동 반사하다/반영하다/숙고하다

▌ I need time to reflect on your offer.
당신의 제안을 깊이 생각할 시간이 필요합니다.

· 명 **reflection**　형 **reflective**
· 숙 **reflect on[upon]** ~을 반성하다[숙고하다]
· **A mirror reflects the light.** 거울은 빛을 반사한다.
· **without reflection** 생각해 보지 않고, 경솔하게

0003

hesitate

[hézitèit]

동 주저하다/망설이다

▌ When you have a good chance, do not hesitate to grab it.
좋은 기회가 왔을 때 망설이지 말고 꽉 잡으세요.

· 명 **hesitation**　형 **hesitative, hesitant**
· 숙 **without hesitation** 망설임없이
· 숙 **be hesitant about** ~에 대해서 망설이다

0004

attempt

[ətémpt]

명 시도　동 시도하다/꾀하다

▌ He dived in an attempt to save the child from drowning.
그는 물에 빠진 아이를 구하려고 물로 뛰어들었다.

▌ He made an attempt to resist his attackers.
그는 자신을 공격하는 사람들에게 저항하려고 하였다.

· **attempted burglary** 강도 미수
· 숙 **make an attempt** 시도하다, 꾀하다

0005

retire

[ritáiər]

동 은퇴하다/퇴직하다

It is important to have a nest egg saved up so that you can retire comfortably.
안심하고 퇴직할 수 있도록 비상 자금을 모아두는 것이 중요하다.

· 명 **retirement**　형 **retired**
· **retire into a country** 낙향하다
· **go into retirement** 은거하다
· **retiree** 퇴직자 / **retirement allowance** 퇴직금

0006

rank

[ræŋk]

동 등급을 매기다/분류하다　명 계급/지위

We will soon join the ranks of advanced nations.
우리는 곧 선진국의 대열에 들게 될 것입니다.

He was advanced to the rank of general.
그는 장군으로 진급했습니다.

· 명 **rank**　형 **ranking**
· **a man of rank** 지위가 높은 사람
· **second-ranked** 서열 2위의

0007

forbid

[fəbíd]

동 금지하다

The tenets of his religion forbid divorce.
그가 믿는 종교의 교리는 이혼을 금하고 있습니다.

· 형 **forbidden** *cf.* 반 **allow** 허락하다
· 숙 **forbid A to B** A로 하여금 B를 금지시키다
· 숙 **forbid someone to ~** ~을 금하다

0008

assume

[əsúːm]

동 추정하다/가정하다/띠다/떠맡다

Let's assume what he says to be true.
그가 말하는 것을 사실이라고 생각합시다.

· 명 **assumption**　형 **assumptive**
· 숙 **assume that ~** ~을가정하다
· **assume to be deaf** 귀먹은 척하다
· **assume the offensive** 공격 태세를 띠다
· **assume the responsibility** 책임을 떠맡다

0009

strain

[strein]

명 긴장/피로 동 (발목 등) 삐다/힘껏 노력하다

■ It will strain your eyes by sitting too close to the TV.
TV를 너무 가까이에서 보면 눈이 나빠진다.

■ It was a hard strain to reach the mountain top.
산의 정상까지 올라가는 건 무척 힘든 일이었습니다.

· 형 **strained** 긴장된, 팽팽한
· **strain the truth** 진실을 왜곡하다

0010

interpret

[intə́ːrprit]

동 해설하다/통역하다/설명하다

■ He will need somebody to interpret for him.
그 사람에게는 통역해 줄 사람이 필요할 것이다.

· 명 **interpretation** *cf.* 유 **translate** 통역하다
· **interpreter** 통역가, 해설가
· **interpret between two persons**
두 사람 사이의 통역을 하다

0011

obtain

[əbtéin]

동 얻다/달성하다/획득하다

■ He tried to obtain money, but to no end.
그는 돈을 얻으려고 애썼지만 허사였다.

· 형 **obtainable** *cf.* 유 **acquire** 얻다, 획득하다
· **obtain a position** 지위를 얻다
· **obtain knowledge through study**
연구를 통해서 지식을 얻다

0012

confirm

[kənfə́ːrm]

동 확인[확증]하다/뒷받침하다

■ I want to confirm my ticket reservation.
저의 탑승권 예약을 확인하고 싶습니다.

· 명 **confirmation** 형 **confirmed**
· **confirm a rumor** 소문이 사실임을 확증하다
· **confirm a reservation** 예약한 것을 확인하다
· **confirm a treaty** 조약을 비준하다

0013

interfere 동 방해하다/간섭하다

[intəfíər]

▌ Don't interfere with him while he's studying.
그가 공부하고 있을 때에는 방해하지 마라.

· 명 **interference** 방해, 간섭
· 숙 **interfere with** ~을 방해하다, ~을 훼방 놓다
· 숙 **interfere in** 참견하다, 간섭하다
· **interfere in another's life** 남의 생활에 간섭하다

0014

guarantee 동 보장하다/보증하다 명 약속/보증(서)

[gǽrəntíː]

▌ I can't guarantee anything, but I'll do what I can.
보장은 못 하지만, 최선을 다해 보겠습니다.

▌ All reputable companies give a guarantee.
신용 있는 회사는 모두 상품 보증서를 준다.

· cf. 유 **assure, warrant** 보증하다, 보장하다
· 숙 **guaranteed that~** (일의 실현 등을) 장담한다

0015

occur 동 발생하다/문득 생각나다

[əkə́ːr]

▌ When did the accident occur?
그 사고는 언제 발생했습니까?

▌ A good idea occurred to me.
내게 좋은 생각이 떠올랐다.

· 명 **occurrence** 발생, 사건
· 숙 **occur to one** 문득 ~의 머리에 떠오르다
· **if anything should occur** 만일의 경우에

0016

concentrate 동 집중하다/응집하다

[kánsentrèit]

▌ I can't concentrate on something else until the first thing is completed.
먼저 일을 끝내지 않고는 다른 것에 집중할 수가 없습니다.

· 명 **concentration** 집중
· 숙 **concentrate (A) on** (A를) ~에 집중하다
· 숙 **concentrate one's effort on**
　　~에 모든 노력을 집중하다

comment

[káment]

동 논평하다/의견을 말하다　명 논평/해설

▌ His comment gave rise to another trouble.
그의 논평은 또 다른 말썽을 일으켰다.

▌ A critic made a pointed comment on the play.
한 비평가가 그 연극에 대해 신랄한 논평을 했다.

▌ Your comments don't even warrant a reply.
당신의 의견에는 대답조차 할 수 없습니다.

▌ His comments are detailed but succinct.
그의 논평은 자세하면서도 간단 명료합니다.

- *cf.* 유 **remark, statement** 논평, 비평, 해설
- **commentator** 시사[방송] 해설가
- 숙 **comment on** ~에 대해 논평하다
- **commentary** 주석(=annotation), 설명, 논평
- **commentation** 주석을 닮, 논평함
- **no comment** 할 말이 없다
- **helpful comments** 유익한 비평
- **a sarcastic comment** 비꼬는 말

provide

[prəváid]

동 제공하다/공급하다

▌ The government cannot provide all young people with a job.
정부가 모든 젊은이들에게 일자리를 마련해 줄 수는 없습니다.

- 명 **provision** 형 **provident**
- 숙 **provide for** ~을 부양하다, ~에 준비[대비]하다
  I provide for my parents last year.
  나는 지난해부터 부모님을 부양하고 있습니다.
- 숙 **provide B with A** A에게 B를 공급하다
  The cow supplies us with milk.
  소는 우리에게 우유를 제공해 줍니다.
- 숙 **provide A with B** A에게 B를 공급하다
  Can you provide us with more information?
  더 자세한 정보를 우리에게 줄 수 있나요?
- 숙 **provide + 절** ~해 준다면(if의 대용으로 쓰임)
  I will go there, providing you go with me.
  네가 같이 가 준다면 나도 기꺼이 가겠다.

function

명 기능/행사/의식 동 작용하다/작동하다

[fʌ́ŋkʃən]

▍ The major function of the press is to give information to the public.
신문의 주 기능은 사회에 정보를 제공하는 것이다.

▍ The toilet bowl is not functioning.
변기가 제대로 작동을 안하는군요.

· 형 **functional** 기능상의, 실용적인
· cf. 반 **malfunction** 기능 불량, 오동작(하다)
· **the function of heart** 심장의 기능

recognize

동 인정하다/인식하다/알아보다

[rékəgnàiz]

▍ Why is Harvard recognized as the most competitive university?
하버드는 왜 최고의 명문대학으로 인정받는가?

▍ He recognized that he had been beaten.
그는 졌다는 것을 인정했다.

▍ At first, he did not recognize me.
처음에 그는 나를 알아보지 못했다.

· 명 **recognition** 인식, 인정
· 형 **recognizant** 의식하는
· 형 **recognizable** ~할 수 있는
· cf. 유 **identity, notice, know** 인식하다, 승인하다
· 숙 **recognize A as B** A를 B로 인정[간주]하다
  She recognized it as a matter of course.
  그녀는 그것을 당연한 일로 인정했다.

· 숙 **in recognition of** ~을 인정하여, ~의 보답으로
· **beyond recognition** 옛모습을 찾아볼 수 없을 정도로

improve

동 향상시키다/개선[개량]하다

[imprúːv]

▍ Nowadays my English is much improved.
요즘 저의 영어 실력이 많이 향상되었습니다.

· 명 **improvement** 개선, 향상
· cf. 유 **enhance, advance, upgrade** 개선[개량]하다
· **improve one's techniques** 기술을 향상시키다
· **improvement in health** 건강의 증진

0022
feature
[fíːtʃər] 동 크게 다루다 명 특징/용모/모양/영화

▌ I think my best feature is my eyes.
나의 매력 포인트는 눈이라고 생각합니다.

▌ What time does the second feature start?
두 번째 영화는 몇 시에 시작합니까?

· *cf.* 윤 **aspect, characteristic** 생김새, 특징, 특집기사
· **a notable feature** 현저한 특징
· **safety feature** 특수 안전 장치

0023
affect
[əfékt] 동 영향을 미치다/작용하다/애정을 품다

▌ He was affected by heatstroke.
그는 더위를 먹었다.

▌ Adult magazines can affect teens.
성인 잡지들이 청소년들에게 악영향을 끼칠 수 있다.

· 명 **affection** 형 **affective**
· 숙 **be affected by** 반응하다, 영향을 받다
· 숙 **be affected with A** A(질병 등)에 걸리다

0024
struggle
[strʌ́gl] 명 투쟁/분투 동 싸우다/애쓰다

▌ They have attained glory after a long struggle.
그들은 긴 투쟁 끝에 영광을 차지했다.

· 숙 **struggle for** ~하려고 싸우다, ~을 얻으려 노력하다
· 숙 **struggle ~ to** 분투[고투]하다
· **struggle to calm oneself** 냉정하려고 애쓰다
· **struggle with adversity** 역경과 싸우다
· **the struggle for jobs** 직업 전선

0025
risk
[risk] 명 위험/모험 동 위험을 무릅쓰다

▌ Each day they went after food at the risk of their lives.
그들은 매일 목숨을 걸고 음식을 구하러 갔다.

· *cf.* 윤 **danger, hazard, peril** 위험, 모험
· 숙 **at risk** 위험에 처한
· 숙 **at all risks** 고난을 무릅쓰고
· 숙 **at the risk of** ~의 위험을 무릅쓰고
· 숙 **run a risk** 위험을 무릅쓰다(= take a risk)

0026

conceal

[kənsíːl]

동 숨기다/비밀로 하다

▎ He wasn't able to conceal his embarrassment.
그는 당황한 기색을 감출 수 없었다.

· 명 concealment 은폐, 은닉
· cf. 유 very, hide, secrete 숨기다
· cf. 반 reveal, disclose 폭로하다
· in concealment 숨어서

0027

abandon

[əbǽndən]

동 포기하다/버리다/단념하다

▎ Because I was poor, I had to abandon my idea of going to college.
가난 때문에, 대학에 진학하려던 내 꿈을 포기해야만 했습니다.

· 명 abandonment 포기, 유기, 자포자기
· cf. 유 desert, forgo, forsake, give up 포기하다
· 숙 abandon oneself to ~(감정 등)에 사로잡히다
· abandon one's home 생가를 떠나다

0028

reduce

[ridjúːs]

동 감소하다/줄이다

▎ The strike has reduced output by half.
파업 때문에 생산량이 절반으로 줄었다.

· 명 reduction 형 reductive
· cf. 유 decrease, cut back
· 숙 at a reduced price 할인 가격으로
· 숙 reduce one's weight 체중을 줄이다

0029

adopt

[ədápt]

동 입양하다/채택하다/받아들이다

▎ Many companies have already adopted the annual salary system.
많은 회사들이 이미 연봉제를 채택하고 있어요.

· 명 adoption 형 adoptive
· cf. 유 take up, embrace, accept 채택하다
· adopt a proposal 제안을 채택하다
· adopt a child 양자로 삼다

involve

[inválv]

동 포함하다/관계하다

▌ The expenses involve the accommodation fee.
그 경비에 숙박료도 포함되어 있다.

▌ I don't want to be involved in the argument.
나는 그 논쟁에는 관련되고 싶지 않다.

· 명 **involvement** 연루, 포함
· *cf.* 유 **contain, include, concern** 포함하다
· 숙 **be involved in** ~에 몰두하다, ~에 관여하다

deserve

[dizə́:rv]

동 받을 만하다/할 가치가 있다

▌ None but the brave deserve the fair.
용감한 자만이 미녀를 차지할 수 있다.

▌ This book deserves to be read.
이 책은 읽어볼 만합니다.

▌ Teachers deserve to receive respect all year long for the hard work they do.
교사들은 일년 내내 힘든 일을 하시는 것에 대해 존경을 받아 마땅합니다.

· 형 **deserved** 당연한 부 **deservedly** 당연히
· *cf.* 유 **be entitled to** 할 자격이 있다
· *cf.* 유 **be worthy of** 할 가치가 있다
· The matter deserves consideration.
  = The matter deserves to be considered.
  = The matter deserves considering.
  그 일은 고려할 가치가 있다.

· 숙 **deserve well[ill] of** 상(벌)을 받을 만하다

candidate

[kǽndidèit]

명 지원자/후보자

▌ I voted for the candidate of the opposition party.
나는 야당 후보에게 찬성표를 던졌다.

▌ The candidate captured 43% of the vote.
그 후보는 투표의 43%를 얻었다.

· **a successful candidate** 당선자
· 숙 **be a candidate for** ~에 입후보하다

0033

victim 명 희생자/피해자/희생(물)

[víktim]

▌ The flood claimed thousands of victims.
그 홍수로 수천 명의 피해자가 났다.

· 동 **victimize** 희생하다
· *cf.* 유 **sacrifice, sufferer, casualty** 희생, 희생자
· 숙 **fall a victim to** 희생이 되다
· **flood[earthquake] victims** 홍수[지진] 이재민

0034

resume 동 다시 시작하다/재개하다 명 이력서

[rizúːm]

▌ After snow, I resumed our journey.
눈이 그치고 나서 나는 여행을 다시 계속했다.

▌ Please send your application with a resume.
이력서와 함께 지원서를 보내 주시기 바랍니다.

· 명 **resumption** 재개, 회복
· *cf.* 유 **go on with** 재개하다
· 숙 **resume one's seat** 다시 자리로 돌아가다

0035

clue 명 실마리/단서

[kluː]

▌ I peered into every window to find a clue.
단서를 얻기 위해 모든 창 안을 자세히 보았다.

▌ You seem to have found a clue to the mystery.
당신은 그 수수께끼의 단서를 발견한 것 같군요.

· *cf.* 유 **hint, indication**
· 숙 **not have a clue** 어림이 안 잡히다
· 숙 **get a clue** 실마리를 얻다

0036

complex 형 복잡한 명 종합빌딩/복합체

[kəmpléks]

▌ The problem is very complex.
문제는 몹시 복잡하다.

· 명 **complexity** 복잡성 *cf.* 반 **simple** 간단한
· *cf.* 유 **complicated, intricate** 복잡한
· **inferiority complex** 열등감
· **apartment complex** 아파트 단지

0037

professional · 형 전문적인/프로의 · 명 전문가/프로

[prəféʃənəl]

▌ I have a few kinds of professional licenses.
나는 몇 종류의 전문 자격증을 가지고 있습니다.

· 명 **profession** · 동 **professionalize**
· *cf.* 반 **nonprofessional** 직업적인 아닌, 전문이 아닌
· *cf.* 반 **amateur** 아마추어
· **professional consciousness** 직업 의식

0038

scale · 명 저울(의 눈금)/계급/규모

[skeil]

▌ Would you take off your shoes and step on the scale, please?
신발을 벗고 저울 위에 올라가 주시겠습니까?

· 숙 **on a large scale** 대규모로
· **remove the scale from a fish** 생선비늘을 제거하다
· **weigh oneself on the scales** 저울로 체중을 달다

0039

opportunity · 명 기회/호기

[ɑpətjúːnəti]

▌ Opportunity makes the thief.
틈을 주면 마가 낀다. (견물생심)

▌ Opportunity seldom knocks twice.
기회는 두 번 오지 않는다.

· 형 **opportune**
· *cf.* 유 **chance, occasion, opportunity**
· **a magnificent opportunity** 절호의 기회

0040

majority · 명 대부분/다수/과반수/성년

[mədʒárəti]

▌ The candidate won by an overwhelming majority.
그 후보가 압도적인 다수표로 이겼다.

· 형 **major** 대다수의, 주요한   *cf.* 반 **minority** 소수의
· 숙 **join the majority** 죽다
· **majority rule** 다수결 원리
· **majority leader** 다수당 원내 총무
· **reach one's majority** 성년에 달하다

individual 　형 개인의/독특한　명 개인

[indivídʒuəl]

▌ Each speaker has an individual style of speaking.
사람마다 말하는 방법은 가지각색이다.

· 명 **individuality**　동 **individualize** 낱낱으로 구별하다
· *cf.* 유 **private, personalized, distinctive**
· **the rights of individual** 개인의 권리
· **individual tutor** 과외
· **individual difference** 개인차

previous 　형 이전의/앞의/예비의

[príːviəs]

▌ He left Seoul previous to my arrival.
내가 도착하기도 전에 그는 서울을 떠났어.

· 부 **previously** 이전에
· *cf.* 유 **former, earlier, prior, preceding**
· 숙 **previous to** ～에 앞서서, ～보다 전에
· **a previous engagement** 선약

tropical 　형 열대의

[trápikəl]

▌ Coral reefs are built up mainly of coral in tropical areas.
산호초는 열대지방에서 주로 산호에 의해서 형성된다.

· 명 **tropic** 열대
· **tropical night** 열대야
· **a tropical rain forest** 열대 우림

sum 　명 액수/총액　동 합계하다/요약하다

[sʌm]

▌ He subscribed a large sum to charities.
그는 자선 사업에 거액을 기부했다.

· *cf.* 유 **total, amount** 총액
· 숙 **to sum up** 간단히 말해서
· **payment in a lump sum** 일시 불입
· **vast sums of money** 막대한 액수

outstanding   휑 현저한/눈에 띄는/미해결의/탁월한

[àutstǽndiŋ]

■ This is one of the outstanding paintings.
이것은 걸작 회화들 중 하나이다.

· 동 **outstand** 눈에 띄다, 돌출하다
· cf. 유 **excellent, great, superior** 탁월한
· cf. 유 **remarkable, noticeable, marked, distinguished** 현저한, 눈에 띄는
· **an outstanding figure** 두드러진 인물, 걸물

enormous   휑 막대한/거대한

[inɔ́ːrməs]

■ He was under enormous strain during the trial.
그는 재판중에 엄청난 스트레스를 받았다.

· 명 **enormity** 무법, 극악, 거대
· cf. 유 **huge, vast, immense, tremendous** 막대한
· 숙 **make enormous profits** 막대한 이익을 챙기다
· **an enormous difference** 엄청난 차이

capable   휑 할 수 있는/유능한

[kéipəbl]

■ He is certainly a capable dentist.
그는 확실히 유능한 치과 의사야.

· 명 **capacity** (잠재)능력/수용능력 명 **capability** 능력
· cf. 유 **able, capable, competent, qualified**
· 숙 **be capable of** 할 수 있다
· **a man of capable anything** 무슨 짓이든 할 사람

permanent   휑 영원한/영속하는/영구의/내구성의

[pə́ːrmənənt]

■ You need something stable and permanent.
안정적이고 천직으로 생각할 수 있는 게 필요해.

· 명 **permanence** 부 **permanently** 영원히
· cf. 반 **temporary** 일시적인
· **permanent wave** 파마
· **permanent magnet** 영구자석

0049

guilty

[gílti]

형 유죄의/죄의식을 느끼는/결점이 있는

‖ He was sentenced guilty of murder.
그는 살인으로 유죄가 선고됐다.

· 명 **guilt** 죄, 유죄
· *cf.* 반 **innocent** 결백한　*cf.* 유 **sinful** 유죄의
· 숙 **be guilty of** 죄를 짓다
· **a guilty conscience** 양심의 가책

0050

factor

[fǽkər]

명 요소/요인

‖ With the wind chill factor, it's below zero.
체감 온도가 영하야.

‖ Patience is an important factor in language learning.
인내력은 언어 학습의 중요한 요소다.

· *cf.* 유 **component, constituent, element** 요소
· **a factor of happiness** 행복의 요인
· **factor of production** 생산 요소

0051

potential

[pouténʃəl]

형 가능성 있는/잠재적인　명 잠재능력

‖ I'd like to work with a company which has a growing potential.
나는 장래성이 있는 회사에서 일하고 싶습니다.

· *cf.* 유 **possible, promising, likely** 가능성 있는
· **a potential winner** 우승 후보
· **a potential customer** 잠재적 고객

0052

essential

[isénʃəl]

형 본질적인/필수적인

‖ A refinement is essential in the watch making.
정밀함은 시계 제조에서 필수다.

· 명 **essence** 본질　부 **essentially** 본질적으로
· *cf.* 유 **indispensable, vital, crucial**
· 숙 **be essential for** ~에 필수적이다
· **essential qualities** 본질

moral 〔형〕 도덕적인/윤리의

[mɔ́:rəl]

▌ His action is wrong by moral standards.
그의 행동은 도덕적 기준으로 볼 때 그릇되었다.

· 〔명〕 **morality** 도덕성　〔동〕 **moralize** 교화하다
· *cf.* 〔유〕 **ethical, righteous, virtuous**
· *cf.* 〔반〕 **immoral** 부도덕한/**nonmoral** 도덕에 관계없는
· 〔숙〕 **cultivate the moral sense** 도의심을 기르다
· **moral paralysis** 도덕적 불감증

constant 〔형〕 지속적인/끊임없이 계속하는/불변의

[kánstənt]

▌ Life is a constant struggle.
인생은 투쟁의 연속이다.

▌ Keeping fit is a constant struggle.
끊임없는 살과의 전쟁이다.

· 〔명〕 **constancy**　〔부〕 **constantly**
· *cf.* 〔유〕 **continuous, nonstop**　*cf.* 〔반〕 **inconstant**
· 〔숙〕 **be in constant pain** 통증이 계속되다

positive 〔형〕 긍정적인/적극적인

[pázətiv]

▌ Positive thinking will help you succeed.
긍정적인 생각이 성공에 도움이 될 것이다.

▌ She shows a very positive attitude to her work.
그녀는 자신의 일에 매우 적극적인 태도를 보인다.

· *cf.* 〔반〕 **negative** 부정의
· **positive proof** 확증
· **positive growth** 플러스 성장

severe 〔형〕 심한/모진/엄(격)한

[sivíə:r]

▌ I have never experienced such a severe cold before.
이런 호된 추위는 처음이에요.

· 〔부〕 **severely** 심하게, 엄하게
· *cf.* 〔유〕 **rigid, stern, strict, square, cruel**
· *cf.* 〔반〕 **mild** 부드러운, 순한, 온화한
· 〔숙〕 **suffer severly from** ～로 몹시 고생하다
· **a severe capital crunch** 심각한 자본 결핍

consequence · 명 결과/중요성

[kánsikwəns]

▮ Consider the consequences before deciding.
결정하기 전에 결과를 고려해라.

▮ It is of no consequence.
그것은 중요하지 않다.

· 형 **consequent, consequential**
· *cf.* 유 **effect, outcome, result, upshot**
· 숙 **in consequence of** ~의 결과로(= as a result of)
In consequence of the terrorist attack, the airport is closed now.
테러 공격으로 인해 현재 공항이 폐쇄되었다.

· 숙 **of consequence** 중요한
Your participation is of consequence to our project.
너의 참여는 우리의 프로젝트에 매우 중요하다.

· 숙 **as a consequence** ~의 결과로서, ~때문에
She broke her leg and as a consequence she couldn't drive for long.
그녀는 다리가 부러져 오랫동안 운전을 할 수 없었다.

encounter · 명 조우/충돌 동 직면하다/조우하다

[enkáuntər]

▮ If you encounter an unexpected problem, how do you face it?
예상치 못했던 문제에 부딪치면 어떻게 대처하나요?

▮ I encountered a childhood friend by change.
어릴 적 친구와 우연히 만났다.

· *cf.* 유 **come across, meet by chance** 조우하다
· 숙 **encounter with danger** 위험에 부닥치다

advantage · 명 이점/우월성/우세

[ædvǽntidʒ]

▮ It's a great advantage to speak English well.
영어를 잘 하는 것은 아주 유리하다.

· 형 **advantageous** *cf.* 반 **disadvantage** 불이익
· *cf.* 유 **benefit, gain, good, interest, profit** 이익
· 숙 **for the advantage of** ~을 위하여
· 숙 **take advantage of** ~을 이용하다
· 숙 **have the advantage to** ~에게 유리하다

0060

issue

동 발행하다/나오다 명 쟁점/논점/발행물

[íʃuː]

▎ The attempt issued in failure.
그 시도는 실패로 끝났다.

· 명 **issuance** 발행, 발급
· *cf.* 유 **topic, matter** 논점, 논쟁
· 숙 **at issue** 논쟁중인, 미해결인
· 숙 **issue a statement** 성명을 발표하다
· 숙 **take issue with** 반대하다

0061

temper

동 진정시키다 명 기질/기분/노여움

[témpər]

▎ When he lost his temper, he showed himself in his true color.
화가 나자 그는 본색을 드러내었다.

▎ With your bad temper, you can't expect people to get along with you.
그런 마음씨를 가지고는 다른 사람과 같이 잘 해나갈 수 없어.

· 명 **temperance** 절제 형 **temperate** 온화한
　temperance movement 금주운동
　a temperate climate 온화한 기후
· *cf.* 유 **rage, fury, anger** 노여움
· 숙 **lose[keep] one's temper** 화를 내다[참다]
· 숙 **get into a temper** 짜증내다
· 숙 **in a bad[good] temper** 기분 나쁜[좋게]
· 숙 **in a violent temper** 격노하여
· 숙 **govern one's temper** 화를 억제하다
· 숙 **restrain one's temper** 감정을 누르다

0062

reward

동 보상하다/상벌을 주다 명 보답

[riwɔ́ːrd]

▎ He will be rewarded for the betrayal.
그는 그 배신 행위에 대한 보복을 받을 것이다.

▎ No reward without toil.
땀을 흘리지 않고는 보상이 없다.

· 형 **rewarding** 보답이 있는, 가치있는
· *cf.* 반 **punishment** 벌
· 숙 **be without reward** 허사가 되다, 아무 소용 없다

0063

threat

[θrét]

명 위협/협박

▌ They threatened him at gunpoint.
그들은 그에게 총을 들이대며 위협했다.

· 형 **threatening** 위협적인 동 **threaten** 위협하다
· *cf.* 유 **warning** 위협
· 숙 **make a threat against** ～하겠다고 위협하다
· **a threatening note** 협박장

0064

disaster

[dizǽstər]

명 재앙/재난/참사

▌ That was a terrible disaster.
그것은 끔찍한 재앙이었지요.

· 형 **disastrous** 비참한, 재해의
· *cf.* 유 **calamity, catastrophe** 재해
· **man made disaster** 인재
· **natural disaster** 자연 재해

0065

influence

[ínfluːəns]

명 영향(력) 동 영향을 미치다

▌ Environment is a potent influence.
환경이 주는 영향은 크다.

· 형 **influential**
· *cf.* 유 **affect, impress, move, touch** 영향을 미치다
· 숙 **have influence on** ～에게 영향을 끼치다
· 숙 **under the influence** ～의 영향을 받아, 술에 취해
· **sphere of influence** 세력의 범위

0066

passion

[pǽʃən]

명 정열/열정

▌ He has a passion for rock.
그는 록에 열정적이다.

· 형 **passionate, passional**
· 숙 **(be) in a passion** 화가 나서, 격노하여
  (＝in a fury, giving way to anger, in one's anger)
· 숙 **have a passion for** 몹시 좋아하다
· **a passionate advocate** 열렬한 옹호자

species

[spíːʃiːz]

명 (분류 상의) 종/종류/형식

▎ Many species of animals and plants have been exterminated.
많은 종의 동식물이 멸종되었다.

· 숙 **a species of** 일종의
· **The Origin of Species** 종의 기원
· **endangered species** 멸종 위기의 동물

horizon

[həráizən]

명 범위/영역/지평

▎ The sun has sunk below the horizon.
해는 지평선 밑으로 떨어졌다.

▎ Studying abroad helped expand my horizons.
해외 유학은 내 시야를 넓히는 데 도움을 주었다.

· 형 **horizontal** 수평의
· 숙 **on the horizon** 수평선위에
· 숙 **within the horizon** 시야[시계]에

advance

[ædvǽns]

명 선불/전진 동 나아가다/승진하다

▎ The army advanced to the town.
군대는 마을로 진격했다.

▎ Scientists do experiments to advance our knowledge of the world.
과학자들은 세계에 대한 우리들 지식의 진보를 위해 실험을 한다.

▎ I'd like to buy an advance ticket for the concert.
연주회 예약 티켓을 사고 싶습니다.

· 명 **advancement** 형 **advanced**
· *cf.* 유 **proceed** 전진하다 *cf.* 반 **retreat** 퇴각하다
· 숙 **in advance** 미리, 선불로(=ahead of time)
  You had to prepare for the flood in advance.
  당신은 미리 홍수에 대비했어야 했다.
· 숙 **make advances to** 신청하다
· **advance notice** 사전 공지
· **advance in office** 승진하다

0070

quit

[kwit]

동 그만두다/끊다/떠나다

- I quit smoking for the sake of my health.
  그는 건강을 위해 담배를 끊었다.
- I think twice before deciding to quit school.
  나는 학교를 그만두기 전에 한번 더 생각해 보았다.

- 명 **quittance** 면제, 해제
- 숙 **give notice to quit** 사직을 권고하다
- 숙 **quit hold of** ~을 내주다

0071

purchase

[pə́:rtʃəs]

동 구입하다/사다 명 구매/산 물건

- There is a discount on a quantity purchase.
  대량 구매는 할인해 드립니다.
- Perhaps I'll purchase the more expensive one.
  더 비싼 쪽을 사겠습니다.

- 명 **purchaser** 구매자
- **a dearly purchased success** 큰 희생으로 얻은 성공
- **purchase price** 구입가

0072

fund

[fʌnd]

명 자금/기금/공채/축적 동 투자하다

- They raise funds to help children with heart disease.
  그들은 심장병 어린이를 돕기 위해 모금 운동을 합니다.

- **a relief fund** 구제 기금
- **International Monetary Fund** IMF(국제통화기금)
- **a fund of knowledge** 지식의 축적
- **scholarship fund** 장학금

0073

contact

[kántækt]

동 접촉하다/교신하다 명 연락/접촉

- Please contact us as soon as possible.
  가능한 한 빨리 우리한테 연락해 주세요.
- My apologies that I haven't contacted you for so long.
  오랫동안 연락 드리지 못해서 미안합니다.

- *cf.* 유 **connection, communication** 접촉, 연락
- 숙 **be in contact with** ~와 접촉하고 있다
- **point of contact** 접점(수학)

endeavor

명 노력/시도 동 노력하다

[endévər]

▮ We wish you every success in your future endeavors.
하시는 일마다 성공하시기를 기원합니다.

· *cf.* ㈲ **effect, exertion, pains, struggle** 노력
· *cf.* ㈲ **exert, strive, try** 노력하다
· ㈑ **make every endeavor** 전력을 다하다

treat

동 다루다/대우하다/치료하다 명 한 턱/큰 기쁨

[tri:t]

▮ I expect you to treat me more fairly.
나를 좀더 공평하게 대해줬으면 해.

▮ You ought to have your hand treated by a doctor.
네 손은 의사의 치료를 받아야 해.

▮ Father treated everyone dinner at a restaurant.
아버지는 음식점에서 모두에게 식사를 대접했다.

▮ I'd like to treat you to something special.
당신에게 특별히 한 턱 내고 싶습니다.

· 명 **treatment** 대우, 치료(법) 명 **treaty** 조약, 협정
receive cruel treatment 푸대접을 받다
make up a treaty 조약을 맺다

· *cf.* ㈘ **maltreat** 푸대접하다

· ㈑ **treat A as B** A를 B로 간주하다
Don't treat me as a child.
나를 어린애 취급하지 마라.

· **treat cancer** 암을 치료하다

review

동 복습[검토/논평]하다 명 복습/검토/비평

[rivjú:]

▮ I'd like you to review this English composition.
이 영작문을 검토해 주셨으면 합니다.

· 명 **reviewal**
· *cf.* ㈲ **run over** 검토하다
· ㈑ **review one's life** 일생을 회고하다
· ㈑ **pass ~ in review** 검사를 받다
· **review exercises** 복습용 과제

0077
conflict
[kánflikt]

동 대립하다/충돌하다 명 갈등/분쟁

▮ Our interests conflict with theirs.
우리의 이해는 그들의 이해와 상충된다.

▮ His testimony conflicts with yours.
그의 증언은 자네의 것과 어긋난다네.

· 숙 **in conflict with** ～와 충돌하여, ～와 싸워
· **race conflict** 인종 갈등
· **a conflict of arms** 교전

0078
insult
[insʌ́lt]

동 모욕하다 명 모욕/모욕적인 언행

▮ Stop all these insults.
남을 모욕하는 짓은 그만둬라.

▮ I won't stand for his insults anymore.
더 이상 그의 모욕을 참을 수 없어.

· *cf.* 유 **despise** 모욕하다
· **adding insult to injury** 상처에 모욕까지 더한 격
· **a personal insult** 인신 공격

0079
practice
[prǽktis]

동 연습하다/실행하다 명 연습/관습

▮ Practice makes perfect.
배우기보다 익혀라.

▮ The practice originated with the Chinese.
그 습관은 중국인에서 비롯되었다.

· 형 **practical** 부 **practically**
· 숙 **in practice** 사실상(＝in fact, actually)
· 숙 **make a practice of ~ing** ～를 습관으로 하다

0080
appeal
[əpíːl]

동 호소하다/간청하다 명 호소/간청

▮ They are confident they can appeal to her sense of duty.
그녀의 의무감에 호소할 수 있으리라고 그들은 확신하였다.

· 형 **appealing** 호소하는 듯한, 마음을 끄는
· 숙 **make an appeal to** ～에 호소하다
· 숙 **appeal to** 애원하다, 호소하다, 흥미를 주다
· **the final appeal** 최후의 수단

order

[ɔ́ːrdər]

명 질서/순서/주문 동 명령하다/주문하다

▌ He ordered me not to move.
그는 나에게 꼼짝하지 말라고 명령했다.

▌ Where is my order?
제가 주문한 것은 어디 있습니까?

▌ Are you ready to order, sir?
주문하시겠습니까?

· 형 **orderly** 질서 정연한, 정돈된
· 숙 **in order** 가지런하게, 순서대로
  She put the books in order.
  그녀는 책을 가지런하게 정돈했다.

· 숙 **out of order** 고장난, 병이 난
  My TV is out of order.
  TV가 고장났다.

· **peace and order** 안녕과 질서
· **in alphabetical order** 알파벳 순으로
· **order A from B** B에다 A를 주문하다
· **the order of precedence** 석차, 서열

detail

[díteil]

명 세부(사항) 동 상세한 설명을 하다

▌ But that is a detail.
그러나 그것은 사소한 일이잖아요.

· 형 **detailed**
· 숙 **in detail** 세밀하게, 상세히, (서두에서) 드디어
  I was too busy to explain it in detail.
  나는 너무 바빠서 그것을 자세히 설명하지 못했다.

· **a matter of detail** 하찮은(자질구레한) 일

respect

[rispékt]

동 존경하다/존중하다 명 존경/주의/관점

▌ I respect a hardworker like you.
나는 너처럼 열심히 일하는 사람을 존경한다.

· 형 **respectful** 공손한 형 **respectable** 존경할 만한
  He is respectful to age. 그는 노인을 공경한다.
  quite a respectable income 적지 않은 수입

· 숙 **in any respect** 어느 점에서도
· **have respect for** 존경하다, 중시하다

0084

benefit

[bénifit]

명 이익/구제/수당   동 이익이 되다

■ In the long run, it's going to benefit you.
결국 그게 당신에게 이득이 될 겁니다.

· 형 **beneficial**
· *cf.* 유 **advantage** 이익, 특혜
· 숙 **for the benefit of** ~를 위하여
· **a public benefit** 공익(公益)
· **a benefit concert** 자선 콘서트

0085

wreck

[rek]

명 난파(선)/충돌   동 파선시키다

■ Father had kittens when I wrecked his car.
내가 아버지 차를 고장 냈을 때 몹시 화를 내셨다.

■ He's a nervous wreck.
그는 정신적으로 문제가 있는 사람이다.

· 명 **wrecker** 레커차(tow truck)
· **the wreck of one's life** 인생의 파멸

0086

leisure

[líːʒər]

명 자유 시간/틈/여가

■ I don't get much leisure time.
여가를 즐길 만한 시간이 별로 없어요.

· 형 **leisured / leisurely**
· *cf.* 유 **spare time, rest** 여가
· 숙 **at leisure** 틈이 있어서, 한가하게, 느긋한, 천천히
· 숙 **at one's leisure** 한가한 때에, 편리한 때에
  (=one's convenience)

0087

addition

[ədíʃən]

명 추가/부가

■ The cubs are new additions to the zoo.
그 새끼 곰들은 동물원의 새 식구다.

· 동 **add** 형 **additional** 부가적인 / **additive** 부가하는
· 숙 **in addition** 게다가, 더구나
· 숙 **in addition to** ~뿐만 아니라, ~이외에도
  In addition to her beauty, she has a warm heart.
  그녀는 미모뿐만 아니라 마음까지도 따뜻하다.

transfer

동 옮기다/양도하다/갈아타다 **명** 운반/이전

[trænsfə́:r]

▮ Please transfer at the next stop.
다음 정거장에서 갈아타십시오.

· 명 **transference**
· 숙 **transfer from a train to a bus**
기차에서 버스로 갈아타다
· 숙 **transfer A to B** A를 B에게 양도하다, 옮기다
· **bank-to-bank transfer** 은행간 계좌 이체

permit

동 허락하다/허가하다 **명** 허가/면허장

[pərmít]

▮ Smoking is not permitted in the room.
이 방에서는 금연이다.

· 명 **permission** 형 **permissive**
· *cf.* 유 **allow, grant** 허락하다
· 숙 **permit of** ~를 허용[인정]하다 ~의 여지가 있다
· 숙 **Permit me to say ~** 죄송한 말씀입니다만~
· **a residence permit** 거주 허가증

grant

동 인정하다/허가하다/주다 **명** 승인

[grænt]

▮ They granted him permission to interview the
president.
그들은 그에게 사장 면담을 허가했다.

· 명 **grantee** 피수여자, 장학생
· 숙 **take A for granted** A를 당연한 것으로 여기다
· 숙 **granting that~** ~는 인정하지만
· 숙 **grant a right to** ~에게 권리를 주다

astonish

동 놀라게 하다

[əstániʃ]

▮ I was quite astonished at the results of the
election.
나는 선거 결과에 크게 놀랐다.

· 명 **astonishment** 형 **astonishing**
to one's astonishment 놀랍게도(= to one's surprise)
· 숙 **(be) astonished at** ~에 깜짝 놀라다

accelerate

⑧ 속도를 빠르게 하다/가속하다

[æksélǝlèit]

▮ This therapy accelerated his recovery.
이 요법은 회복을 촉진시켰다.

▮ Suddenly the car accelerated.
갑자기 차가 가속했다.

· ⑲ **acceleration** 가속화   ⑲ **accelerator** 가속기
· ㉒ **accelerate the pace** 걸음을 빨리하다
· **accelerated velocity** 가속도

participate

⑧ 참여하다/관여하다

[pɑːrtísǝpèit]

▮ The matter calls for the active participation of all members.
이 문제는 모든 구성원들의 적극적인 참여가 필요합니다.

· ⑲ **participation** 참가   ⑲ **participant** 참가자
· ㉒ **participate in** ~에 참가하다, 참여하다
· ㉒ **participate in with** 내보내다, 방출하다

appreciate

⑧ 감사하다/평가하다/인정하다

[ǝpríːʃièit]

▮ I should appreciate your prompt answer.
빨리 답장해 주시면 감사하겠습니다.

▮ I like to appreciate modern painting.
현대 미술 감상을 좋아합니다.

· ⑲ **appreciation** 감사, (진가를) 인정함
· ⑲ **appreciable** 분명한   ⑲ **appreciative** 감사하는
  an appreciable change 뚜렷한 변화
  be appreciative of ~을 감사하고 있다

estimate

⑧ 평가하다/추정하다   ⑲ 견적/추산

[éstimèit]

▮ Can you give me an estimate?
견적 좀 내 주시겠습니까?

· ⑲ **estimation**   ⑲ **estimative**
· *cf.* **underestimate** 과소평가하다
  overestimate 과대평가하다
· ㉒ **at a moderate estimate** 줄잡아, 어림하여
· ㉒ **estimate A at B** A를 B로 평가하다

survey

[sə́ːrvei]　　동 살펴보다/여론조사하다　명 조사/개관

▌ Would you care to take part in this survey?
이 설문 조사에 응해 주시겠습니까?

· 명 **surveyor** 측량사, 조사자
· 숙 **survey a situation** 상황을 살펴보다
· 숙 **make a survey of** ~을 측량하다; 개관하다
· **market survey** 시장 조사

research

[risə́ːrtʃ]　　동 조사하다/연구하다　명 연구/학술 조사

▌ Have you finished the research for your term paper?
학기말 리포트에 대한 조사는 끝냈니?

· 명 **researcher** 연구자
· 숙 **research into a matter thoroughly**
　　문제를 철저하게 조사하다
· **a research institute** 연구소

occupy

[ákjupai]　　동 차지하다/종사하다

▌ Does work occupy most of your time?
일이 너의 시간을 다 뺏어가니?

· 명 **occupancy** 차지, 점령
· 형 **occupant** 점령한
· 숙 **occupy oneself with** ~에 종사하다
　　(= occupy oneself in, be occupied in)
· **Occupied** 사용 중(목욕실, 화장실 등에 표시)

object

[ábdʒekt]　　명 물건/대상/목적　동 반대하다/항의하다

▌ I was the object of ridicule.
나는 비웃음의 대상이었다.

▌ Do you object to my smoking?
담배를 피워도 되겠습니까?

· 명 **objection** 형 **objective** 객관적인, 목표
· 숙 **object to** 반대하다
· **Unidentified Flying Object** 미확인 비행물체

dominate

[dámineìt]

⟨동⟩ 지배하다/군림하다

▌ Africa used to be dominated by white people.
아프리카는 전에 백인들의 지배를 받았다.

▌ Somebody seemed to dominate me from above.
누군가 위에서 나를 내려다보는 것 같았다.

· ⟨명⟩ **domination** ⟨형⟩ **dominant**
a dominant group in society 사회의 지배 집단

· ⟨숙⟩ **dominate one's passion** 격정을 억제하다

grasp

[græsp]

⟨동⟩ 움켜잡다/이해하다 ⟨명⟩ 붙잡음/이해

▌ Grasp all, lose all.
다 잡으려다가 몽땅 놓친다.(욕심 부리면 다 잃는다.)

▌ He has a good grasp of it.
그는 그것을 잘 알고 있어요.

· ⟨숙⟩ **grasp at** ~를 잡으려 하다, 열심히 받아들이다
· ⟨숙⟩ **take a grasp of** 붙잡다

embarrass

[embǽrəs]

⟨동⟩ 당황하게 하다/방해하다

▌ He was so embarrassed that he nearly cried.
그는 너무 당황해서 거의 울 뻔했다.

· ⟨명⟩ **embarrassment** ⟨형⟩ **embarrassed**
to one's embarrassment 난처하게도

· ⟨숙⟩ **embarrass A with questions.**
질문을 해서 A를 난처하게 하다.

amaze

[əméiz]

⟨동⟩ 몹시 놀라게 하다

▌ I'm amazed to hear that.
그런 얘기를 들으니 놀랍군요.

▌ He was amazed at the beauty of the scene.
그는 그 경치의 아름다움에 경탄했다.

· ⟨명⟩ **amazement** ⟨형⟩ **amazing**
to one's amazement 놀랍게도

· ⟨숙⟩ **be amazed at** ~에 놀라다, ~을 경탄하다

alarm

[əlá:rm]

명 경보기/자명종　**동** 놀라게 하다

▌ Sound the alarm only in case of emergency.
비상시에만 경보를 울릴 것.

▌ Alarmed by the bad news, he was at a loss what to do.
좋지 않은 소식에 놀란 그는 어찌할 바를 몰랐다.

· **a fire alarm** 화재 경보
· **alarm clock** 자명종

delight

[diláit]

명 기쁨/즐거움　**동** 기쁘게 하다

▌ Her delight consisted in teaching English to young children.
그녀의 기쁨은 어린아이들에게 영어를 가르치는 것에 있다.

· **형** **delightful**
· *cf.* **유** **pleasure, joy** 기쁨, 환희
· **숙** **be delighted at(with)** 기뻐하다
(= be greatly pleased, be happy with, rejoice over)

· **숙** **to one's delight** 기쁘게도 (= to one's joy)
To my delight, he returned safe and sound.
기쁘게도 그는 무사히 돌아왔다.

· **숙** **be delighted to** 기꺼이 ～하다
(= be willing to, be honored to)
I'm delighted to come to your assistance.
기꺼이 도와드리겠습니다.

· **숙** **take delight in** 기뻐하다, 즐기다
(= find pleasure in)

annoy

[ənɔ́i]

동 괴롭히다/귀찮게 하다

▌ He says such a thing on purpose to annoy me.
그는 나를 괴롭히려고 그런 말을 한다.

▌ I find your behavior very annoying.
네 행동이 나를 아주 짜증나게 한다.

· **명** **annoyance** **형** **annoyed**
put to annoyance 괴롭히다

· *cf.* **유** **irritate** 성가시게 하다

discipline 　명 기강/규율/훈련　동 징계하다

[dísəplin]

▌ The dog is under discipline.
그 개는 훈련이 잘 되어 있다.

· 형 **disciplinary**
· 숙 **discipline A for B** A를 B의 이유로 벌주다
· **mental discipline** 정신 수양
· **military discipline** 군기(軍氣)

require 　동 요구하다/필요로 하다

[rikwáiər]

▌ It requires your answer at the earliest convenience.
조속한 회답을 바랍니다.

· 명 **requirement** 요구, 필요　명 **request** 요청
　형 **requisite** 필한
· *cf.* 유 **demand, need**

exhaust 　동 고갈시키다/지치게 하다

[igzɔ́ːst]

▌ My energy is exhausted.
힘이 소진되었다.

· 명 **exhaustion**　형 **exhaustive**
· 숙 **exhaust oneself** 기진맥진하다
　(＝be tired out, be exhausted)
· **exhaust fumes** 배기 가스

abstain 　동 그만두다/삼가다/끊다

[æbstéin]

▌ We must abstain from speaking ill of others.
우리는 남을 헐뜯는 것을 삼가해야 합니다.

· 형 **abstemious** 절제하는, 삼가는
· 명 **abstention** 절제, 자제, 기권
· 숙 **abstain from** ～을 금하다
· **abstain from smoking** 금연을 하다

0111

yield

[ji:ld]

동 산출하다/굴복하다/양보하다 명 생산고

▮ The orchard yields a lot of fruits.
그 과수원은 많은 과일을 생산한다.

▮ He always yields to his wife.
그는 늘 그의 아내에게 양보를 한다.

· 숙 **yield oneself up to temptation** 유혹에 지다
· 숙 **yield to** ～에 굴복하다, ～에게 길을 양보하다
· **annual yield** 연간 생산량

0112

arrest

[ərést]

명 체포/구류 동 체포하다

▮ You're under arrest.
당신을 체포합니다.

▮ He was arrested for forgery of documents.
그는 문서를 위조한 죄로 체포되었다.

· 형 **arrestive**
· cf. 반 **release** 석방하다
· 숙 **make an arrest** 체포하다

0113

justify

[dʒʌ́stifài]

동 정당화하다/합리화하다

▮ The end justifies the means in some cases.
경우에 따라서는 결과가 수단을 정당화시킨다.

▮ The end does not justify the means.
목적은 수단을 정당화하지 못한다.

· 명 **justification**
in justification of ～을 변명하기 위하여

· 숙 **justify oneself** 자기의 행위를 변명하다

0114

heal

[hi:l]

동 치료하다/고치다/낫다

▮ Time heals all sorrows.
시간은 모든 슬픔을 치료한다.

▮ This ointment will heal your wounds in a week.
이 연고는 상처를 일주일 내에 낫게 할 것이다.

· 명 **healer** 치료사
· cf. 유 **cure, remedy**

impose
[impóuz]

동 부과하다/강요하다/속이다

The government has imposed a heavy tax on imported goods.
정부는 수입상품에 무거운 세금을 부과했다.

I don't want to impose on you.
부담을 주고 싶지는 않아.

· 명 **imposition** 형 **imposing**
· 숙 **impose B on A** A에게 B를 부과하다[강요하다]

compel
[kəmpél]

동 강요하다/억지로 시키다

Bad health compelled him to resign from his job.
그는 건강이 나빠 직장을 그만두어야 했다.

· 명 **compulsion** 형 **compulsory**
  by compulsion 강제적으로
  compulsory subjects 필수 과목
· 숙 **be compelled** ~하지 않을 수 없다

matter
[mǽtər]

명 문제/물질 동 중요하다

I talked with him on that matter for an hour.
그 사람과 그 문제에 대해서 한 시간 동안 얘기를 나누었어요.

What's the matter?
무슨 일이냐?

It matters little.
그다지 중요하지 않다.

· 숙 **as a matter of course** 물론 당연한 일로서
  She recognized it as a matter of course.
  그녀는 그것을 당연한 일로 인정했다.

· 숙 **as a matter of fact** 사실은(= in fact)
  As a matter of fact, they are runaways from the neighboring.
  사실 그들은 이웃 나라에서 탈출한 사람들이다.

· 숙 **no matter how** 제아무리 ~일지라도
· 숙 **to make matters worse** 설상가상으로
· **a matter of concernment** 중대한 일
· **a trivial matter** 사소한 일

reject 동 거절하다/거부하다

[ridʒékt]

▮ Applications that are not filled out according to the instructions will be rejected.
지시대로 기입하지 않은 지원서는 반려될 것입니다.

▮ He rejected my offer of help.
그는 나의 도움 제의를 거부했다.

· 명 rejection
· *cf.* 유 turn down, refuse *cf.* 반 accept

attach 동 첨부하다/붙이다

[ətǽtʃ]

▮ How can we attach this here?
이걸 어떻게 여기에다 붙이지?

· 명 attachment *cf.* 반 detach 떼어내다
· 숙 attach A to B A를 B에 붙이다(부여하다)
· 숙 attach oneself 애착을 느끼다, 소속되다
  (= have affection for)
· 숙 be attached to ~에 애정을 가지다, ~에 부속하다

launch 동 배를 진수시키다/착수하다/발사하다

[lɔːntʃ]

▮ The ship was launched after the ceremony.
식이 끝난 후 그 배는 진수되었다.

▮ The two friends launched a new business.
두 친구는 새 사업을 시작했다.

· launch a spaceship 우주선을 발사하다
· launch a project 계획을 착수하다

confront 동 직면하다/맞서다

[kənfrʌ́nt]

▮ They confronted each other without yielding an inch.
그들은 한치의 양보 없이 팽팽히 맞섰어.

· 명 confrontation
· *cf.* 유 face, cope with
· 숙 be confronted with (어려움 등에) 직면하다

observe

동 관찰하다/준수하다/말하다

[əbzə́ːrv]

▌ I observed a solar eclipse.
나는 일식을 관찰했다.

▌ You must observe the rules of the dormitory.
기숙사의 규칙을 지켜야 한다.

▌ No one observed on that.
아무도 그 일에 대해 소견을 말하지 않았다.

▌ Do they observe Christmas in Africa?
아프리카에서는 크리스마스를 보냅니까?

· 명 **observation** 관찰　명 **observance** 준수
　명 **observer** 관찰자
　strict observance of the rules 규칙의 엄수
　under observation 관찰[감시]하에
· 형 **observable** 관찰할 수 있는
· 형 **observant** 엄수하는

regard

동 여기다/간주하다　명 관심/주목/안부

[rigáːrd]

▌ She regarded the situation as serious.
그녀는 그 사태를 중대하게 여겼다.

▌ More regard must be paid to safety on the roads.
교통 안전에는 더 주의를 해야 한다.

· 형 **regardful** 주의 깊은　형 **regardless** 부주의한
· cf. 반 **disregard** 무시하다
· 숙 **in regard to** ～에 관하여(as regards)
　He seems to have some important information in
　regards to this matter.
　그는 이 문제에 대해 뭔가 중요한 정보가 있는 것 같다.
· 숙 **regard A as B** A를 B로 간주하다
　He regarded it as a bother.
　그는 그것을 귀찮은 것으로 여겼다.
· 숙 **without regard to** 관계없이
· 숙 **have regard for** ～을 존중하다

demonstrate

동 보여주다/시위하다/입증하다

[démənstrèit]

▌ How do you demonstrate that you are right?
당신이 옳다는 것을 어떻게 증명하겠습니까?

· 명 **demonstration**
· **demonstrate against** 항의 시위를 하다
· **demonstrate how to use it** 사용법을 설명하다
· **demonstrate a new car** 새 차를 선보이다

sort

명 종류/성질/약간 동 분류하다

[sɔːrt]

▌ What sort of a person is he?
그는 어떤 종류의 사람인가요?

· 숙 **out of sorts** 불쾌한, 몸이 불편한(=feeling unwell)
· 숙 **all sorts of** 모든 종류의(=all kinds of)
· 숙 **sort out** ～를 골라내다, ～를 정리하다, 해결하다
· 숙 **of a sort** 변변찮은, 보잘것없는, 같은 종류의

possess

동 소유하다/지니다

[pəzés]

▌ He is possessed of great wealth.
그는 큰 재산을 가지고 있다.

▌ He is possessed with a dangerous idea.
그는 위험한 생각에 사로잡혀 있다.

· 명 **possession** 형 **possessive**
· 숙 **be possessed of** 소유하다
· 숙 **be possessed with** (마음이) ～에 홀리다

define

동 정의하다/규정짓다

[difáin]

▌ 'Love' is a difficult word to define.
'사랑' 은 정의하기 어려운 단어이다.

▌ Reason defines man.
이성이 인간의 특징이다.

· 명 **definition** 한정, 정의
· 형 **definite** 뚜렷한, 명확한
· 형 **definable** 한정할 수 있는, 정의를 내릴 수 있는

present

[prizént]

동 선물을 주다/제출하다/참석하다

▮ He presented me with a movie ticket.
그는 내게 영화표를 주었다.

▮ He presented that in evidence.
그는 그것을 증거로 제시했다.

▮ We will present our project to the committee.
우리는 위원회에 우리의 계획을 제출할 예정이다.

▮ May I present Mr. Jones?
존스 씨를 소개하겠습니다.

· 명 **presence** 참석 / **presentation** 발표, 제출
· 숙 **present oneself at** 참석하다, 나타나다
  (=be present at, assist a, attend at)
· 숙 **present A with B** A에게 B를 주다
  (=present B to A, endow A with B)
· *cf.* **present** [prézənt] 형 현재의, 참석한 명 선물
  be present at ~에 참석하다
  for the present 당분간

display

[displéi]

동 진열하다/표시하다 명 전시/진열

▮ Various styles of suits are displayed in the shop windows.
여러 가지 스타일의 정장들이 진열장에 진열되어 있다.

· *cf.* 유 **exhibit, expose, show**
· 숙 **display oneself** 나타나다, 출현하다
· 숙 **make a display of** ~를 과시하다, 진열하다
· 숙 **out of display** 보란 듯이

indicate

[índikèit]

동 가리키다/나타내다/지시하다

▮ The increasing unemployment rate indicates recession.
증가하는 실업률은 불경기를 나타낸다.

· 명 **indication** 표시   명 **indicator** 지시자
· 형 **indicative**
· *cf.* 유 **point out** 가리키다, 나타내다

identify

[aidéntəfài]

동 신원을 확인하다/동일시하다

▌ ID cards usually have a photograph to identify the bearer.
보통 신분 증명서에는 소지자를 확인하기 위한 사진이 붙어 있다.

· 명 **identification** 동일시, 신분증 / **identity** 정체성
identification card 신분증(ID 카드)
· 숙 **identify A with B** A와 B를 동일시하다

imply

[implái]

동 의미하다/암시하다/포함하다

▌ Silence often implies consent.
침묵은 종종 동의를 의미한다.

▌ The doctor's frown implied that something was wrong.
의사의 찡그린 표정은 무언가 잘못되었음을 암시했다.

· 명 **implication** 함축, 암시, 연루
· 형 **implicit** 함축적인, 은연중의

favor

[féivər]

동 호의를 베풀다　명 호의/찬성

▌ Would you do me a favor and mail this letter?
부탁이 있는데요, 이 편지를 좀 부쳐주시겠어요?

▌ He has fallen out of favor with his family.
그는 가족들한테 미움을 사고 있다.

· 형 **favorable** 호의적인　형 **favorite** 마음에 드는
compare favorable with ~에 필적하다
my favorite movie 내가 좋아하는 영화
· 숙 **do one a favor** (남의) 부탁을 들어주다, 친절히 하다
· 숙 **under favor of** 이용하여
· 숙 **ask a favor of one** (남에게) 부탁을 하다
· 숙 **in favor of** 찬성하는, 유리한, 알맞은
I am in favor of your proposal.
당신 제안에 찬성합니다.
· 숙 **in one's favor** 이익이 되도록, 마음에 들어
He spoke in her favor.
그는 그녀에게 유리하게 말했다.

0134

detect

[ditékt]

동 발견하다/간파하다

▮ I could detect something strange in his attitude.
나는 그의 태도에 뭔가 이상한 데가 있음을 간파할 수 있었다.

▮ I detected a note of embarrassment in her look.
나는 그녀의 표정에서 당혹감을 읽었다.

· 명 **detection** 형 **detective** 탐정의, 추리의
· **detect errors[mistakes]** 잘못을 발견하다
· **lie detecting machine** 거짓말 탐지기

0135

urge

[əːrdʒ]

동 다그치다/촉구하다 명 충동

▮ We urged him to be resolute.
우리는 그에게 흔들리지 말 것을 촉구했다.

▮ I have an urge to travel.
나는 여행하고 싶은 마음이 간절하다.

· 명 **urgency** 긴급 형 **urgent** 긴급한
a sense of urgency 절박감
on urgent business 급한 볼일로

0136

correspond

[kɔ̀ːrəspánd]

동 일치하다/서신 왕래하다

▮ The copy does not correspond with the original.
사본이 원본과 일치하지 않습니다.

▮ He earnestly wishes to correspond with her.
그는 그녀와의 서신 왕래를 열렬히 바라고 있다.

· 명 **correspondence** 대응, 일치, 통신
· 명 **correspondent** 통신원, 특파원, 일치하는(형)
· 숙 **correspond with** ~와 서신왕래하다, ~과 일치하다

0137

perceive

[pərsíːv]

동 알아차리다/인지하다

▮ She gradually perceived that her parents had been right.
그녀는 부모 말씀이 옳았다는 것을 점차 깨달았다.

· 명 **perception** 인지 형 **perceptible** 인지할 수 있는
· **perceive a faint sound** 희미한 소리를 감지하다
· **perceive an object looming through the mist**
안개 속에 뭔가 아련히 나타난 것이 보인다.

0138

explore

[iksplɔ́ə]　동 탐험하다/탐구하다

▌ An expedition has been organized to explore the Antarctic.
남극을 탐험하기 위한 원정대가 조직되었다.

· 명 **exploration**　형 **exploratory**
· **explore the unknown** 미지의 세계를 탐험하다
· **explore a wound for bullet**
상처를 더듬어 탄환을 찾아내다

0139

witness

[wítnis]　명 목격자/증인　동 목격하다/증언하다

▌ There were three witnesses to the accident.
그 사건의 증인이 세 사람 있었다.

· *cf.* 유 **observer** 목격자, 증인
· 숙 **God's my witness.** 맹세코
· 숙 **call heaven to witness** 하늘에 맹세하다
· 숙 **bear witness to** ～의 증거이다, ～을 여실히 말해주다

0140

register

[rédʒistəːr]　동 등록하다/등기로 보내다　명 기록(부)

▌ I have to register by tomorrow.
저는 내일까지 등록해야만 하지요.

▌ Remember to get the letter registered.
그 편지를 잊지 말고 등기로 부쳐라.

· 명 **registration** 등록(사항)　명 **registry** 등록(부)
· **register the birth of baby** 아이의 출생신고를 하다

0141

bless

[bles]　동 축복하다

▌ God bless you till we meet again.
다시 뵐 때까지 신의 축복이 함께 하시기 바랍니다.

· 명 **bliss** 행복 / **blessing** 축복, 은총
· 숙 **Bless me!** 원 저런!
· 숙 **Bless you!** 신의 가호가 있기를!
· 숙 **be blessed with** ～의 복을 받다[누리다]

0142

maintain

[meintéin]

동 지속하다/유지하다/부양하다

❙ They maintained their friendship for many years.
그들은 몇 년 동안 우정을 지속했다.

· 명 **maintenance** 유지, 지속
· *cf.* 유 **preserve, keep, retain, continue** 유지하다
· 숙 **poorly maintained** 관리가 소홀한
· 숙 **maintain face** 체면을 유지하다

0143

harvest

[háːrvist]

동 수확하다 명 수확

❙ When the apples ripen, I'll harvest them.
사과가 익으면 따먹을 거야.

❙ Autumn is the harvest time.
가을은 수확의 시기입니다.

· **harvest honey** 꿀을 채취하다
· **an abundant[luxurious] harvest** 풍작

0144

swear

[swɛər]

동 맹세하다/선서하다/욕하다

❙ I swear I'll never swear again.
다시는 욕하지 않겠다고 맹세할게요.

· *cf.* 유 **pledge, vow** 맹세하다
· 숙 **swear at** 불경스런 말을 하다, 악담하다
· 숙 **swear to** ~이라고 맹세하다, 선서하다
· 숙 **curse and swear** 악담을 퍼붓다

0145

mature

[mətjúər]

형 익은/성숙한 동 성숙하다

❙ As a rule, girls mature earlier than boys.
대개 소녀들이 소년들보다 빨리 성숙합니다.

❙ I'd say that means you are mature.
그것은 네가 성숙했다는 것을 의미한다고 말할 수 있어.

· 명 **maturity** 성숙, 숙성
· *cf.* 유 **grown, ripe** 성숙한
· *cf.* 반 **immature** 미숙한, 미완성의

contract

[kántrækt]

명 계약 동 계약하다/수축하다

∎ The contract has already been signed.
그 계약에 이미 서명했습니다.

- 명 **contraction** 축소
- *cf.* 유 **agreement, treaty** 계약
- 숙 **make a contract with** ~와 계약을 맺다
- 숙 **contract one's brows** 눈살을 찌푸리다
- 숙 **contract a bad cold** 독감에 걸리다

acquire

[əkwáiər]

동 얻다/취득하다

∎ Over the past ten years, I have acquired a big collection of jazz CDs.
지난 10년간 많은 재즈 CD를 모았다.

∎ I managed to acquire two tickets for the concert.
나는 그 음악회 입장권 두 장을 간신히 구했다.

- 명 **acquisition** 형 **acquired**
- *cf.* 유 **gain, get, obtain, come by**

compose

[kəmpóuz]

동 조직하다/구성하다/작곡하다/수습하다

∎ The Philippines is composed of 3,000 islands.
필리핀은 3000여 개의 섬으로 이루어져 있다.

- 명 **composition** 구성, 작곡   명 **composure** 침착
- 명 **composer** 작곡가   형 **composed** ~으로 이루어진
- *cf.* 유 **comprise, make up** 구성하다, 조직하다
- 숙 **be composed of** ~으로 구성되어 있다
  (= consist of, be made up of)

blame

[bleim]

동 나무라다/비난하다 명 비난

∎ I am to blame for it.
그건 제 잘못이에요.

- 형 **blameful** 비난받을
- *cf.* 유 **censure, condemn, criticize, denounce**
- 숙 **be to blame for** ~으로 비난받다
- 숙 **blame A for B** B에 대해 A를 비난하다
- 숙 **Blame it!** 제기랄, 빌어먹을!

block

[blɔk]

> The street is blocked to traffic.
> 거리는 통행이 금지되었다.

> It's two blocks away.
> 2구획 떨어져 있다.

> His ill health is a block to his work.
> 그의 나쁜 건강이 그의 일에 방해가 된다.

· 명 **blockage** 봉쇄 / **blockade** 방해 형 **blocky**

publish

[pʌ́bliʃ]

> Will they publish the results of their research?
> 그들은 연구 결과를 발표할 것입니까?

· 명 **publication**
· *cf.* 유 **announce, broadcast, spread** 발표하다
· 숙 **be published** (책이) 출판되다
  (= be brought out, be put out)

· **publication fund** 출판 기금

recommend

[rèkəménd]

> Can you recommend some light reading?
> 가벼운 읽을 거리를 몇 가지 추천해 주시겠어요?

· 숙 **recommend ~ to do ~**
  ~에게 ~하기를 권하다
· 명 **recommendation** 형 **recommendatory**
  letter of recommendation 추천장
· **recommend a person to stop drinking**
  ~에게 금주할 것을 권하다

spot

[spat]

> It is clear without a spot of cloud.
> 구름 한 점 없이 맑다.

> This tablecloth has many spots.
> 이 테이블보에 얼룩이 많다.

· 숙 **on the spot** 그 자리에서, 곧
  (= at the very place, at once)

· **fishing spot** 낚시터

intrude

[intrúːd]

동 방해하다/참견하다/억지로 밀어넣다

▌ I hope I am not intruding.
방해한 게 아니길 바랍니다.

▌ He intrudes his opinion upon others sometimes.
그는 가끔 자기 의견을 남에게 강요하곤 해요.

· 명 **intrusion** 강요, 방해
· **intrude upon one's privacy** 사생활을 참견하다

perform

[pərfɔ́ːrm]

동 수행하다/공연하다/실행하다

▌ I'll perform to the best of my ability if the opportunity is given.
기회가 주어진다면 최선을 다하겠습니다.

▌ He performed a solo.
그는 독주곡을 연주했어.

· 명 **performance** 실행, 공연/**performer** 공연자
· **perform a contract** 계약을 이행하다
· **perform a task** 일을 수행하다

approve

[əprúːv]

동 찬성하다/승인하다/입증하다

▌ Initially, most people approved of the scheme.
처음에, 대부분의 사람들은 그 계획에 찬성했었다.

▌ Approve yourself right!
네가 옳다는 것을 입증해 봐!

· 명 **approval** 형 **approved** 승인된
· *cf.* 유 **agree to** 찬성하다
· 숙 **approve of** ~을 승인하다; ~에 찬성하다

decline

[dikláin]

동 쇠퇴하다/거절하다/기울다 명 기울어짐

▌ The Empire declined by the lack of citizenship.
그 제국은 시민 의식의 결여로 쇠퇴하였다.

▌ She declined with thanks
그녀는 정중히 거절했다.

· *cf.* 유 **refuse, reject** 거절하다
· 숙 **on the decline** 감소 중인
· 숙 **decline to** ~하기를 거절하다(= refuse to)

adjust

동 맞추다/조절하다/바로잡다

[ədʒʌ́st]

- Can you adjust the length?
  길이를 맞춰 주실 수 있습니까?

- 명 **adjustment** 적응, 조절　명 **adjuster** 조정자
- *cf.* 유 **accommodate, adapt, conform** 조정하다
- 숙 **adjust A to B** A를 B에 적응시키다
- 숙 **adjust one's appearance** 몸차림을 바로하다

settle

동 정착하다/해결하다/놓다

[sétl]

- Have you settled the problem with him?
  그와의 문제를 잘 해결했나요?

- 명 **settlement** 정착　형 **settled** 정해진, 고정된
- 숙 **settle down** 정착하다, (결혼하여) 자리를 잡다
- 숙 **settle for** ~으로 만족하다(= be contented with)
- 숙 **settle in** 이사하다, 자리잡고 살다
- 숙 **settle on** (재산 따위를) 주다, ~하기로 결정하다

barely

부 가까스로/간신히/겨우/숨김없이

[bɛ́ərli]

- I am barely of age.
  나는 이제 막 성년이 되었다.

- Can you speak up? I can barely hear you.
  좀 크게 말할 수 있어요? 잘 들리지 않네요.

- 형 동 **bare** 드러낸, 드러내다
- 숙 **barely escape death** 간신히 죽음을 모면하다
- 숙 **speak out barely** 숨김없이 다 털어놓다

decade

명 10년간/10

[dékeid]

- Brightly colored raincoats had a brief vogue in the previous decade.
  밝은 색깔의 우비가 지난 10년간 짧게 유행했다.

- Diet drinks have been a cash cow for our company for a decade.
  다이어트 음료수는 10년 전부터 우리 회사의 수입원이었다.

- 형 **decadal** 10의, 10년간의

offend

[əfénd]

동 화나게 하다/위반하다

▌ I hope I didn't offend you.
기분을 상하게 한 건 아닌지.

· 명 **offence** 형 **offensive**
· *cf.* 유 **insult, displease, upset** 성나게 하다
· 숙 **be offended with** ～에 화가 나다
· **offend the ear** 귀에 거슬리다
· **offend against the custom** 관습에 어긋나다

distribute

[distríbjuːt]

동 분배하다/배급하다

▌ I'll get the pamphlets duplicated and distribute them to the audience.
팜플릿을 복사해서 청중들에게 배포하겠습니다.

· 명 **distribution** 형 **distributive**
distribution channel 유통 경로
· *cf.* 유 **dole, dispense, divide, hand out, share, give out** 나누어 주다, 분배하다

combine

[kəmbáin]

동 결합시키다/합병하다

▌ Oil and water do not combine.
기름과 물은 섞이지 않는다.

· 명 **combination** 결합, 연합
· *cf.* 유 **connect, join, link** 연결시키다
· 숙 **combine with** 결합하다, 연합하다(= unite)
· **be combined in** 화합하다

resign

[rizáin]

동 사임하다/체념하다

▌ He resigned himself to his fate.
그는 자신의 운명을 체념했다.

· 명 **resignation** 사임, 체념, 감수
· *cf.* 유 **recede, retire, retreat, withdraw** 물러나다
· 숙 **resign oneself to** ～을 체념하여 받아들이다
(= accept without complaint, be resigned to)

confine

[kənfáin]

동 제한하다/감금하다 명 경계(선)

▮ He was confined in jail for past 10 years.
그는 지난 10년간 감옥에 갇혀 있었다.

· 명 **confinement** 제한, 감금
· *cf.* 유 **define, limit, restrict** 제한하다
· 숙 **confine A to B** A를 B에 한정하다[가두다]
· 숙 **on the confines of** ~의 경계에

determine

[ditə́ːrmin]

동 결정하다/결심하다

▮ Demand determines price.
수요가 가격을 결정한다.

· 명 **determination** 형 **determinate** 명확한
· 형 **determinative** 확정적인 / **determined** 결연한
· *cf.* 유 **decide, resolve** 결심하다
· 숙 **be determined to** ~을 결심하다

mention

[ménʃən]

동 언급하다/간단히 말하다 명 언급

▮ That's a good point you mentioned.
아주 좋은 지적입니다.

▮ Don't mention it.
천만의 말씀입니다.

· 숙 **make mention of** ~에 언급하다
· 숙 **not to mention** ~은 말할 것도 없이
(＝not to speak of, to say nothing of, much more, still more, let alone)

furnish

[fə́ːrniʃ]

동 공급하다/제공하다/비치하다/갖추다

▮ He furnished the hungry with food.
그는 굶주린 사람들에게 먹을 것을 주었다.

· 형 **furnished** 가구가 있는, 재고가 ~한
· *cf.* 유 **provide, supply, equip, present** 공급하다
· 숙 **furnish A with B** A에 B를 공급하다
· 숙 **furnish out** 충분히 준비하다

constitute

[kánstətjùːt]

동 제정하다/구성하다/설립하다

■ A committee was constituted to investigate rising prices.
물가 상승을 조사하기 위해 위원회가 구성되었다.

· 명 constitution 형 constitutional
· *cf.* 유 make up, establish, form, found, set up
· the constituted authorities 관계 당국, 현직원

prescribe

[priskráib]

동 규정하다/처방하다

■ Do what the law prescribes.
법이 정하는 바를 하여라.

■ The doctor prescribed some medicine.
의사가 약을 처방해 주었다.

· 명 prescription 규정 형 prescriptive 규정하는
legal prescription 법정 시효
· prescribed textbooks 지정 교과서

claim

[kleim]

동 주장하다/요구하다 명 요구/권리

■ She claimed the ring was stolen, not lost.
그녀는 반지를 잃어버린 것이 아니라 도난당했다고 주장했다.

· *cf.* 유 assert, insist, demand 주장하다
· claim damages 손해 배상을 요구하다
· 숙 lay claim to ~에 대한 권리를 주장하다
(=demand as one's due)

process

[práses]

명 과정/진행 동 가공 처리하다

■ What is the next step in the process?
이 과정에서 다음 단계는 뭐지요?

· 숙 in process of ~하는 과정에(=in course of)
· process of manufacture 제조 과정
· food process 식품 가공
· make a film processed 필름을 현상하다

sustain

[səstéin]

동 지탱하다/견디다/지속하다

▮ These four posts sustain the entire building.
이 네 개의 기둥이 건물 전체를 버티고 있다.

▮ May your faith sustain you.
믿음이 당신을 지탱해 주기를 바랍니다.

· 명 **sustenance**　형 **sustainable**
· **sustain a conversation** 대화를 계속하다

conduct

[kándəkt]

명 행위/지휘　동 인도하다/지휘하다/행동하다

▮ Such conduct may give rise to misunderstanding.
그러한 행동은 오해를 일으킬 수 있다.

· 명 **conducor** 안내자
· *cf.* 유 **guide, lead** 안내하다
· 숙 **conduct oneself well** 훌륭히 처신하다
· **conduct an orchestra** 오케스트라를 지휘하다

thrive

[θráiv]

동 번성하다/무성하다/잘 자라다

▮ His business thrives in such a poor neighborhood.
그의 사업은 그런 빈곤한 지역에서도 번창하고 있다.

· 명 **thrift** 번성, 번영　형 **thriving** 번영하는
· *cf.* 유 **prosper, boom, develop, flourish**
· 숙 **thrive on~** ~으로 잘 자라다, 번영하다
· 숙 **thrive in trade** 장사가 잘 되다

promote

[prəmóut]

동 향상시키다/승진하다

▮ He was promoted to a supervisor.
그는 감독관으로 승진했다.

▮ proper exercise promotes health.
적절한 운동은 건강을 증진시킨다.

· 명 **promotion** get promotion 승진하다
· **promote digestion** 소화를 촉진하다
· **promote world peace** 세계 평화를 촉진시키다

attain

[ətéin]

동 도달하다/달성하다/획득하다

▌Once you start, you must attain your object.
일단 시작했으면, 목적을 달성해야 해요.

· 명 **attainment** 도달, 달성
· **attain to perficiency** 숙달하다
· **attain to man's estate** 성년에 달하다
· **attain to perfection** 완벽의 경지에 이르다

fulfill

[fulfíl]

동 이행하다/달성하다/충족시키다

▌We still have a long way to go to fulfill our purposes.
우리의 목적을 달성하려면 아직도 갈 길이 멀다.

· 명 **fulfillment** 이행, 달성
· *cf.* 유 **achieve** 달성하다
· **fulfill a person's expectations**
누구의 기대를 충족시키다
· **fulfill one's duties** 의무를 수행하다

restrict

[ristríkt]

동 제한하다/한정하다

▌The country restricts freedom of speech.
그 나라는 언론의 자유를 제한한다.

· 명 **restriction** 형 **restrictive**
parking restrictions 주차 제한
· *cf.* 유 **limit, confine**
· **restrict one's freedom** ~를 속박하다[구속하다]

admit

[ædmít]

동 인정하다/(입장을) 허락하다

▌This, I admit, is true.
이것이 사실임을 인정합니다.

▌This ticket admits two persons.
이 표로 두 사람이 입장할 수 있다.

· *cf.* 유 **confess, acknowledge, allow, recognize**
· 숙 **admit of** ~의 여지가 있다
(=leave room for, allow of)

0182
describe

[diskráib]

⑧ 묘사하다/(인물을)평하다/(도형을)그리다

▌ Can you describe his appearance to me?
그의 모습을 나에게 설명해 줄 수 있습니까?

▌ Please describe the picture briefly.
그 그림을 간단히 묘사해 보세요.

· 몡 **description** 묘사, 서술 혱 **descriptive**
· **cannot be described** 말로 다 표현할 수 없는
· **describe a circle** 원을 그리다

0183
engage

[engéidʒ]

⑧ 종사하다/약혼하다/예약하다

▌ He engages in many types of activities.
그는 여러 종류의 활동에 종사한다.

· 몡 **engagement** 약속, 예약, 계약
· *cf.* ㈌ **employ, hire, appoint** 약속하다, 고용하다
· ㈑ **be engaged in** ~에 종사하다
 (=engage oneself in, be employed in, be occupied in)
· ㈑ **engage oneself to** 약혼하다

0184
supplement

[sʌ́plimənt]

몡 부록/보충/증보 ⑧ 보충하다

▌ A yearly supplement is issued.
매년 증보판이 발행된다.

▌ The night courses are a supplement to his regular course work.
야간 수업은 그의 정규 수업의 보충이다.

· 혱 **supplementary** 보충의, 추가의
· **supplement lessons** 보충수업

0185
descend

[disénd]

⑧ 내려가다/계승하다

▌ she descended a flight of stairs.
그녀는 계단을 내려갔다.

· 몡 **descent** 하강 몡 **descendant** 자손
· *cf.* ㈌ **fall, drop** 내려가다
· ㈑ **descend from** (차, 말 등) 내리다(=get off, leave)
· ㈑ **descend upon** 공격하다, ~을 습격하다(=fall on)

respond | 동 응답하다/반응하다

[rispánd]

If you e-mail me at this address, I'll try to respond as soon as possible.
이 주소로 이메일을 보내시면, 가능한 한 빨리 답장을 하겠습니다.

- 명 **response** 반응   명 **respondent** 응답자
- 형 **responsive**
- *cf.* 유 **reply, react, answer**
- 숙 **respond to** ~에 답하다, ~에 반응하다
- 숙 **respond to A with B** A에 B로 반응하다, 응답하다

boast | 동 자랑하다/뽐내다 명 허풍

[boust]

That's nothing to boast about.
그건 뽐낼 일이 아니야.

- 형 **boastful**
- 숙 **boast of** ~을 자랑하다, ~을 자랑으로 여기다
  (=make a boast of, be boastful of, be proud of, pride oneself on, take pride in)

genius | 명 천재/재능/천성

[dʒíːnjəs]

He's a genius in math.
그는 수학에 있어서는 천재입니다.

She has a genius for composing.
그녀는 작곡에 비범한 재능이 있다.

- *cf.* 유 **master, mastermind** 천재
- **have a genius for music** 음악에 천부적 소질이 있다
- **a task suited to one's genius** 소질에 맞는 일

aware | 형 알고 있는/깨닫고

[əwέər]

I wasn't aware of the time.
시간 가는 줄을 몰랐다.

- 명 **awareness** 인식, 자각
- *cf.* 유 **conscious** *cf.* 반 **unaware**
- 숙 **be aware of** ~을 알고 있다
  (=be conscious of, be sensible of)
- 숙 **become aware of** ~을 인식하게 되다

0190

convert

[kənvə́:rt]

图 바꾸다/개종시키다

▌ I was converted to christianity from buddhism.
나는 불교에서 기독교로 개종하였다.

- 몡 **conversion** 혱 **convertible**
- 숙 **convert A into B** A를 B로 바꾸다
  (=change A into B, turn A into B, transform A into B)
- 숙 **be converted** 회개하다

0191

defeat

[difí:t]

图 물리치다/쳐부수다 몡 패배

▌ We suffered a crushing defeat against the Brazilian team.
우리가 브라질 팀에 참패했어.

- *cf.* 윤 **beat, conquer, get the better of** 물리치다
- *cf.* 반 **victory** 승리
- **defeat an enemy** 적을 패배시키다

0192

save

[seiv]

图 절약하다/구하다/덜어주다

▌ He went in to save his child.
그는 아이를 구하기 위해 안으로 들어갔다.

▌ Save your breath.
말할 필요도 없어.

- 숙 **save one's face** 체면을 세우다.
  (=keep up one's dignity, maintain one's diginity)
- 숙 **save for** 저축하다, ～를 제외하고

0193

tolerate

[tálərèit]

图 참다/너그럽게 봐주다

▌ I won't tolerate a narrow-minded man.
난 속 좁은 남자는 참을 수 없어.

▌ I can't tolerate that loud music.
나는 저 시끄러운 음악 소리를 참을 수 없다.

- 몡 **tolerance** 관대함/**toleration** 아량 혱 **tolerant**
  be tolerant of ～을 견뎌내다
- *cf.* 윤 **put up with, stand, bear, endure**

extinguish · 동 끄다/꺾다/멸종하다/잃게하다

[ikstíŋgwiʃ]

▌ The authority of government was extinguished.
정부의 권위가 땅에 떨어졌다.

▌ Please extinguish your cigarettes.
담뱃불을 꺼 주세요.

· 명 **extinguisher** 소화기
· cf. 유 **put out** 불을 끄다
· **extinguish a candle** 촛불을 끄다

insist · 동 주장하다/우기다

[insíst]

▌ Don't insist on doing something that won't work.
안 되는 일을 억지로 하지 마.

· 명 **insistence** 형 **insistent**
· cf. 유 **demand**
· 숙 **insist on** ~를 주장하다, 고집하다
(＝assert, maintain, insist on, persist in)

notice · 동 알아차리다/주의하다 명 주목/통지

[nóutis]

▌ They didn't notice me come in.
그들은 내가 들어온 것을 알아채지 못했다.

▌ The police noticed him to appear.
경찰은 그에게 출두하라고 통지했다.

· 숙 **take notice of** ~에 주의를 기울이다, ~을 알아채다
· 숙 **without notice** 예고없이, 갑자기(＝suddenly)
· **notice board** 게시판

stumble · 동 넘어지다/비틀거리다/실수하다

[stʌ́mbəl]

▌ I stumbled over a stone on my way home.
나는 집에 오는 길에 돌부리에 걸려 넘어졌다.

· 형 **stumbling** 비틀거리는
stumbling block 방해물
· 숙 **stumble about** 비틀비틀 움직이다(＝stumble along)
· 숙 **stumble over[on] a stone** 돌에 걸려 넘어지다

match

[mætʃ] 　圏 어울리다 　圏 시합/성냥

▮ I went to a boxing match to root for my favorite boxer.
권투 시합에 가서 내가 가장 좋아하는 권투 선수 응원을 했어요.

▮ The new tie matches the shirt.
새로 산 넥타이가 셔츠와 잘 어울린다.

· *cf.* 윤 **go together, go with** 어울리다
· 숙 **be a match for** ～에 필적하다(＝compete with)

accompany

[əkʌ́mpəni] 　圏 동반하다/덧붙이다

▮ I'll be more than happy to accompany you.
기꺼이 같이 가 드리겠습니다.

· 圏 **accompaniment**
· *cf.* 윤 **go with**
· 숙 **be accompanied by** ～을 수반[동반]하다
　(＝be followed by, escort, convoy)
· **accompany A on B** B로 A의 반주를 하다

vanish

[vǽniʃ] 　圏 사라지다/없어지다

▮ The nation's economic problems will not vanish in the near future.
가까운 미래에 국가의 경제 문제가 사라지지는 않을 것이다.

▮ It vanished right under my nose.
그것이 바로 내 코앞에서 사라졌다.

· 圏 圏 **vanishing** 사라지는, 사라지는 일
· *cf.* 윤 **go out of sight, disappear, evaporate**
· **vanish away like smoke** 연기처럼 사라지다

collapse

[kəlǽps] 　圏 무너지다/쓰러지다 　圏 붕괴/폭락

▮ A building is about to collapse.
건물이 막 붕괴하려고 한다.

▮ He collapsed from exhaustion.
그는 피로로 쓰러졌다.

· *cf.* 윤 **pull down, destroy, demolish, break down, fall to pieces, crumble** 붕괴하다
· **the collapsed bridge** 무너진 다리

drift

[drift]

동 표류하다/미끄러지다　명 표류/취지/동향

▎The house was drifted away.
집이 떠내려가 버렸다.

▎Now do you get my drift?
이제 내 취지를 알겠어?

· 명 **driftage** 표류물　형 **drifty** 떠내려가는
· **drift through life** 인생을 대충 살다
· **let things drift** 사태의 흐름에 맡기다

scatter

[skǽtər]

동 흩뿌리다/흩어지다　명 살포

▎I arranged the books which were scattered.
흩어져 있는 책들을 정리했다.

· 형 **scattered** 뿔뿔이 된　*cf.* 반 **gather**
· 숙 **scatter to the winds** 흩뿌리다, 낭비하다
· **scatter leaflets** 전단을 뿌리다
· **a scatter of applause** 산발적인 박수

paralyze

[pǽrəlàiz]

동 마비시키다/무력하게 만들다

▎The demonstrators paralyzed traffic by occupying roads.
시위대가 도로를 점거함으로써 교통이 마비되었다.

· 명 **paralysis** 마비, 무기력, 마비 상태
　moral paralysis 도덕적 불감증
· 형 **paralyzed** 마비된, 무력한

supply

[səplái]

동 공급하다/충족시키다　명 공급

▎Cows supply us milk.
암소는 우리에게 우유를 공급한다.

▎Prices depend upon supply and demand.
가격은 공급과 수요에 의존한다.

· *cf.* 유 **provide, equip, furnish** 공급하다
· 숙 **supply A with B** A에 B를 공급하다[제공하다]
· 숙 **have a good supply of** ~을 많이 가지고 있다

0206

interrupt

[intərʌ́pt]

图 방해하다/중단시키다

▮ May I interrupt you for a minute?
잠깐만 실례하겠습니다.

▮ Don't interrupt while I'm busy.
내가 바쁠 때는 방해하지 마시오.

· 명 **interruption**
· *cf.* 유 **disturb, interfere with, cut in, meddle**
· **interrupt the view** 시야를 막다

0207

relate

[riléit]

图 관련시키다/이야기하다

▮ How is that related to me?
그게 어떻게 나랑 연관된다는 거죠?

▮ She is closely related to me.
그녀는 나와 아주 가까운 친척이다.

· 명 **relation** 형 **relative** *cf.* 유 **tell**
· 숙 **strange to relate** 이상한 이야기지만
· 숙 **be related to** ~와 연관이 있다

0208

convince

[kənvíns]

图 납득시키다/확신시키다

▮ Your explanation is sufficiently convincing.
당신의 설명은 충분히 납득이 됩니다.

· 명 **conviction** 형 **convictive**
· *cf.* 유 **convince, persuade, prevail**
· 숙 **convince A of B** A에게 B임을 납득시키다
· 숙 **be convinced of** ~을 확신하고 있다
  (= be certain of, be confident of, be sure of)

0209

explode

[iksplóud]

图 폭발하다/폭발시키다

▮ The bridge went up with a roar when the mine exploded.
지뢰가 폭발하자 그 다리는 요란한 소리를 내며 파괴되었다.

· 명 **explosion** 폭발 형 **explosive** 폭발성의
· *cf.* 유 **blow up, erupt, go off, burst out, blast, be fired, detonate** 폭발하다
· **explode with laughter** 웃음을 터뜨리다

consume

[kəmsjúːm]   동 소비하다/소멸시키다

▌ Beijing will consume about 14.6 million tons of coal this winter.
베이징에서는 올 겨울 약 1460만 톤의 석탄을 소비할 것이다.

· 명 **consumption** 소비 명 **consumer** 소비자
· 형 **consumptive** *cf.* 반 **produce** 생산하다
· *cf.* 유 **use up, exhaust, expend, waste**
· **consume away** 낭비하다

expose

[ikspóuz]   동 드러내다/공개하다/폭로하다

▌ You shouldn't expose yourself to too much cold air.
찬공기를 너무 많이 쐬면 안 좋아요.

· 명 **exposition** 박람회, 공개/**exposure** 노출, 폭로
· *cf.* 유 **display, exhibit, show, disclose, reveal**
· 숙 **be exposed to** ~에 노출되다
· **expose a person to danger** ~를 위험에 드러내놓다

isolate

[áisəleit]   동 고립시키다/격리하다

▌ Researchers have isolated and identified the virus.
연구가들은 바이러스를 격리시켜 그 정체를 알아냈다.

· 명 **isolation** 고립 형 **isolated** 고립된
  in isolation 그것만 따로 보면
  an isolated house 외딴집
· *cf.* 유 **separate** 격리시키다

enhance

[enhǽns]   동 (능력을) 높이다/향상시키다

▌ Computers enhance our intelligence.
컴퓨터는 우리의 지능을 높여준다.

· 명 **enhancement** 증진, 증대
· *cf.* 유 **improve, advance, upgrade** 개선하다
· **enhance national glory** 국위를 선양하다
· **enhance the value** 가치를 높이다

absorb
[æbsɔ́ːrb]
图 흡수하다/열중시키다

▌ Fogs absorb water through their skins.
개구리는 살갗으로 물을 흡수한다.

· 图 **absorption** 图 **absorptive**
· cf. 图 **soak up, consume**
· 图 **be absorbed in** ~에 몰두하다, ~에 열중해 있다
    (=be interested very much in)

injure
[índʒər]
图 상처 입히다

▌ He was injured seriously in an accident.
그는 사고로 심하게 다쳤습니다.

· 图 **injury** 图 **injurious**
    suffer injuries 부상하다
    be injurious to the health 건강이 나쁜
· cf. 图 **hurt, damage**

undergo
[ʌndərgóu]
图 (영향 등을) 받다/겪다/견디다/참다

▌ It's natural to have some trepidation before undergoing surgery.
수술을 받기 전에 두려움을 느끼는 것은 당연하다.

· cf. 图 **experience, experience, suffer, go through**
· **undergo changes** 여러 가지 변화를 겪다
· **undergo a loss** 손해를 보다
· **undergo all sorts of hardships** 온갖 곤란을 겪다

consult
[kənsʌ́lt]
图 참고하다/상담하다/의견을 묻다

▌ You can consult this guide book.
이 안내 책자를 참고할 수 있습니다.

▌ Consult your pillow.
밤새 잘 생각해 보세요.

· 图 **consultation**
· cf. 图 **counsel, advise, ask**
· **consult a mirror** (안색을 보려고) 거울을 보다

may

[mei]

동 ~해도 좋다/~일지도 모른다

▌ You may go now.
가셔도 됩니다.

▌ May I count on your coming?
당신이 오리라고 믿어도 될까요?

· 숙 **may well ~** ~하는 것도 당연하다, 아마 ~일지도 모른다
(＝have good reason to, take ~ for granted that)
He may well say so.
그가 그렇게 말하는 것도 당연하지.

· 숙 **may as well ~** ~하는 편이 좋다
(＝had better, do well to, would rather, had rather)
You may as well buy the book.
그 책을 사는 게 낫다.

· 숙 **may as well A as B**
B하느니 차라리 A하는 것이 낫다
(＝not so much B as A, less B than A,
would rather A than B, had rather A than B)

· 숙 **Be that as it may** 어쨌든, 어떻든(＝at any rate)

survive

[sərváiv]

동 살아남다/더 오래 살다

▌ He survived a car accident.
그는 교통사고에서 살아남았다.

▌ The will to survive is instinctive.
살고자 하는 의지는 본능적이다.

· 명 **survival**
· *cf.* 유 **outlast, outlive**
· **survive one's children** 자식들보다 오래 살다

relax

[riláeks]

동 긴장을 완화하다/긴장을 풀다

▌ I'm just going to relax at home.
그냥 집에서 쉬려고 합니다.

▌ You should relax a little.
조금 휴식을 취하셔야 합니다.

· 명 **relaxation**
· *cf.* 유 **loosen up**
· **relax the muscles** 근육의 긴장을 풀다

shrink

[ʃriŋk]

동 줄어들다/움츠러들다/주저하다

▌ Do you think this will shrink if washed?
이것은 빨면 줄어들까요?

▌ The boys shrank away in horror.
그 아이들은 두려움으로 움츠러들었다.

· 명 **shrinkage**
· *cf.* 유 **hesitate, be reluctant** 주저하다
· 숙 **shrink from** ~로부터 몸을 움츠리다, 꺼리다, 피하다

afford

[əfɔ́ːrd]

동 ~할 능력이 있다/~할 여유가 있다

▌ I can well afford the expense.
그 비용은 충분히 낼 수 있다.

▌ I can not afford to buy a car.
차를 살 형편이 안 된다.

· 숙 **can afford to~** (경제적, 시간적으로) ~할 여유가 있다
(＝have ～ to spare, have in reserve)

range

[reindʒ]

명 범위/영역 동 걸쳐 있다

▌ Temps will range from 18 to 22.
기온은 18도에서 22도까지 가겠습니다.

· *cf.* 유 **score, sphere** 영역
· 숙 **range from A to B**
(범위가) A에서 B까지 걸쳐 있다[퍼져 있다]
· 숙 **range over** 미치다, 관련하다

dismiss

[dismís]

동 해고하다/해산하다/내쫓다/거절하다

▌ Classes are dismissed at six.
우리 학교는 6시에 끝난다.

· 명 **dismissal(＝ dismission)** 해고
· *cf.* 유 **discharge, fire, send away** 해고하다
· 숙 **dismiss a person from** ~에서 해고하다
· **Dismiss!** 해산!

0225

firm

[fəːrm]

형 견고한/단호한 명 회사

▎Is the price firm?
가격이 확정된 것입니까?(가격 조정이 안 됩니까?)

▎An aggressive young man goes far in firm.
의욕적인 젊은이라면 이 회사에서 성공한다.

· *cf.* 유 **fixed, stable** 안정된 / **hard, stiff** 단단한
· 숙 **as firm as a rock** 바위처럼 단단한
· **firm ground** 확고한 기반

0226

article

[áːrtikl]

명 기사/물품/조항

▎What does the article say?
그 기사에 뭐라고 쓰여 있습니까?

· 숙 **article by article** 조목 조목
· **an article of clothing** 의류 한 점
· **an editorial article** 사설
· **article on Economics** 경제에 관한 논문

0227

infant

[ínfənt]

명 유아 형 유아의/초기의

▎Infants usually learn almost everything from their parents.
일반적으로 유아들은 대부분을 부모를 통해 배웁니다.

· 명 **infancy** 유아
  natural infancy 유년(보통 7세 미만)
· **infant mortality rate** 유아 사망률

0228

suspect

[səspékt]

동 짐작하다/의심을 두다 명 용의자

▎I suspect him to be a liar.
그는 거짓말쟁이가 아닌가 생각된다.

· 명 **suspicion** 형 **suspicious**
· *cf.* 유 **suppose, speculate, guess** 의심하다
· 숙 **suspect of** ~을 의심하다, ~에게 혐의를 두다
  (=believe to be guilty, be suspicious of)
· 숙 **be suspected of** ~의 혐의를 받다

gene ㊐ 유전자/유전 인자

[dʒiːn]

▍ A person's character is determined by his genes.
사람의 성격은 그의 유전 인자로 결정된다.

▍ Mutation caused genetic changes in animals.
돌연변이는 동물에게 유전자 변이를 가져왔다.

- ㊐ **genetics** 유전학(＝hereditary)
- ㊛ **genetic** 유전의, 유전학적인
- **gene bank** 유전자 은행

seal ㊍ 봉하다/도장을 찍다 ㊐ 도장/봉인

[siːl]

▍ My lips are sealed.
비밀을 지킬게요.

▍ Please put your seal here.
여기에 도장을 찍어 주세요.

- ㊕ **affix a seal to** ～에 도장을 찍다
- ㊕ **set one's seal to** ～을 승인하다, ～에 날인하다
- **seal up a letter** 편지를 봉하다

hostility ㊐ 증오/적개심/적대 행위

[hɑstíləti]

▍ I can't understand his hostility to us.
나는 우리에 대한 그의 적의를 이해할 수가 없다.

- ㊛ **hostile** 적대적인
  hostile take-over 적대적 기업 인수
- *cf.* ㊠ **antagonism, enmity** 적개심
- ㊕ **regard with hostility** 적대시하다
  (＝look upon as an enemy)

existence ㊐ 존재/생활

[igzístəns]

▍ Tobacco is the bane of my existence.
담배 때문에 망했다.

- ㊍ **exist** 존재하다 ㊛ **existent** 존재하는
- *cf.* ㊙ **nonexistence** 무(無) *cf.* **coexistence** 공존
- ㊕ **come into existence** 존재하게 되다, 나타나다
  (＝come into being, turn up, show up, appear)
- ㊕ **go out of existence** 소멸하다

occasion

[əkéiʒən]

圏 경우/기회

▮ I want to take this occasion to thank you.
이 기회를 빌어 감사드립니다.

▮ The party was quite an emotional occasions.
그 파티는 상당히 감동적인 행사였다.

· 혱 **occasional** 뷔 **occasionally**
  an occasional stomachache 이따금씩의 복통
  fine except for occasionally rain 맑고 때때로 비
· *cf.* 윤 **event, affair, occurrence** (특수한) 경우, 행사
· *cf.* 윤 **chance, opportunity** 기회
· 숙 **for the occasion** 임시로(= occasionally)
  He is engaged for the occasion.
  그는 임시로 고용되어 있다.
· 숙 **have no occasion to** ~할 필요[이유]가 없다
· 숙 **on the occasion of** ~할 경우에
  (= in (the) case of, in the event of)

passive

[pǽsiv]

혱 소극적인/수동적인

▮ The passive man seldom, if ever, expresses himself.
소극적인 그 남자는 좀처럼 자기 표현을 하지 않는다.

▮ Being passive is my weak point.
내 단점은 소극적이라는 겁니다.

· *cf.* 반 **active** 적극적인
· **passive smoking** 간접 흡연

reverse

[rivə́ːrs]

동 거꾸로 하다 혱 반대의 명 반대/뒤

▮ Their positions are now reversed.
그들의 입장이 이제는 바뀌었다.

· 명 **reversal** 역전 혱 **reversible**
· *cf.* 윤 **opposite** 반대
· 숙 **suffer a reverse** 실패[패배]하다
· 숙 **in the reverse order** 역순으로

obstacle

[ábstəkl]

명 장애(물)/방해(물)

▌ We'll overcome any obstacles that may come before us.
우리 앞에 닥칠지도 모르는 어떠한 장애도 헤쳐나갈 거예요.

▌ I couldn't get by because of the obstacle.
장애물 때문에 지나갈 수가 없었습니다.

· *cf.* 유 **barrier, hindrance, obstruction**
· **be an obstacle to** ~의 방해가 되다
· **obstacle race** 장애물 경주

adult

[ədʌ́lt]

명 성인/어른

▌ Adult magazines corrupt the minds of teens.
성인 잡지들은 청소년들의 정신 건강을 해칠 수가 있습니다.

▌ Let's be adults.
철없이 굴지 마세요.

· *cf.* 반 **infant** 유아 *cf.* **adulthood** 성숙
· **Adults Only** 미성년자 사절

damage

[dǽmidʒ]

동 해를 끼치다 명 상해

▌ The storm did great damage to the crops.
폭풍이 농작물에 큰 손해를 입혔어요.

· *cf.* 유 **harm, hurt, injury, mischief** 손해
· 숙 **do A damage** A에게 피해를 주다
  (= do damage to A)
· 숙 **damaged beyond repair**
  수리할 수 없을 정도로 손상되다

document

[dákjumənt]

명 문서/기록 동 ~로 증명하다/기록하다

▌ This document is missing several words.
이 서류에는 글자 몇 개가 빠진 것 같아.

· 형 명 **documentary** 문서의, 기록영화
· *cf.* 유 **paper, report** 문서, 서류
· **subscribe to a document** 문서에 서명하다
· **an official document** 공문서

sequence 명 연속/순서/결과

[síːkwəns]

▌He listed the main events in chronological sequence.
그는 주요한 사건을 연대순으로 목록에 기입했다.

· 형 **sequent, sequential** 연속으로
· *cf.* 유 **chain, series, succession** 연속
· **in regular sequence** 순서대로, 질서정연하게

sentiment 명 감정/정서

[séntimənt]

▌Those are my sentiments.
그것이 나의 의견이다.

▌The sentiment is mutual.
감정은 상호 작용하는 것이다.

· 형 **sentimental** 감정적인
· *cf.* 유 **emotion, feeling, passion, sensation, sense**

tongue 명 혀/말/언어

[tʌŋ]

▌A long tongue is a sign of a short hand.
혀가 길면 손이 짧다.(말이 많다는 것은 무능한 증거이다.)

· 숙 **hold one's tongue** 잠자코 있다(＝keep silent)
· 숙 **on the tip of one's tongue** 혀끝에서 뱅뱅 도는
· **a lapse of the tongue** 실언
· **mother tongue** 모국어
· **a long tongue** 수다

retreat 동 퇴각하다/물러서다 명 피난처

[ritríːt]

▌She retreated from reality.
그녀는 현실로부터 도피했다.

· *cf.* 유 **recede, resign, retire, withdraw**
· *cf.* 반 **advance** 전진하다
· **retreat from the front** 전선에서 퇴각하다
· **a strategic retreat** 전략적 후퇴

attitude

명 태도/자세/소질

[ǽtitjuːd]

▎ You can't learn anything with a negative attitude.
부정적인 태도로는 아무것도 배울 수 없다.

▎ Don't give me that wait and see attitude.
그렇게 회의적인 태도를 취하지마라.

· *cf.* 유 **pose, posture, stance** 태도
· 숙 **have an attitude for** ～하는 재주가 있다
· **one's attitude of mind** 마음가짐

tendency

명 경향/추세/버릇

[téndənsi]

▎ Juvenile crimes show a tendency to increase.
소년 범죄는 증가하는 경향을 보이고 있다.

· 형 **tendencious** 경향을 나타내는
· 동 **tend** 경향이 있다
   Fruits tend to decay. 과일은 썩기 쉽다.

· 숙 **have a tendency to** ～하는 경향이 있다
   (＝tend to, be subject to, tend towards, prone to)

fluid

형 유동성의/유동적인 명 유(동)체/액체

[flúːid]

▎ You should drink fluids.
마실 것을 많이 마셔야 해요.

▎ A few drops of cleaning fluid should take out that spot.
몇 방울의 세척 액이면 그 얼룩을 뺄 수 있을 것이다.

· 명 **fluidity** 유동성, 유체
· **a fluid situation** 유동적인 사태

substance

명 본질/물질/실체

[sʌ́bstəns]

▎ What's that substance?
그게 무슨 물질 입니까?

· 동 **substantiate** 형 **substantial**
· *cf.* 유 **material, stuff**
· 숙 **in substance** 사실상, 본질적으로
· **inanimate substance** 무생물

0248

bone

[boun]

명 뼈/골격

▮ I feel cold to the bone.
뼛속까지 한기가 느껴진다.

· 형 **bony**
· 숙 **to make no bones about** ~에 구애되지 않다
· 숙 **lay one's bones** 매장하다
· 숙 **to bone up[on something]** 벼락공부하다
· **a bone of contention** 불화의 원인

0249

term

[təːrm]

명 용어/기간/학기/관계

▮ He is good terms with me.
그와 나는 좋은 사이다.

· *cf.* 유 **quarter, semester, session** 학기
· 숙 **on ~ terms with** ~과/한 사이인
· 숙 **in terms of** ~의 관점에서
· 숙 **on equal terms** ~와 같은 조건으로, 대등하게
· 숙 **come to terms with** ~에 합의를 보다

0250

amount

[əmáunt]

명 총계 동 ~의 액수에 달하다

▮ The amount of rain affects the growth of crops.
강우량은 농작물의 성장에 영향을 준다.

· *cf.* 유 **total, sum** 총계, 총액
· 숙 **amount to much** 훌륭하게 되다
· 숙 **amount to** 합계가 ~이 되다
· 숙 **in amount** 양적으로 말하면
· 숙 **a large amount of money** 막대한 액수의 돈

0251

lung

[lʌŋ]

명 폐/허파/인공 심폐(장치)

▮ What is the major cause of lung cancer?
폐암의 주원인은 무엇입니까?

▮ Divers can breathe underwater through the aqua lung.
다이버들은 물 속에서 수중 호흡기로 호흡할 수 있다.

· 숙 **fill the lungs with air** 심호흡을 하다
(＝take a deep breath, take a long breath)

· **a lung disease** 폐질환

0252

despite

[dispáit]

접 ~에도 불구하고

▮ There is abundant water despite the dry spell.
날이 가물어도 물은 풍부하다.

▮ Despite of his bad health, he studied hard to prepare for the test.
그는 건강이 안 좋은데도 시험에 대비해서 열심히 공부했다.

· *cf.* ㊌ **in spite of, for all, with all, in the face of, notwithstanding**

0253

reveal

[riví:l]

동 드러내다/누설하다 **명** 폭로

▮ He swore never to reveal the secret.
그는 절대 비밀을 누설하지 않겠다고 맹세했다.

▮ The truth will be revealed someday.
진실은 언젠가 밝혀질 것이다.

· ㊅ **revelation** 폭로
· *cf.* ㊌ **disclose, announce, unveil** *cf.* ㊎ **conceal**
· **reveal a secret** 비밀을 폭로하다

0254

tide

[taid]

명 조수/흐름/풍조

▮ The tide rises and falls in the sea.
바닷물에는 조수 간만이 있다.

▮ Time and tide wait for no man.
세월은 사람을 기다리지 않는다.

· ㊡ **tidal** *cf.* ㊌ **current, stream** 조수, 간만
· ㊐ **tide over** 극복하다(= get over, overcome)
· **ebb tide** 썰물 / **flood tide** 밀물

0255

trunk

[trʌŋk]

명 몸통/트렁크/코끼리 코

▮ An elephant has a large trunk and a long trunk.
코끼리는 큰 몸통과 긴 코를 갖고 있다.

▮ She is struggling to carry her trunk.
그녀는 여행 가방을 옮기느라 쩔쩔 매고 있다.

· **the trunk of the plan** 계획의 중요 부분
· **the trunk of a car** 자동차 짐칸
· **trunk road** 간선도로

0256

outcome
명 결과/성과/소산

[áutkʌm]

▌ The outcome is doubtful.
결과는 어찌 될지 모른다.

▌ The outcome would be clear.
결과는 뻔해요.

· *cf.* 유 **consequence, result, findings** 결과
· **the outcome of researches** 연구의 성과

0257

mischief
명 말썽/손해/재난/장난

[místʃif]

▌ You got scolded a moment ago, and you are up to mischief again!
금방 꾸중 듣고도 또 이런 장난을 하는구나.

· 형 **mischievous**
· *cf.* 유 **damage, harm, hurt, injury** 손해
· **full of mischief** 장난기로 가득 찬

0258

evolution
명 진화/발전

[evəlúːʃən]

▌ Do you believe in the theory of evolution?
너는 진화론을 믿니?

▌ The process of the evolution of our species has been extremely gradual.
인류의 진화 과정은 지극히 점진적이었다.

· 명 **evolve** 형 **evolutionary(= evolutional)**
· **the theory of evolution** 진화론
· **human evolution** 인류의 진화

0259

community
명 공동체/지역사회

[kəmjúːnəti]

▌ When the tornado hit, the whole community was destroyed.
폭풍이 몰아치자 온 동네가 엉망이 됐어.

▌ I've done my part to help this community.
이 지역사회에 나의 역할 몫을 기여했어.

· **a rural community** 농촌
· **community of property** 재산 공유

regret

명 유감/후회 동 유감스러워하다

[rigrét]

▌ Don't regret lost opportunities.
놓친 기회는 후회하지 마세요.

· 형 **regretful** 후회하는 형 **regrettable** 유감스러운
· *cf.* 유 **repent** 후회하다
· 숙 **It is to be regretted that** ~은 유감스러운 일이다
· 숙 **to one's regret** 유감스럽게도

exhibit

동 전시하다/나타내다

[igzíbit]

▌ They exhibit imports from Pakistan in an expo center.
그들은 파키스탄에서 수입한 물건들을 박람회에 전시한다.

· 명 **exhibition** 전시
· **exhibit the paintings** 그림을 전시하다
· **exhibit anger** 노기를 띠다

fair

형 공정한/보통 정도의 명 박람회

[fɛər]

▌ It's not considered fair.
그것이 올바르다고 생각하지 않습니다.

· *cf.* 유 **exhibition, exposition** 전시, 전시회
· *cf.* 반 **foul** 부정한
· **fair play** 정정당당한 경기
· **fair lady** 금발에 피부가 흰 아가씨
· **crop fair** 농작물 시장

triumph

명 승리/대성공

[tráiəmf]

▌ Congratulations on your triumph last night.
어젯밤의 대성공을 축하합니다.

· 형 **triumphant**
· *cf.* 유 **victory, pride**
· 숙 **triumph over** ~을 극복하다
· **a shout of triumph** 승리의 환성

fuel

명 연료 동 연료를 얻다

[fjúːəl]

▎ This machine shuts off automatically when it is out of fuel.
이 기계는 연료가 떨어지면 자동적으로 작동이 중단된다.

· **fuel for debate** 열의 있는 토론
· **economize on fuel** 연료를 절약하다
· **solid fuel** 고체 연료
· **liquid fuel** (로켓의) 액체 연료

demand

동 요구하다 명 수요

[dimǽnd]

▎ There's a lot of demand for the book.
그 책 주문이 많습니다.

· *cf.* 유 **request** 요구하다 *cf.* 반 **supply** 공급
· 숙 **demand to ~** ~할 것을 요구하다
· 숙 **in demand** 수요가 있는, 인기 있는
· **latent demand** 잠재 수요

globe

명 공/지구/천체

[gloub]

▎ As a reporter, he travels to all parts of the globe.
기자인 그는 지구 구석구석을 누빈다.

▎ The earth is not a perfect globe.
지구는 완전한 구가 아니다.

· 형 **global** 공 모양의, 지구의
· 숙 **around the globe** 전 세계적으로

race

명 경주/인종/민족

[reis]

▎ He was among the five to finish the race.
그는 완주한 다섯 명 가운데 속했다.

· 형 **racial** 인종의
· **horse race** 경마
· **an arms race** 군비 경쟁
· **run a race** 경주하다
· **the root of a race** 민족의 조상

0268

degree
[digríː]

명 정도/단계/학위

- His work has reached a high degree of excellence.
  그의 작품은 상당히 우수한 수준에 도달했다.

  - · 숙 **in a degree** 어느 정도, 조금은
    (=in some degree, in a measure)
  - · **by degrees** 점차로
  - · 숙 **by degrees** 점차로
  - · 숙 **to the last degree** 극도로

0269

achievement
[ətʃíːvmənt]

명 업적/성취/달성

- We felt a great sense of achievement on top of the mountain.
  우리는 산 정상에서 큰 성취감을 느꼈다.

- Who won the life-time achievement award this year?
  올해의 공로상은 누가 받았습니까?

  - · 동 **achieve** 달성하다
  - · **the motive of achievement** 성취 동기

0270

ancient
[éinʃənt]

형 고대의

- We visited the ruins of ancient Greece.
  우리는 고대 그리스의 폐허지를 방문했다.

- The archaeologists restored an ancient pot from its fragments.
  고고학자들은 조각으로부터 고대의 항아리를 복원했다.

  - · **a famous ancient** 유명한 고전작가
  - · **ancient civilization** 고대 문명

0271

caution
[kɔ́ːʃən]

명 경고/조심

- Is there any special caution that I should take?
  특별한 주의 사항이 있나요?

  - · 형 **cautious** 주의 깊은   형 **cautionary** 조심의
  - · 숙 **by way of caution** 노파심에서, 만약을 위해서
  - · 숙 **with caution** 조심하여
  - · 숙 **caution A not to** A에게 ~하지 말라고 경고하다
    (=warn A not to ~, caution A against ~ing)

0272

native

[néitiv]

형 토착의/그 지방 고유의

▋ She speaks English almost as fluently as a native speaker.
그녀는 영어가 모국어인 사람만큼 유창하게 영어를 말한다.

· *cf.* 반 **foreign** 이국의
· **native diamond** 천연산 다이아몬드
· **native talent** 천부적인 재능
· **native village** 고향

0273

depressed

[diprést]

형 의기소침한/불경기의

▋ You look very depressed.
너는 굉장히 우울해 보여.

▋ Business is depressed.
경기가 나쁘다.

· 동 **depress** 명 **depression**
· *cf.* 유 **melancholy, sad, sorrowful, dismal, gloomy, melancholic**

0274

ultimate

[ʌ́ltimit]

형 최후의/궁극의/근본적인

▋ The ultimate decision is with the referee.
최종 결정은 심판이 합니다.

▋ Scientists are searching for the ultimate truths.
과학자들은 궁극적으로는 진리를 찾고 있다.

· 명 **ultimatum** 부 **ultimately** 궁극적으로
· *cf.* 유 **final, greatest, utmost, last**
· **the ultimate end of life** 인생의 궁극적인 목적

0275

steady

[stédi]

형 안정된/불변의/확고한

▋ Slow and steady win the race.
서두르지 않고 착실한 사람이 이긴다.

· 부 **steadily** 착실하게, 꾸준히, 변함없이
· *cf.* 유 **stable, safe**
· **play steady** 덤비지 않다
· **a steady faith** 확고한 신념

eternal
〔형〕 영원한/불후의

[itə́:nəl]

▌ Keep in mind that youth is not eternal.
젊음은 영원하지 않다는 것을 항상 잊지 마라.

▌ Do you believe in eternal life?
당신은 영생을 믿습니까?

· 〔동〕 **eternize** 〔형〕 **eternity**
· *cf.* 〔유〕 **everlasting, perpetual, endless**
· **eternal truth** 영원한 진리

military
〔형〕 군대의/군인의/육군의

[mílitəri]

▌ Switzerland prides itself on being a neutral country which does not belong to any military alliance.
스위스는 어떠한 군사적 동맹에도 속하지 않는 중립국임을 자랑스럽게 여긴다.

· 〔동〕 **militarize** 군대화하다
· *cf.* 〔유〕 **martial, armed**
· 〔숙〕 **liable to military service** 병역 의무를 지는

separate
〔동〕 분리하다 〔형〕 분리된/개별의

[sépərèit]

▌ I think we should go our separate ways.
우리 둘 다 각자의 길을 가야 할 것 같아요.

▌ Break the egg and separate the yolk from the white.
달걀을 깨서 흰자와 노른자를 분리시키세요.

· 〔명〕 **separation** 〔형〕 **separative** 분리성의
· 〔숙〕 **separate oneself from** ～와 관계를 끊다
· 〔숙〕 **separate A from B** A를 B와 구별하다

legal
〔형〕 합법적인/법률의

[líːgəl]

▌ Arbor Day is a legal holiday.
식목일은 법정 공휴일이에요.

▌ Is it legal to do that?
그렇게 하는 것이 합법적입니까?

· 〔명〕 **legality** 〔동〕 **legalize**
· **the legal limit (of speed)** 허용 최고 속도
· **take legal action against** ～에게 법적 조치를 취하다

0280

current 형 현생의/지금의/유통하는

[kə́:rənt]

‖ He made a sweeping statement on the current situation.
그는 현재 상황에 대해 포괄적으로 말했다.

· 명 currency
· 숙 pass[go, run] current 일반에 통용되다
· current price 시가(時價)
· air current 기류

0281

mental 형 정신의/마음의

[méntəl]

‖ It gives you confidence and that's good for your mental health.
자신감이 생기니까 정신 건강에도 좋아.

· 명 mentality
· 숙 make a mental note of ~을 외워[기억해]두다
· 숙 suffer from mental disorder 정신병에 걸리다

0282

rural 형 시골의/전원의/촌스러운

[rúːrəl]

‖ I'm from a rural area.
나는 시골 출신입니다.

‖ I would rather live in a rural area than in a big city.
나는 대도시보다는 농촌 지역에서 살고 싶다.

· 명 rurality 동 ruralize 전원화하다
· rural life 전원 생활

0283

apparent 형 명백한/외견상의

[əpǽrənt]

‖ Have you ever considered an apparent misfortune as a fortunate thing?
불운을 행운으로 여겨본 적이 있나요?

· 명 appearance 동 appear
· cf. 유 clear, distinct, evident, obvious, plain
· 숙 apparent to the naked eye 육안으로 보이는

vague

[veig]　｜형｜ 막연한/모호한

▌ The man was rather vague about his past.
그 사람은 자신의 과거에 대해 막연히 잊고 있었다.

▌ That's so vague.
너무 막연하잖아.

· ｜부｜ **vaguely**
· *cf.* ｜유｜ **unclear, uncertain**
· ｜숙｜ **yield to vague terrors** 막연한 공포에 사로잡히다

vital

[váitəl]　｜형｜ 생생한/중요한/치명적인

▌ Hard work is a vital ingredient of success.
근면은 성공의 필수적 요소다.

· ｜명｜ **vitality** 생명력, 활기　｜동｜ **vitalize** 생기를 주다
· *cf.* ｜유｜ **essential, indispensable, necessary**
· **of vital importance** 지극히 중요한
· **vital energies** 생명력
· **vital wound** 치명상

mutual

[mjúːtʃuəl]　｜형｜ 서로의/상호간의/공동의

▌ What matters is the mutual respect.
중요한 것은 상호 존중이다.

▌ The feeling is mutual.
나도 그래.

· ｜부｜ **mutually** 서로, 공동으로
· *cf.* ｜유｜ **shared, common, joint, reciprocal**
· ｜숙｜ **by mutual consent** 쌍방 합의에 의거하여

primary

[práiməri]　｜형｜ 주요한/초기의/초등의

▌ Primary education forms the groundwork for building up a man's character.
초등 교육은 인간의 토대를 쌓는 교육이다.

· *cf.* ｜유｜ **basic, elementary, fundamental** 기본적인
· **primary industry** 1차 산업
· **primary color** 원색

atmosphere 명 공기/대기/분위기

[ǽtməsfìər]

▍ He really livened up the atmosphere.
그가 분위기를 아주 잘 띄우던데요.

▍ Try to understand the atmosphere.
분위기 파악 좀 해라.

· 형 **atmospheric** 대기의, 대기로 인한
· **a tense atmosphere** 긴장된 분위기
· **an atmospheric depression** 저기압

instrument 명 도구/악기

[ínstrumənt]

▍ The instrument malfunction caused the crash.
계기의 고장이 추락사고를 일으켰다.

· 형 **instrumental**
· *cf.* 유 **appliance, implement, tool, utensil**
· **surgical instrument** 외과용 기구
· **musical instrument** 악기

delay 동 미루다/늦추다 명 지연/연기

[diléi]

▍ The train was delayed because of heavy snowstorm.
극심한 눈보라 때문에 열차가 연착되었다.

· *cf.* 유 **adjourn, defer, postpone**
· 숙 **without delay** 지체없이, 곧
· 숙 **cause delay to** 저지하다(=check the advance of)
· **admit of no delay** 잠깐의 여유도 주지 않다

craft 명 기능/기술/공예/선박/비행기

[kræft]

▍ I'm looking for typical crafts of this area.
이 지방의 대표적인 공예품을 찾고 있습니다.

· 형 **crafty** 교활한, 간교한
· 숙 **by craft** 음모[술책(術策)]에 의하여
· **crafts man** 장인(匠人), 기능인
· **hand-crafted** 수작업의

0292
contrast

명 대조/대비　**동** 대조를 이루다

[kántræst]

▌ I think there's a sharp contrast between Koreans and Americans.
한국인과 미국인 사이에는 뚜렷한 차이가 있다고 생각해.

· **형** **contrasty**
· **숙** **contrast A with B** A와 B를 대조시키다
· **숙** **by contrast with** ～와 대조하여
· **숙** **in contrast** 대조적으로

0293
budget

동 예산을 세우다　**명** 경비/예산

[bʌ́dʒit]

▌ I understand you have to live on a tight budget.
당신은 꽉 짜인 예산 속에서 생활해야만 하실텐데요.

▌ I have a limited budget.
예산이 넉넉지 않아요.

· **숙** **balance the budget** 수지 균형을 맞추다
· **숙** **on the budget** (한정된) 예산으로

0294
direction

명 방향/지시/지도/감독

[dirékʃən]

▌ He must have a sixth sense for direction.
그 사람한테는 길찾는 데 특별한 감각이 있는 것 같다.

· **동** **direct** 지시하다, 지휘하다
· **형** **directional** 방향의　**형** **directive** 지시하는
· **숙** **in all[every] direction** 사방팔방으로
· **숙** **under the direction of** ～의 지도 아래
· **direction for use** 사용법

0295
rod

명 막대/지팡이　**동** ～에 막대를 달다

[rɑd]

▌ Spare the rod, spoil the child.
매를 아끼면 자식을 망친다.

▌ The roof of that church was reinforced with steel rods.
저 교회의 지붕을 강철대로 보강했다.

· **숙** **give the rod** 매질하다
· **숙** **make a rod for oneself** 화를 자초하다

till

| 전 ~까지　囷 ~하고 마침내　동 경작하다 |

[til]

▌ Wait till called for.
부를 때까지 기다리시오.

▌ They are tilling the field.
그들이 밭을 갈고 있다.

· *cf.* ㊠ **cultivate, till** 경작하다
· ㉾ **till now** 이제까지, 지금까지(＝until now, so far, up to now, up to the present time, by now)

meadow

| 명 목초지/풀밭 |

[médou]

▌ A meadow in spring is full of sensuous delights.
봄의 초원은 감각적인 즐거움으로 가득하다.

▌ A group of storks is standing on one leg as they attemp to keep warm on a snowy meadow.
눈 덮인 초원에서 체온을 유지하기 위해 한떼의 황새들이 한 다리로 서 있다.

· 형 **meadowy** 목초지의, 풀밭이 많은
· **a floating meadowy** 침수가 잘 되는 목초지

merely

| 부 겨우/단지 |

[míərli]

▌ I'm merely a boy.
난 그저 어린아이일 뿐이에요.

▌ He is merely making an ass of himself.
그는 단지 그 자신을 바보로 만들고 있을 뿐이에요.

· 형 **mere** *cf.* ㊠ **only, just**
· ㉾ **only merely** 겨우 ~에 불과한, ~에 지나지 않는
· ㉾ **not merely A but (also) B** A뿐만 아니라 B도 역시

sound

| 동 ~한 것 같다/울리다　명 소리　형 건전한 |

[saund]

▌ The music sounds sorrowful.
그 음악은 슬프게 들린다.

▌ Turn the sound down, please?
소리 좀 줄여 줄래?

· ㉾ **sound familiar to** ~을 연상시키다, 상기시키다
· ㉾ **safe and sound** 무사히
· ㉾ **sleep sound** 깊이 잠들다

conference   명 회의/협의

[kánfərəns]

▌ She announced that she would bring some new facts to light at the press conference.
그녀는 기자 회견에서 새로운 사실을 밝히겠다고 발표했다.

· 동 **confer**
· *cf.* 유 **conversation, meeting, session**
· **have a conference with** ~와 협의하다
· **off-the-record conference** 비공식 회의

cottage   명 시골집/오두막

[kátidʒ]

▌ His new cottage has burnt down last night.
그의 새 오두막이 어젯밤에 완전히 불타버렸다.

▌ He settled down in a little cottage.
그는 작은 오두막집에 정착했다.

· 형 **cottagey**
· **cottage industry** 가내 공업, 영세 산업

arithmetic   명 산수   형 산수의

[əriθmétik]

▌ They struggle with their arithmetic.
그들은 계산을 하느라고 고생한다.

▌ Most children don't like their arithmetic lessons.
대부분의 아이들은 산수 수업을 좋아하지 않는다.

· **mental arithmetic** 암산
· **decimal arithmetic** 십진법

contemporary   형 동시대의/현대인의   명 동시대인/현대

[kəntémpərəri]

▌ Lincoln was respected by the contemporaries.
링컨은 동시대 사람들에게 존경을 받았다.

· *cf.* 유 **current, modern, present, concurrent, recent, up-to-date**
· **contemporary literature** 현대 문학
· **contemporary at school** 학교 동창

material

명 재료/자료/물질 형 물질의

[mətíəriəl]

▮ The material of this scarf is pure silk.
이 스카프의 원단은 순 실크이다.

· 동 **materialize** 실체화하다
· 숙 **take material form** 구체화하다(=materialize)
· **material civilization** 물질 문명
· **raw material** 원료

average

형 평균의/보통의 명 평균/보통

[ǽvəridʒ]

▮ I think many students are fatter than average due to lack of exercise.
많은 학생들이 운동 부족으로 평균보다 뚱뚱한 것 같아요.

· 숙 **above[below] the average** 평균 이상[이하]
· 숙 **on an[the] average** 평균하여
· 숙 **up to the average** 평균에 달하여

dispute

명 분쟁/논쟁/논박 동 논쟁하다

[dispjúːt]

▮ The immediate cause of the fiction between the two countries is the border dispute.
양국간 마찰의 직접적인 원인은 국경 분쟁이다.

· 형 **disputatious** 논쟁적인 명 **disputation** 논쟁
· cf. 유 **argue** 논쟁하다
· 숙 **in dispute** 논쟁중의, 미해결로
· 숙 **beyond dispute** 의논할 여지없이, 분명히

geometry

명 기하학

[dʒiámətri]

▮ Mathematic courses that deal with measurement include geometry.
측량법을 다루는 수학 과정에는 기하학이 포함된다.

· 형 **geometric** 기하학적인
Population increases by geometric progression.
인구는 기하급수적으로 불어난다.

0308

logic

[ládʒik]

명 논리/논리학

▌ Such reasoning seems to negate the distinctions in logic.
그런 추리는 논리 고유의 특징을 부인하는 것 같다.

· 형 **logical**　부 **logically**
logical thinking 논리적 사고
That is logically correct. 그것은 논리적으로 옳다.

0309

psychology

[saikálədʒi]

명 심리학/심리(상태)

▌ Human psychology is a mystery.
인간의 심리는 정말 수수께끼입니다.

▌ I've been very interested in psychology for the past few years.
나는 지난 몇 년 전부터 심리학에 많은 관심이 있었습니다.

· 형 **psychological** 심리학적인
· **mob[mass] psychology** 군중심리학

0310

credit

[krédit]

명 신용/명예　동 신뢰하다/외상을 주다

▌ He is a credit to his family.
그는 가문의 명예이다.

▌ He has a good credit history.
그는 신용이 좋다.

· 숙 **give credit to** ~를 신용하다, 칭찬하다
· 숙 **on credit** 외상으로, 신용 대부로
· 숙 **take credit for** 인정을 받다

0311

biology

[baiálədʒi]

명 생물학

▌ He's giving a series of lectures on molecular biology.
그 분은 분자 생물학을 강의하고 있어요.

▌ Do you like your biology class?
생물시간을 좋아하십니까?

· 형 **biological**
· **environmental biology** 생태학

nutrition

[njuːtríʃən]

명 영양/영양학

‖ Make sure you get the right nutrition.
영양 섭취를 잘 하세요.

‖ Good nutrition is essential for good health.
좋은 영양 공급은 건강을 위해 필수적인 것이다.

· 형 **nutritious** 영양의　형 **nutritive** 영양이 되는
· **disorder nutrition** 영양 장애
· **inadequate nutrition** 불충분한 영양

agriculture

[ǽgrikʌltʃər]

명 농업/농학/농경

‖ The technical solutions exist to make agriculture more productive.
농업을 보다 생산적으로 하기 위한 기술상의 해결책이 있다.

‖ Agriculture depends on the elements.
농업은 자연환경에 의존한다.

· 형 **agricultural** 농업의, 경작의
· cf. 유 **farming, cultivation** 농업
· **intensive agriculture** 집약 농업

solution

[səlúːʃən]

명 해결 방안/해결/용액

‖ You should find a solution for your own problem.
네 문제의 해결법은 네가 찾아야 한다.

‖ I accidentally found a solution while I was taking a bath.
목욕하다가 우연히 해결책을 생각해 냈어요.

· 동 **solve** 해결하다, 풀다
· **a problem capable of solution** 해결 가능한 문제

insight

[ínsàit]

명 통찰력

‖ My father is a man of insight.
나의 아버지는 통찰력이 있는 분이시다.

· 형 **insightful** 통찰력이 있는
· 숙 **have an insight into** ~를 간파[통찰]하다
· **gain an insight into human nature**
인간의 본성에 대해 통찰하다

0316

pressure

[préʃər]

명 압력/억압

▮ He seems to be under a lot of pressure.
그가 스트레스를 정말 많이 받나 봐.

- 동 **press**
- 숙 **put pressure on** ~에게 압력을 가하다
- **financial pressure** 재정난
- **mounting pressure** 점점 증가하는, 늘어나는 압력
- **blood pressure** 혈압

0317

region

[ríːdʒən]

명 지역/지방/영역

▮ Apricots are grown in warm regions.
살구는 따뜻한 지역에서 자란다.

▮ It rains continuously in this region.
이 지역은 끊임없이 비가 온다.

- 형 **regional**
- *cf.* 유 **area, district, parts, province, zone**
- **a tropical region** 열대 지방

0318

heredity

[hirédəti]

명 유전/세습

▮ Character is influenced by heredity.
성격은 유전에 영향을 받는다.

▮ He is a teacher by heredity.
그는 교육자 집안 출신의 교사야.

- 형 **hereditary** 세습의, 유전의
- 부 **hereditarily** 세습적으로, 유전적으로

0319

defect

[difékt]

명 결함/단점/부족

▮ I didn't notice the defects of the item when I bought it.
그 상품을 살 때는 결함을 발견하지 못했습니다.

- 형 **defective** a defective car 결함있는 차
- *cf.* 유 **demerit, drawback, fault, flaw, shortcomings**

appetite
[ǽpitàit]

명 식욕/욕구

▎ Exercise hive me a appetite.
운동을 하면 식욕이 좋아진다.

▎ Everybody has a good appetite in autumn.
가을에는 식욕이 좋아집니다.

· 명 **appetizer** 식욕 돋구는 음식 형 **appetizing**
· 숙 **sharpen one's appetite** 식욕을 돋구다
· **Lack of appetite** 식욕 부진(= Anorexia)

greed
[gríːd]

명 (음식, 돈에 대한) **탐욕**

▎ Greed has no limits.
욕심에는 끝이 없다.

▎ He has greed for money and power.
그는 돈과 권력에 탐욕스럽다.

· 형 **greedy**
a man greedy of money 돈 욕심내는 사람
· *cf.* 유 **desire**

ally
[əlài]

동 동맹시키다/결합시키다 명 동맹국

▎ China has been a longtime ally for North Korea.
중국은 북한의 오랜 우방이었다.

▎ He allied himself with a wealthy family by marriage.
그는 결혼으로 부유한 집안과 인연을 맺었다.

· 명 **alliance** 동맹 형 **allied** 동맹한, 연합한
· 숙 **be allied with** ~와 동맹하고 있다

stock
[stak]

명 축적/저장/재고품/가축

▎ Call to see whether they have this book in stock.
그 곳에 이 책이 있는지 전화해서 알아보세요.

· *cf.* 유 **goods, store, livestock, supply**
· 숙 **in stock** 재고를 보유중인
· 숙 **out of stock** 재고가 없는, 품절
· 숙 **take stock of** 평가하다, (상황을) 살펴보다
· 숙 **take stock in** ~에 관심을 가지다, ~을 신용하다

0324

muscle
명 근육/근력

[mʌ́sl]

▮ I have a severe muscle pain.
근육통이 심합니다.

▮ You have both muscles and brains.
자네는 몸도 좋지만 머리도 비상하군.

· 숙 **keep muscles flexible** 근육을 유연하게 하다
· 숙 **not move a muscle** 꼼짝도 하지 않다
· 숙 **flex one's muscle** 위력을 보이다

0325

ceremony
명 의식/의례

[sérəməni]

▮ The award ceremony is going to be televised live.
그 시상식은 생방송으로 텔레비전 중계될 것입니다.

· 형 **ceremonial** 의례상의
· 숙 **stand on ceremony** 너무 의식적이다, 딱딱하다
· **funeral ceremony** 장례식
· **a wedding ceremony** 결혼식

0326

breed
동 새끼를 낳다/기르다/양육하다

[briːd]

▮ Dirt breeds disease.
불결은 병을 낳는다.

▮ Familiarity breeds contempt.
지나치게 허물없이 굴면 업신여김을 받게 된다.

· 명 **breeding** cross breeding 잡종 교배
· **genuine breed** 순종
· **select the best specimens to breed from**
번식시키기에 가장 좋은 종을 고르다

0327

principle
명 근본방침/원리/원칙

[prísəpəl]

▮ What basic principle do you apply to your life?
인생의 좌우명이 무엇입니까?

· 숙 **in principle** 원칙적으로
· **uphold basic principles** 기본 원칙들을 유지하다
· **the principle theory of relativity** 상대성 이론
· **radical principle** 근본 원칙

0328
share

[ʃɛəːr] 동 나누다/공유하다 명 몫

- I'd like to share both happiness and sadness with you.
  기쁨도 슬픔도 함께 나누고 싶습니다.

- 숙 **share A with B** A를 B와 공유하다
- 숙 **share in** ~을 분담하다(= have a share in)
- 숙 **share out** 몫을 나누어 주다, 분배하다
- **market share** 시장 점유율

0329
stable

[stéibl] 형 안정된/불변의

- You need something stable and permanent.
  너에게는 안정적이고 영구적인 게 필요해.

- The building has a stable foundation.
  건물은 기초가 튼튼하다.

- 명 **stability** emotional stability 감정적 불변성
- *cf.* 유 **firm, fixed**
- **keep prices stable** 물가 안정을 유지하다

0330
brilliant

[bríljənt] 형 빛나는/찬란한/뛰어난

- He came up with a brilliant idea.
  그는 훌륭한 아이디어를 제안했다.

- 명 **brilliance(= brilliancy)**
- *cf.* 유 **bright, luminous, lustrous, radiant, shining** 빛나는
- **a brilliant performance** 멋진 연주[연기]

0331
policy

[pálisi] 명 정책/방침/수단

- Honesty is the best policy.
  정직은 최선의 방책이다.

- The policy aggravates the education problem.
  그 정책이 교육문제를 악화시키고 있다.

- **confidentiality policy** 기밀 정책
- **transportation policy** 교통 정책

0332

capacity
[kəpǽsəti]

명 수용력/용량/능력

▌ The theater has a seating capacity of 800.
그 극장은 800석의 좌석을 가지고 있다.

· 형 **capacious** 널따란, 포용력있는
· 숙 **in the capacity of** ~의 자격으로서
· **full capacity** 최대 용량
· **a man of capacity** 수완가

0333

remote
[rimóut]

형 거리가 먼/먼 옛날의

▌ He is a remote cousin of mine.
그는 나의 먼 사촌이다.

▌ He lived in a remote part of the forest.
그는 삼림지대의 외딴 곳에 살았다.

· **the remote past** 먼 과거
· **remote control** 리모컨

0334

fine
[fain]

형 훌륭한/좋은/가느다란 명 벌금

▌ Everything will be fine.
모두 다 잘 될 것입니다.

· 숙 **in fine** 결국
· 숙 **cut a fine figure** 이채를 띠다, 두각을 나타내다
· 숙 **in fine feather** 신바람이 나서, 건강하여
· **a spell of fine weather** 계속되는 맑은 날씨
· **pay a fine** 벌금을 내다

0335

trial
[tráiəl]

명 시도/재판

▌ Let's do trial run of the presentation.
발표 예행 연습을 합시다.

▌ Everybody learns by trial and error.
사람은 누구나 시행착오를 겪으면서 배우는 거예요.

· **trial and error** 시행 착오
· **put on trial** 재판을 걸다

0336

fancy

명 공상/애호 형 근사한 동 상상하다

[fǽnsi]

▮ Many people have fancy that we can completely control the nature.
많은 사람들이 자연을 완전히 정복할 수 있다는 환상을 가지고 있다.

· 형 **fanciful** 공상적인
· 숙 **have a fancy for** ~을 좋아하다
  (=take a fancy, be fond of, take a liking)
· 숙 **fancy oneself** 자만하다, 자부하다

0337

decent

형 점잖은/우아한/(기준에) 맞는

[díːsənt]

▮ I'd like to meet someone decent.
좋은 사람을 만나고 싶어요.

▮ He got a decent grade in math.
그는 수학에서 꽤 좋은 점수를 받았어요.

· 명 **decency**
· cf. 유 **civil, courteous, courtly, gallant, polite**
· **a decent living** 남부럽지 않은 생활

0338

solemnly

부 엄숙하게/경건하게

[sάləmli]

▮ Do you solemnly swear that it's the truth?
그것이 진실이라고 엄숙하게 맹세합니까?

▮ The trumpet blared solemnly in the dark.
어둠 속에서 트럼펫 소리가 엄숙하게 울려 퍼졌다.

· 형 **solemn** 엄숙한 명 **solemnity** 엄숙함
· cf. 유 **gravely, soberly, seriously**

0339

abstract

형 추상적인/이론적인 명 추상 동 발췌하다

[æbstrǽkt]

▮ While his earlier works are realistic, his recent ones are abstract.
그의 초기 작품은 사실적이지만 최근의 작품은 추상적이다.

· 명 **abstraction** 형 **abstractive** 추상력 있는
· cf. 유 **concrete** 구체적인
· 숙 **make an abstract of a book** 책에서 발췌하다
· **abstract art** 추상 미술

0340

drastic

[형] 과감한/철저한

[drǽstik]

- He made a drastic change in his appreance.
  그는 외모가 엄청나게 변했어요.
- The drastic social reforms aroused fierce resistance.
  그 과감한 사회 개혁은 맹렬한 저항을 일으켰다.

· *cf.* ㈜ **harsh, severe**
· **take drastic measures** 과감한 조치를 취하다

0341

tender

[형] 친절한/부드러운/섬세한

[téndər]

- She bathed her dog with tender care.
  그녀는 섬세한 손길로 개를 목욕을 시켰다.
- This meat is very tender.
  고기가 아주 연하군요.

· ㈐ **tenderness** ㈀ **tenderize**
· *cf.* ㈜ **gentle, kind, loving, sympathetic**
· **a tender glance** 애정어린 눈길

0342

profound

[형] 깊은/심오한

[prəfáund]

- His speech had a profound effect on me.
  그의 강연은 나에게 심오한 영향을 미쳤다.

· ㈐ **profundity**
· *cf.* ㈜ **intense, deep** *cf.* ㈫ **superficial** 피상적인
· **have a profound influence on**
  ~에 대한 막대한 영향력이 있다

0343

harsh

[형] 가혹한/거친

[haːrʃ]

- Please don't be too harsh with her.
  그녀를 너무 모질게 대하지 마세요.

· *cf.* ㈜ **rough, rugged, uneven**
· **harsh to the ear** 귀에 거슬리는
· **harsh punishment** 엄벌
· **harsh cloth** 꺼칠꺼칠한 천

genuine 〔형〕 진짜의/순수한

[dʒénjuin]

▮ A genuine cure for cold has yet to be invented.
감기의 진정한 치료법은 아직 발견하지 못했다.

▮ Is this pearl genuine or imitation?
이 진주는 진짜입니까 아니면 모조품입니까?

· *cf.* 〔유〕 **actual, authentic, real, true** *cf.* 〔반〕 **false**
· **a genuine signature** 본인의 친필 서명
· **a genuine friend** 참된 벗

novel 〔명〕 소설 〔형〕 새로운/신기한

[nάvəl]

▮ He made a name all at once with the publication of this novel.
그는 이 소설로 일시에 유명해졌어요.

· *cf.* 〔유〕 **fiction, novelette** 소설
· **popular novel** 대중 소설
· **a novel idea** 기발한 생각, 참신한 생각

inevitable 〔형〕 피할 수 없는/불가피한

[inévitəbl]

▮ With dark clouds moving in, a storm is inevitable.
먹구름이 움직이는 걸로 봐서 폭풍을 피할 수 없을 것 같아.

▮ Getting older is inevitable.
늙는 것은 당연하다.

· *cf.* 〔유〕 **inescapable, unavoidable**
· **the inevitable current of history**
피할 수 없는 역사의 흐름

pure 〔형〕 순수한/깨끗한/결백한

[pjuər]

▮ He did it out of pure decency.
그는 순수한 예의로서 그것을 했다.

▮ It's made of pure silk.
그건 순 실크로 만든 것입니다.

· 〔명〕 **purity, purification** 〔동〕 **purify**
purity of life 깨끗한 생활
purify metals 금속을 제련하다
· 〔숙〕 **pure and simple** 간단하게 말해서, 더도 덜도 말고

visible
[vízəbl] 형 눈에 보이는/명백한

▍The star is not visible to the naked eye.
그 별은 육안으로는 볼 수 없다.

- · 명 **visibility** 동 **visualize**
- · *cf.* 유 **in sight** 보이는
- · 숙 **come into sight** 보이게 되다, 시야에 들어오다
  (=come into view, become visible)
- · **the visible nerve** 시신경

unique
[juːníːk] 형 유일한/하나밖에 없는/독특한

▍You have very unique taste.
취향이 아주 특이하네.

▍There are people who live unique and healthy.
알차고 튼튼하게 사는 사람들이 있습니다.

- · *cf.* 유 **characteristic, distinctive, peculiar** 독특한
- · **develop a unique technique** 고유한 기법을 개발하다

utter
[ʌ́tər] 동 입 밖에 내다/말하다 형 완전한

▍She didn't utter a word all night.
그녀는 밤새 한마디 말도 하지 않았다.

▍His efforts terminated in utter failure.
그의 노력은 완전한 수포로 돌아갔다.

- · 명 **utterance** 형 **utterly** 완전히
- · **utter stranger** 전혀 모르는 사람
- · **utter joyful scream** 즐거운 비명을 지르다

humble
[hʌ́mbl] 형 소박한/겸손한/비천한

▍Be it ever so humble, there's no place like home.
아무리 소박할지라도 자기 집만큼 좋은 곳은 없다.

- · *cf.* 유 **base, ignoble, mean, vulgar** 비천한
- · *cf.* 반 **noble** 고상한 / **arrogant** 거만한
- · **a man of humble birth** 태생이 비천한 사람
- · **humble life** 검소한 삶

sufficient   형 충분한

[səfíʃənt]

■ This food is sufficient to feed a hundred men.
이 음식은 백 명을 먹이기에 충분하다.

· 명 **sufficiency** 동 **suffice**
· *cf.* 유 **enough, adequate** *cf.* 반 **deficient**
· 숙 **Suffice to say that~** ~이라고만 말해 두자
· **self-sufficient** 자급 자족할 수 있는

innocent   형 무죄의/순진한

[ínəsənt]

■ His innocence was testified.
그의 결백이 입증되었다

· 명 **innocence, innocency**
· *cf.* 반 **guilty** 유죄의
· 숙 **play innocent** 결백한 체하다
· **innocent child** 천진난만한 아이

adequate   형 적당한/알맞은

[ǽdikwit]

■ I don't have adequate words to express my sympathy.
뭐라고 위로의 말씀을 드려야 할지 모르겠군요.

· 명 **adequacy**
· *cf.* 유 **appropriate, fit, proper, suitable, acceptable**
· 숙 **adequate to one's post** 그 자리를 감당할 만한

precise   형 정확한/정밀한

[prisáis]

■ She has neat and precise handwriting.
그녀는 필체가 산뜻하고 정확하다.

■ At the precise moment that I put my foot on the step, the bus started.
내가 계단에 발을 올려놓은 바로 그 순간에 버스가 출발했다.

· 명 **precision**
· *cf.* 유 **accurate, correct, exact**
· **the precise meaning** 정확한 의미

sensitive   혱 민감한/예민한

[sénsətiv]

▌ I'm very sensitive to cold.
나는 추위에 매우 민감하다.

▌ She is very sensitive about her height.
그녀는 자기 키에 매우 민감하다.

· 몡 **sense**
· 숙 **be sensitive to** ～에 민감하다
· **sensitive paper** 감광지

intense   혱 격렬한/심한

[inténs]

▌ Competition is intense.
경쟁이 치열해요.

▌ I felt a little stiff after an intense workout.
운동을 심하게 했더니 몸이 좀 뻐근했어요.

· 몡 **intensity** with intensity 열심히
· **the intense pressure** 강렬한 압박

appropriate   혱 적합한/알맞은   동 충당하다/전유하다

[əpróuprièit]

▌ They'll never be able to take appropriate measures.
그들은 적절한 대책을 강구할 수 없을 것이다.

▌ I can't think of anything appropriate to say.
말이 잘 안 나와요.

▌ They say he appropriated company's money for his own use.
그가 공금을 횡령했대요.

· 몡 **appropriation** 혱 **appropriative**
· 숙 **be appropriate to[for]** ～에 어울리다
· 숙 **make appropriate** ～에 맞게 하다, 맞추다
  (=make fit, suit to)

· **appropriate example** 적당한 예
· **appropriate to the occasion** 그 경우에 어울리는
· **appropriate money for education**
교육에 돈을 충당하다

· **appropriate the trust fund** 신탁 기금을 횡령하다

0359

fit

[fit]

동 알맞다/맞추다　형 알맞은/건강한

▌ This coat fits me.
이 코트가 내게 알맞다.

▌ You look fit.
너 건강해 보인다.

· 숙 **be fit for** ~에 알맞다, 어울리다
· **the survival of the fittest** 적자 생존

0360

emotional

[imóuʃənəl]

형 감정의/감수성 강한

▌ He is not in a very good emotional state of mind right now.
그는 지금 심적으로 편치 않은 상태예요.

· 명 **emotion** 정서, 감정
· 부 **emotionally** 감정적으로
· cf. 유 **sensitive, sentimental**
· **emotional development** 정서 발달

0361

specific

[spisífik]

형 구체적인/특정한

▌ Can you be more specific about the information you need?
필요한 정보에 대하여 좀더 구체적으로 알려 주시겠습니까?

· 명 **species**　동 **specify** 구체화하다
· **a specific medicine** 특효약
· **the specific information** 구체적인 정보

0362

flat

[flæt]

형 평평한/밋밋한

▌ Sorry, I'm flat broke.
미안해, 나 빈털털이야.

· 숙 **have a flat tire** 타이어가 펑크나다
· 숙 **drive flat out** 전속력으로 운전하다
· **flat nose** 납작코
· **flat beer** 김 빠진 맥주
· **flat lecture** 재미없는 강의

0363
civil

형 시민의/민간의/정중한

[sívil]

▌ Be more civil to me.
좀더 예의 바르게 굴어라.

- 명 **civility**
- *cf.* 반 **uncivil** 예의 없는
- **The civil Law** 민법
- **civil war** 내란
- **civil reply** 예의 바른 답변

0364
remarkable

형 주목할 만한/훌륭한

[rimáɾkəbl]

▌ What a remarkable discovery!
훌륭한 발견이구나!

▌ She's got a remarkable ability to get things done quickly.
그녀는 일을 빨리 처리하는 뛰어난 능력이 있다.

- *cf.* 유 **noticeable, easily seen** 눈에 띄는, 두드러진
- **remarkable progress** 주목할 만한 진보

0365
theory

명 이론/사건/학설

[θíːəri]

▌ Do you believe in the theory of evolution?
너는 진화론을 믿니?

- 형 **theoretical** 이론적인 *cf.* 반 **practical** 실제
- 숙 **in theory** 이론상으로는
- **solid theory** 변함없는 이론
- **induce a theory** 이론을 이끌어내다

0366
charity

명 자비/자선/구호

[tʃǽriti]

▌ Charity begins at home.
자애는 가정에서부터 시작한다.

▌ I want to donate this to charity if I can.
가능하면 이것을 자선단체에 기부하고 싶다.

- 형 **charitable** 자선의, 자비로운
- **charity bazar** 자선 바자

0367

revolution 　명 혁명/대변혁/회전

[revəlúːʃən]

▮ The French Revolution occurred in 1789.
프랑스 혁명은 1789년에 일어났다.

· 명 **revolt, revolve** 회전하다　형 **revolutionary**
· *cf.* 유 **transformation, innovation, turn, spin**
· **an industrial revolution** 산업 혁명
· **the revolution of the earth** 지구의 공전

0368

prejudice 　명 선입관/편견

[prédʒudis]

▮ Prejudice and superstition are born of ignorance.
편견과 미신은 무지에서 생긴다.

· 형 **prejudiced** 편파적인(= bias)
· 형 **prejudicial** 해로운(= harmful)
· *cf.* 유 **partiality**
· 숙 **without prejudice** 편견 없이

0369

debate 　명 논쟁/토론　동 토론하다/논쟁하다

[dibéit]

▮ I heard a debate about environmental pollution on television.
나는 TV에서 환경 오염에 관한 토론을 들었다.

▮ Experts were called to debate the issue.
그 문제를 토론하기 위해서 전문가들의 소집되었다.

· 숙 **participate in a debate** 토론에 참가하다
· 숙 **debate on a question** 어떤 문제에 대해 토론하다

0370

instinct 　명 본능/직관

[ínstiŋkt]

▮ The instinct for survival is inherent in every living thing.
생존 본능은 모든 생물이 타고난다.

▮ Birds learn to fly by instinct.
새는 본능적으로 나는 것을 배운다.

· 형 **instinctive** 본능적인
· **women's instincts** 여성의 직감
· **an innate instinct** 타고한 본능

0371

mood

[múːd] | 명 분위기/기분

‖ Don't spoil the mood.
분위기 망치지 마.

· *cf.* ㊌ **state of mind** 분위기, 기분
· ㊖ **have a mood to** ~하고 싶다
· ㊖ **be in no mood for** ~할 기분이 아니다
· **a repentant mood** 후회의 기분

0372

tremendous

[triméndəs] | 형 엄청난/무서운

‖ The sunrise seen from high in the mountains was a tremendous spectacle.
산속 높은 곳에서 바라본 일출은 장엄한 광경이었다.

· *cf.* ㊌ **enormous, gigantic, huge, immense, titanic, vast** 거대한
· **a tremendous fact** 놀랄 만한 사실
· **tremendous talker** 엄청난 수다쟁이

0373

privilege

[prívilidʒ] | 명 특권/명예

‖ Education can't be limited to a privilege class.
교육은 특권층의 엘리트에게만 제한할 수는 없어.

‖ It's been a privilege sponsoring your concerts.
당신 공연을 후원할 수 있어서 영광이었습니다.

· 형 **privileged** 특권있는
· **the privilege of equality** 평등권
· **exclusive privileges** 독점권

0374

approach

[əpróutʃ] | 동 접근하다/~에 다가가다 명 접근

‖ He approached me.
그가 내게 다가왔다.

‖ He's a difficult man to approach.
그는 접근하기 어려운 사람이에요.

· *cf.* ㊌ **draw on, come near in time, go near to, go next to, draw near** 다가오다
· ㊖ **easy of approach** 가까이 하기 쉬운

plain

[plein]

형 평평한/평이한/명백한   명 평원

▌ The figures aren't plain enough to read.
그 숫자들은 읽기에 명확하지 않다.

▌ Our country has mountains more than plains.
우리 나라는 평야보다 산지가 더 많습니다.

· 숙 **as plain as the nose on one's face** 지극히 명백한
That's as plain as the nose on your face.
그것은 지극히 명백한 일이다.

· 숙 **to be plain with you** 솔직히 말하자면
To be plain with you, she is plain.
솔직히 말하자면 그녀는 못생겼어요.

· 숙 **in plain words** 솔직히, (알기 쉽게) 말하자면
That's confusing. Please say it again in plain words.
혼란스럽군요. 좀 쉬운 말로 다시 말씀해 주세요.

· 숙 **be in plain sight** 잘 내다보이다
· **plain English** 쉬운 영어
· **plain water** 맹물

urban

[ə́ːrbən]

형 도시의/도시에 사는

▌ Juvenile delinquency is not always urban problems.
청소년 비행은 언제나 도시만의 문제는 아니다.

· 명 **urbanization** 도시화
· **the urban life** 도시 생활
· **the urban population** 도시 인구

upset

[ʌpsét]

형 화난/동요하는   동 뒤엎다/당황하게 하다

▌ He looks upset.
그는 심란해 보인다.

▌ Don't let such trivial things upset you.
그런 하찮은 것들에 동요하지 마.

· 숙 **have a upset stomach** 체하다. 배탈이 나다
· 숙 **be emotionally upset** 마음이 산란하다.

0378

conscious   형 의식하는/지각 있는

[kánʃəs]

He isn't even conscious of annoying his neighbors.
그는 이웃에게 피해를 주고 있다는 것을 깨닫지 못하고 있다.

- 명 **consciousness**
- cf. 유 **aware, sensible**
- 숙 **be conscious of** ~을 의식하다

0379

significant   형 중요한/의미 있는

[signífikənt]

Today is one of the most significant national holidays.
오늘은 가장 뜻깊은 국경일 중의 하나입니다.

- 명 **significance**
- cf. 유 **critical, crucial, important**
- **a significant change** 현저한 변화

0380

diverse   형 다양한/다른

[divə́:rs]

His hobbies are very diverse.
그의 취미는 매우 다양하다.

- 동 **diversify** 다각화하다, 다양화하다
- 명 **diversity** 다양성
  contain a wide diversity 내용이 다양하다
- 숙 **be of a diverse nature from**
  ~와 다른 성질을 갖다

0381

correct   동 바로잡다/고치다   형 올바른

[kərékt]

Correct behavior should be taught at home.
올바른 행실은 가정에서 가르쳐야 한다.

- 명 **correction** 정정, 교정
- cf. 유 **accurate, exact, precise** 올바른
- 숙 **keep correct time** (시계의) 시간이 정확하다
- **correct the errors** 틀린 곳을 수정하다
- **correct judgment** 올바른 판단

barrier

[bǽriər]

명 장벽/장애물/방해

▎ Do you think there is an insurmountable barrier in life?
인생에서 극복할 수 없는 장애가 있다고 생각합니까?

▎ They soon overcame the language barrier.
그들은 곧 언어 장벽을 극복했다.

· *cf.* 유 **hindrance, obstacle, obstruction**
· **tariff barriers** 관세 장벽

awkward

[ɔ́ːkwərd]

형 어색한/서투른

▎ I think it's owing to your awkward ways.
그것은 너의 부적합한 방법 때문이라고 생각해.

▎ It is a very awkward question.
참 대답하기 곤란한 질문이군요.

· 숙 **awkward with one's hands** 솜씨가 서툰
· **awkward tool** 다루기 힘든 연장

ripe

[raip]

형 익은/성숙한

▎ These peaches aren't ripe yet.
이 복숭아는 아직 익지 않았다.

▎ The time is ripe for our action.
우리가 행동할 때가 무르익었다.

· 동 **ripen**
· *cf.* 유 **grown, mature** 성숙한
· *cf.* 반 **raw** 날것의

dense

[déns]

형 빽빽한/밀도 높은

▎ The forest was so dense that I lost my way.
숲이 너무 울창했기 때문에 나는 길을 잃었다.

· 명 **density** traffic density 교통량
· 동 **densify**
· *cf.* 유 **crowed, thick**
· **a dense population** 조밀한 인구

0386

concrete
형 구체적인/현실의/콘크리트의

[kánkri:t]

▌ They made a concrete proposal.
그들은 구체적인 제의를 했다.

· 명 concretion
· cf. 반 abstract 추상적인
· 숙 in the concrete 구체적으로
· a concrete example 구체적인 예
· concrete block 콘크리트 블럭

0387

typical
형 전형적인/대표적인

[típikəl]

▌ It's so typical of him.
그는 항상 그런 식이에요.

▌ This is a typical Korean dinner.
이게 전형적인 한식입니다.

· 명 type 전형
· cf. 유 normal, representative, usual
· 숙 be typical of ~을 대표하다

0388

conservative
형 보수적인/점잖은

[kənsə́:rvətiv]

▌ I think he is a bit conservative.
그는 약간 보수적이라고 생각해요.

▌ Old people are usually more conservative than young people.
나이든 사람들은 대개 젊은이보다 더 보수적이다.

· 명 conservatism 보수주의 동 conserve
· cf. 반 progressive 진보적인
· a conservative party 보수적 정당

0389

artificial
형 인공적인/인위적인

[a:rtifíʃəl]

▌ I substitute artificial sweetners for sugars.
나는 설탕 대신 인공 감미료를 쓴다.

· 명 artifice
· cf. 반 natural 자연적인
· artificial flavor 인공 조미료
· artificial respiration 인공 호흡
· artificial satellite 인공 위성

physical

[fízikəl]

형 육체의/물질적인/물리적인

▌ How is your physical condition?
건강 상태는 어떻습니까?

· *cf.* **반** **spiritual** 영혼의
· **숙** **using all one's physical force** 전력을 다하여
· **physical evidence** 물적 증거
· **a physical checkup** 건강 진단

rational

[rǽʃənəl]

형 이성적인/합리적인

▌ Panic destroys rational thought.
당황하면 합리적인 생각을 할 수 없다.

▌ It is said that man is a rational being.
인간은 이성적인 존재라고들 한다.

· **동** **rationalize** 합리화하다
· *cf.* **반** **emotional** 감정적인, 비합리적인
· **a rational decision** 이성적인 결정

commercial

[kəmə́:rʃəl]

형 상업상의/영리적인

▌ None of them are for commercial use.
상업적인 용도로 쓰이는 것은 아무것도 없어요.

▌ That commercial is really cool.
저 광고 정말 멋있다.

· **명** **commerce** 상업
· **동** **commercialize** 상업화하다
· **a commercial transaction** 상거래

flexible

[fléksəbəl]

형 융통성 있는/탄력적인

▌ I appreciate your being so flexible.
그처럼 융통성 있게 처리해 주시니 감사합니다.

▌ This material is very flexible.
스프링은 유연한 강철로 만들어진다.

· **flexible response** 신축적대응
· **flexible exchange rate** 변동환율
· **a flexible system** 융통성있는 제도

0394

negative
형 소극적인/부정적인

[négətiv]

▮ The initial reaction to the news was negative.
그 뉴스에 대한 최초의 반응은 부정적이었다.

· 명 negation 동 negate
· cf. 반 affirmative 긍정의
· 숙 on negative lines 소극적으로
· 숙 in the negative 부정적인
· a negative vote 반대 투표

0395

extreme
형 극도의/과격한/맨끝의

[ikstríːm]

▮ Try not to go to extremes over hobbies.
취미에 너무 몰두하지 마세요.

▮ It's a bit extreme.
그건 좀 심하군요.

· 명 extremity
· cf. 반 moderate 온건한
· 숙 with extreme care 세심하게, 아주 조심해서

0396

radical
형 급진적인/근본적인/과격한

[rǽdikəl]

▮ Two radical advances in computer design have taken place.
컴퓨터 디자인에서 두 가지 근본적인 진전이 이루어졌다.

· 명 radix, radicalism
· radical principle 근본 원칙
· the Radical Party 급진파
· a radical difference 근본적인 차이점

0397

subjective
형 주관적인/개인적인

[səbdʒéktiv]

▮ I think you are too subjective.
당신은 너무 주관에 치우친다고 생각합니다.

▮ In my subjective view, it may help in the short run.
내 주관적인 견해로 볼 때, 그게 일시적으로 도움이 될 거야.

· 명 subject
· cf. 반 objective 객관적인
· a subjective evaluation 개인적 평가

gloomy
[glúːmi]

혱 우울한/비관적인

▮ The prospect is gloomy.
전망이 어두워요.

▮ Why do you look so gloomy?
어둡고 축축한 날씨에 지쳤어요.

· 몡 **gloom**
· *cf.* 윤 **depressed, dismal, melancholic**
· **a gloomy prospect** 암담한 전망

objective
[əbdʒéktiv]

몡 목표/목적/객체 혱 객관적인

▮ What is necessary to achieve one's objectives?
어떤 목표를 이루기 위해서는 무엇이 필요할까?

▮ It's very difficult to give objective criticism.
객관적인 비평을 하기란 퍽 어렵다.

· *cf.* 반 **subjective** 주관적인
· *cf.* 윤 **aim, end, goal, object, purpose**
· **the objective world** 외계

cause
[kəːz]

몡 대의/명분/목적/원인 동 유발시키다

▮ He is the main cause of the problem.
그는 그 문제의 주요 원인이다.

· 혱 **causal** 원인의, 원인이 되는
· *cf.* 윤 **ground, motive, occasion, reason**
· 숙 **cause to happen** 발생시키다, 야기하다
· 숙 **be caused by** ～에 기인하다
· **cause and effect** 원인과 결과

due
[djuː]

혱 마땅한/～할 예정인

▮ This money is due to you.
이 돈은 네가 받아 마땅하다.

▮ The train is due at two.
그 기차는 2시에 도착할 예정이다.

· 숙 **be due to** ～에 기인하다, ～할 예정이다
· **due care** 당연한 배려
· **due date** 만기일

domestic
[형] 국내의/가정의/길들여진

[douméstik]

▮ You're very domestic.
당신은 참 가정적이군요.

▮ It is necessary to develop the domestic market.
내수의 확대가 필요합니다.

· **domestic affairs** 가사일
· **domestic animals** 가축
· **Gross Domestic Product** 국내총생산(＝GDP)

fantastic
[형] 환상적인/멋진

[fæntǽstik]

▮ The beach was fantastic and the water was so clear.
해변이 굉장히 멋있었고 바닷물도 아주 깨끗했어요.

· [명] **fantasy**
· *cf.* [유] **fanciful, imaginary, visionary** 상상의
· *cf.* [유] **excellent, marvelous, splendid, wonderful** 훌륭한

remark
[명] 진술/말 [동] 언급하다/감지하다

[rimá:rk]

▮ I can't agree with your remarks.
당신 발언에는 찬성할 수 없어요.

· [형] **remarkable** 주목할만한, 비범한
· *cf.* [유] **comment, commentary, note** 언급
· [숙] **as remarked above** 위에서 말한 대로
· [숙] **add a remark** 부언하다
· **a casual remark** 무심코 한 말

sword
[명] 검/칼

[sɔ́:rd]

▮ The pen is mightier than the sword.
문(文)은 무(武)보다 강하다.

· [숙] **at the point of the sword, at sword point**
검으로 협박하여

· [숙] **perish by the sword** 칼로 망하다
· **rusty sword** 녹슨 칼

0406
facility

[fəsíləti]

명 쉬움/편의/재능/시설

▌ The computer facility is located on the 2nd floor.
컴퓨터 시설은 2층에 있다.

▌ Practice gives facility.
연습을 쌓으면 솜씨가 는다.

· 숙 **have a facility for** ~의 재능이 있다
· **a facility of recreation** 오락시설
· **Facilities of civilization** 문명의 이기

0407
substitute

[sʌ́bstətjùːt]

명 대용품/대체물 동 ~로 대체하다/대신하다

▌ Will you substitute for me till I come back?
내가 돌아올 때까지 날 대신해 주겠습니까?

· 명 **substitution** 대체 형 **substitutive**
· 숙 **substitute A for B** B 대신 A를 대용하다[쓰다]
· **inferior substitute** 품질이 떨어지는 대용품
· **substitute for** ~에 대한 대용물

0408
mixture

[míkstʃər]

명 혼합/혼합물

▌ The tea is made up from the mixture of several different types.
그 차는 여러 가지 다른 것들을 혼합해서 만들어진다.

▌ His painting is a grotesque mixture of styles.
그의 그림은 여러 스타일의 그로테스크풍 혼합화다.

· 동 **mix** 혼합하다
· **the mixture as before** 구태의연한 짓

0409
technology

[teknálədʒi]

명 과학기술/기술학

▌ Modern technology has made life easier for most people.
현대 기술은 대부분의 사람들의 삶을 편하게 했다.

▌ One of the greatest advances in modern technology is the invention of computers.
현대 기술의 가장 위대한 진보 가운데 하나는 컴퓨터의 발명이다.

· 형 **technological** 기술의

0410
horror

[hɔ́ːrər]

명 공포/전율

▮ That new horror movie is hair-raising.
그 공포영화 머리가 쭈뼛쭈뼛 서더라.

▮ We were struck dumb with horror and grief.
우리는 공포와 비탄으로 말문이 막혔다.

· 동 **horrify** 형 **horrible**
· 숙 **shrink back in horror** 공포로 뒷걸음치다
· **the horrors of war** 전쟁의 공포

0411
brief

[briːf]

형 짧은/간단한/잠시의 명 짧은 글

▮ We received a brief report about the case.
우리는 그 사건에 대해서 간단한 보고를 받았다.

▮ Please be as brief as possible.
가능한 한 간단히 하세요.

· 명 **brevity** 짧음, 간결함
· 숙 **to be brief** 간단히 말해서, 한마디로 해서
· 숙 **in brief** 요컨대, 즉

0412
laboratory

[lǽbərətɔ̀ri]

명 연구실/실험실

▮ This laboratory is equipped with modern facilities for research.
이 실험실은 최신 연구 설비를 갖추고 있다.

· *cf.* **lab** 연구실(laboratory의 단축형)
· **laboratory superintendent** 연구소 소장
· **a language laboratory** 어학 실습실

0413
anniversary

[ænivə́ːrsəri]

명 기념/기념일

▮ That's very kind of you inviting us to your anniversary party.
기념일 파티에 초대해 주셔서 감사합니다.

▮ Our school celebrated the 13th foundation anniversary yesterday.
우리 학교는 어제 개교 13주년 기념식을 가졌다.

· **one's wedding anniversary** 결혼 기념일
· **anniversary of independence** 독립 기념일

summit　　몡 정상/정상 회담

[sʌ́mit]

❚ The summit of his ambition was to be the president of a big company.
그의 궁극적인 야심은 큰 회사의 사장이 되는 것이었다.

· *cf.* 윤 **peak, top** 정상
· **summit meeting** 정상 회담
· **environmental summit** 환경 정상 회담

virtue　　몡 미덕/덕행/장점

[və́ːrtʃuː]

❚ The girl has the great virtues of humility and kindness.
그 소녀는 겸손과 친절이라는 큰 미덕을 지니고 있다.

· 형 **virtuous** *cf.* 반 **vice** 악
· 숙 **by virtue of** ~의 덕택에, ~에 의해서
· 숙 **in virtue of** ~의 힘으로, ~에 의하여
　　(=by means of, because of)

experiment　몡 실험　동 실험하다

[ekspérimənt]

❚ I have a great expectation on the outcome of the experiment.
난 그 실험 결과에 큰 기대를 걸고 있어요.

❚ The experiments have ceased.
그 실험은 끝났다.

· 형 **experimental** 실험의, 실험적인
· 숙 **undertake an experiment** 실험에 착수하다
· **experiments in chemistry** 화학 실험

expedition　몡 탐험/원정/신속

[èkspədíʃən]

❚ They furnished the expedition with food.
그들은 탐험대에 음식을 공급하였다.

· 동 **expedite** 재촉하다
· 형 **expeditionary** 원정의　형 **expeditious** 신속한
· *cf.* 윤 **cruise, excursion, jaunt, journey, tour, travel, trip, voyage** 여행
· 숙 **with expedition** 신속히

0418

notion

[nóuʃən]

명 개념/관념

▮ I have no notion of what he means.
나는 그가 뜻하는 바를 알지 못한다.

▮ You can lay that notion to rest.
그런 생각일랑 접어둬.

· 형 **notional**
· 숙 **have no notion of** ～할 생각이 없다, ～를 모르다
· **romantic notion** 비현실적인 생각

0419

faith

[feiθ]

명 신념/신뢰

▮ It is sometimes hard to keep one's faith.
신념을 끝까지 지킨다는 것은 어려운 일이다.

· 형 **faithful**
· 숙 **have faith in** 신뢰하다, 신용하다
· 숙 **by one's faith** 맹세코, 단연코
· **a steady faith** 확고한 신념

0420

duty

[djúːti]

명 의무/임무/세금

▮ We are off duty on Sundays.
일요일에는 출근하지 않는다.

· *cf.* 유 **charge, obligation** 의무
· 숙 **as in duty bound** 의무상
· 숙 **off duty** 비번의 / **on duty** 당번의
· **duty free shop** 면세점

0421

deposit

[dipázit]

동 두다/맡기다/예금하다 명 계약금

▮ Where can I deposit valuables?
귀중품은 어디에 보관하죠?

· 숙 **on deposit** 은행에 예금해서
· 숙 **deposit in** 예금하다
· 숙 **make a deposit on** ～의 계약금을 치르다
· **oil deposits** 석유 매장량

stretch

[stretʃ]

동 잡아당기다/쭉 뻗다　명 뻗음

▌ Please stretch your legs.
다리를 쭉 펴세요.

▌ The road stretches across the mountain.
도로는 산을 가로질러 뻗어 있다.

· 형 **stretchy**
· 숙 **stretch out** 뻗치다, ~을 잡으려고 손을 뻗치다
· 숙 **at a stretch** 단번에, 단숨에

raise

[reiz]

동 올리다/기르다/모으다　명 올림

▌ He raised an objection to what I said.
그는 내가 한 말에 반대했다.

▌ She was born, raised, and educated in Hawaii.
그녀는 하와이에서 태어나서 자랐고, 교육받았다.

· cf. 유 **breed, educate, foster, rear** 양육하다
· 숙 **raise the wind** 돈을 변통하다
· 숙 **be raised to** ~로 승진하다

patriotism

[péitriətizm]

명 애국심

▌ Patriotism means love for one's country.
애국심은 나라 사랑을 뜻한다.

· 명 **patriot** 애국자　형 **patriotic**
an ardent patriot 열렬한 애국자
a patriotic song 애국가
· cf. 유 **nationalism**

manufacture

[mæ̀njufǽktʃər]

동 제조하다　명 제조(업)/제품

▌ The company manufactures toys.
그 회사는 장난감을 제조한다.

· 명 **manufacturer** 제조업자
This manufacturer's quality control is not efficient.
이 제조 회사의 품질 관리는 효율적이지 않다.

· 숙 **manufacture an excuse** 구실을 만들다
· **of domestic manufacture** 국산의

career

[kəríər]

명 직업/경력/생애

▌ I am very happy to hear that you've embarked on your new career.
새로운 일을 시작하셨다니 정말 기쁘군요.

▌ He wasn't interested in her acting career.
그는 그녀의 연기 경력에 관심이 없었다.

· 숙 **make a career** 출세하다
· **two career couples** 맞벌이 부부

0427

lack

[læk]

명 부족/결핍 동 부족하다/모자라다

▌ It results from lack of ability to view their common problems.
그것은 그들의 공통 문제를 생각해 볼 능력이 없는 데서 생긴다.

· *cf.* 유 **deficiency, shortage, want** 부족
· 숙 **be lacking in** ~이 결여되어 있다
· **for lack of** ~이 없기 때문에

0428

shortage

[ʃɔ́ːrtidʒ]

명 부족/결핍

▌ The summer shortage of electrical power was serious last year.
작년에는 여름철 전력 부족이 심각했다.

▌ There is still a shortage of kidney donors.
신장 기증자가 여전히 부족한 상태다.

· 형 **short** 동 **shorten**
· **a shortage of time** 시간 부족

0429

drought

[draut]

명 가뭄/건조/갈증/결핍

▌ War and drought destroyed this contry's economy.
전쟁과 가뭄이 이 나라의 경제를 파괴했다.

▌ There was a drought and the crops failed.
가뭄이 있었고 수확은 실패했다.

· **financial drought** 재정 궁핍
· **a long drought** 계속되는 가뭄

rescue 　동 구조하다/구출하다　명 구출/해방

[réskju:]

▮ The organization tries to rescue the endangered animals.
그 조직은 멸종 위기의 생물을 구하기 위해 노력하고 있다.

▮ The fireman made a daring rescue.
그 소방관은 모험적인 구조를 했다.

· *cf.* 유 **save** 구조하다
· 숙 **go to the rescue** 구조하다

account 　명 계산/이유/구좌　동 설명하다/생각하다

[əkáunt]

▮ He is quick at account.
그는 계산이 빠르다.

▮ You know that attendance accounts for 20% of your grade.
출석이 전체 성적의 20퍼센트를 차지하고 있다는 걸 알지.

· 숙 **account for** 설명하다, 해명하다(＝explain)
Her carelessness accounts for her failure.
그녀가 실패한 것은 부주의해서이다.

· 숙 **be much account of** 소중히 여겨지다
· 숙 **on account of** ～때문에/
on no account 결코 ～이 아닌(＝never)
This game was called off on account of rain.
비 때문에 경기가 취소되었다.

· 숙 **of account** 중요한 / **of small account**
보잘것없는
· 숙 **take into account** ～를 고려하다

status 　명 지위/신분/사정/현상

[stéitəs]

▮ What is your visa status?
무슨 비자를 가지고 계십니까?

▮ Women's Lib helped improve the social status of women.
여성 해방 운동은 여성의 사회적 지위를 향상시키는데 공헌했다.

· **position, condition, consequence**
· **marital status** 배우자의 유무
· **the present status of affairs** 현재의 상태, 현황

vision

[víʒən]

명 통찰력/시력/환상

▌ My vision is severely limited at night.
밤에는 시야가 매우 좁아지거든요.

· *cf.* 유 **eyesight, vision** 시력
· 숙 **beyond one's vision** 눈에 보이지 않는
· **see visions** 환영을 보다
· **a field of vision** 시계, 시야

welfare

[wélfɛ̀ːr]

명 복지/희생

▌ UNICEF is an international organization for improving child welfare.
유니세프는 아동 복지 향상을 위한 국제적인 기관이다.

▌ The welfare of old people has taken a back seat.
노인 복지 문제는 뒷전으로 밀려났다.

· **public welfare** 공공 복리
· **social welfare** 사회 복지

symptom

[símptəm]

명 증세/증상/징후

▌ The symptoms of potassium deficiency include weakness, listlessness and drowsiness.
칼륨 결핍의 증상은 허약, 게으름, 졸음 등을 포함한다.

· 형 **symptomatic**
· **abnormal symptom** 비정상적인 증상
· **allergic symptoms** 알레르기 증상

principal

[prínsipəl]

형 주요한 명 장(長)/교장

▌ Seoul is one of the principal cities of Asia.
서울은 아시아의 주요 도시 중 하나이다.

▌ The principal will deliver his address.
교장선생님의 말씀이 있겠습니다.

· *cf.* 유 **chief, main, major, prime** 주된
· **a principal cause** 주요한 원인

sentence

[séntəns]

명 문장/판결

▎ The sentence doesn't make sense.
그 문장은 뜻이 통하지 않는다.

· 숙 **be sentenced to death** 사형 선고를 받다
· 숙 **pass sentence upon**
　　～에게 형을 선고하다, ～에 대하여 의견을 말하다
· 숙 **serve one's sentence** 형을 살다
· **sentence pattern** 문형

tension

[ténʃən]

명 긴장/팽팽함

▎ I'm feeling some tension.
긴장감이 느껴져.

▎ There is a tension between them.
그들 사이에 긴장감이 있어.

· 형 **tense** 긴장된
· **at[on] tension** 긴장 상태에[로]
· **a high tension current** 고압 전류

quantity

[kwántəti]

명 양/수량

▎ There is a discount on a quantity purchase.
대량 구매는 할인해 드립니다.

▎ Is quantity all you think about?
넌 양이 그렇게 중요하니?

· *cf.* 반 **quality** 질
· 숙 **quantity of** 다량의, 다수의

planet

[plǽnit]

명 행성/혹성

▎ The solar system is the sun and the group of planets which move around it.
태양계는 태양과 그 주위를 공전하는 행성들의 집단을 말한다.

▎ Do you know all the planets?
너는 모든 행성을 알고 있니?

· 형 **planetary** 행성의
· **primary planets** 행성
· **terrestrial planet** 태양에서 가까운 행성(수성/금성/지구/화성)

apt

[æpt]

  형 ~하기 쉬운/적절한/영리한

▌ We are apt to despise the door.
우리는 가난한 사람을 멸시하기 쉽다.

▌ I can't find a quotation apt for this situation.
나는 이 상황에 적절한 인용구를 못 찾겠다.

▌ He is very apt to learn.
그는 영리해서 빨리 배운다.

▌ Young people are apt tp make hasty decisions.
젊은이들은 성급하게 결정을 내리는 경향이 있다.

· 부 **aptly** 적절히, 교묘히
· 숙 **be apt to do** ~하는 경향이 있다
· 숙 **be apt at** ~을 잘한다
· 숙 **be apt for** ~에 적합하다
· **buttons apt to come off** 떨어지기 쉬운 단추
· **a quotation apt for the occasion**
   상황에 적절한 인용구

environment

[inváirənmənt]

  명 환경/주위의 상황

▌ It is also called "environmental hormones".
그건 환경 호르몬이라고도 불립니다.

· 형 **environmental**
· *cf.* 유 **circumstance, conditions, scenes,**
   surroundings 환경
· **social environment** 사회적 환경

authority

[ɔːθɔ́ːriti]

  명 권위/권한/당국

▌ He exercised his illegal authority.
그는 불법적인 직권을 행사했다.

· 명 **authorize** 형 **authoritative**
· 숙 **take authority** ~를 지휘하다
· 숙 **by the authority of** ~의 권위로, 의 허가를 얻어
· 숙 **be under authority** ~의 관리 하에 있다
· **authority concerned** 관계 당국

## explanation 	명 설명/논평

[èksplənéiʃən]

▌ Did you follow the engineer's explanations?
기술자가 해준 설명을 알아들었니?

▌ I am afraid my explanation is long-winded.
나의 설명이 장황하지 않았나 걱정됩니다.

· 동 **explain** 	형 **explanatory**
· 숙 **give an explanation for** ～의 이유를 설명하다

## proportion 	명 비율/균형

[prəpɔ́ːʃən]

▌ The price of this article is out of proportion to its value.
이 물건의 가격은 그 가치에 비해 터무니없이 비싸다.

· 동 **proportionate** 	형 **proportional**
· 숙 **bear no proportion to** 균형이 잡히지 않다
· 숙 **in proportion to** ～에 비례하여
· **a sense of proportion** 균형 감각

## distress 	동 괴롭히다 	명 고통

[distrés]

▌ Don't distress yourself about the matter.
그 일로 걱정하지 마시오.

· 형 **distressful**
· *cf.* 유 **agony, anguish, transliteration, version**
· 숙 **be distressed to** 슬퍼하다
· 숙 **to add to one's distress** 설상가상으로
· **distress good** 투매 상품

## expense 	명 수당/소요 경비/비용

[ikspéns]

▌ That'll cut down expenses.
그렇게 하면 비용이 줄어들 것이다.

· *cf.* 반 **income** 수입
· 숙 **at a great expense** 막대한 비용을 들여
· 숙 **at one's expense** ～의 비용으로, ～의 희생으로
· 숙 **at the expense of** ～을 희생시켜

layer

명 층/단층　동 층을 이루다/(옷을) 껴입다

[léiər]

▮ Please cut the hair in front round, and layer the back.
앞머리는 둥그스름하게, 뒷머리는 층이 지게 잘라 주세요.

▮ I can't wait to shed the thick layers of clothes.
겹겹이 껴입은 옷을 벗는 날이 몹시 기다려지는군요.

· 형 **layered** 층을 이루고 있는
· **ozone layer** 오존층

trait

명 특징/특성

[treit]

▮ Certain personality traits have made her unpopular.
어떤 성격적인 특징 때문에 그녀는 인기가 없다.

· *cf.* 유 **ttribute, character, feature, property, quality**
· **culture traits** 문화 특성
· **a traits of humor** 익살기

property

명 재산/특성/부동산

[prápərti]

▮ The property was levied by judicial order.
그 재산은 법원 명령에 의해 압류되었다.

· *cf.* 유 **assert, estate, fortune, possessions** 재산
· 숙 **be the property of** .~의 것이다
· **movable property** 동산
· **literary property** 저작권
· **a man of property** 재력가

수호천사

우선 순위 필수 영단어

향후 출제 가능성 99%,

1%는 온 –

핵심 850단어

progress 〔동〕 진보하다/나아가다 〔명〕 전진/향상

[prágres]

▍ The work is progressing steadily.
그 일은 꾸준히 진행되고 있다.

▍ He made good progress in his English.
그는 영어가 훨씬 나아졌어요.

· 〔형〕 **progressive**
· 〔숙〕 **make progress with** 진보하다
· 〔숙〕 **in progress** 진행중인(=taking place)

emerge 〔동〕 나타나다/(빈곤에서) 벗어나다

[imə́ːrdʒ]

▍ Eventually the truth emerged.
결국 진실이 드러났습니다.

· 〔명〕 **emergence** 〔형〕 **emergent**
· cf. 〔유〕 **appear** 나타나다
· 〔숙〕 **emerge from** ～에서 나타나다
· **emerge from poverty** 빈곤에서 벗어나다

fatigue 〔동〕 피로하게 하다 〔명〕 피로

[fətíːg]

▍ This is good for relief from fatigue.
이건 피로 회복에 좋습니다.

▍ My fatigue was beyond description.
나의 피로는 형언할 수 없을 정도였다.

· 〔숙〕 **be fatigued with** ～로 지쳐 있다
· **fatigue party** 잡역부
· **sleep off fatigue** 한숨 자고 피로를 풀다

vow 〔동〕 맹세하다 〔명〕 맹세

[vau]

▍ He vowed he would never smoke again.
그는 두 번 다시 담배를 안 피우겠다고 맹세했다.

· cf. 〔유〕 **pledge, swear** 맹세하다
· 〔숙〕 **vow to** ～이라고 맹세하다, 선서하다
　　(=pledge to, swear to)
· 〔숙〕 **make a vow to** ～을 맹세하다

0455

deal

동 다루다/처리하다/거래하다 명 거래

[di:l]

▮ I wonder how he would deal with this matter.
나는 그가 이 사태에 어떻게 대처할지 의문이다.

· 숙 **a good deal of** 꽤 많은
He made a great deal of money by selling cars.
그는 차를 팔아서 꽤 많은 돈을 벌었다.

· 숙 **deal in** 장사하다(＝do business)
I don't deal in that line.
그 방면의 상품은 취급하지 않는다.

· 숙 **deal with** 대하다, 취급하다(＝treat)
Let me deal with him.
그 사람은 내가 상대하지.

· 숙 **Good deal!** 좋아.
· 숙 **That's a deal.** 좋아 알았다, 그것으로 결정하자.
· 숙 **close a deal with** 거래를 매듭짓다, 성사시키다
· **raw deal** 부당한 처사
· **square deal** 공정한 처사

0456

decay

동 썩다/부패하다 명 부패/쇠퇴

[dikéi]

▮ If not kept in the refrigerator, meat easily decays.
냉장고에 보관하지 않으면 고기는 쉽게 상한다.

▮ Fruits tend to decay.
과일은 자칫 썩기가 쉽다.

· *cf.* 유 **rot** 썩다
· 숙 **fall into decay** 쇠퇴하다
· **a decayed tooth** 충치

0457

revenge

동 복수하다 명 복수

[rivénd3]

▮ Revenge is often like biting a dog because the dog bit you.
복수는 개가 자신을 물었다고 개를 무는 것과 같다.

· 형 **revengeful** 복수심의
· 숙 **take revenge** 복수하다
· 숙 **revenge oneself on** 누구에게 원수를 갚다

curse | 동 저주하다/악담하다 명 저주

[kəːrs]

▌ Curses, like chickens, come home to roost.
저주는 병아리들처럼 집으로 되돌아온다.(누워서 침 뱉기.)

· 형 **coursed**
· 숙 **be cursed with** (나쁜 운명 등)을 가지고 있다
· 숙 **be not worth a curse** 전혀 가치가 없다
· 숙 **curse and swear** 악담을 퍼붓다
· 숙 **Curse it!** 제기랄!

protest | 동 이의를 제기하다/단언하다 명 항의

[prətést]

▌ What do they protest anyway?
그런데 그들이 항의하는 것이 무엇입니까?

· 명 **protestation** 주장, 단언
· 숙 **protest against** ～에 대해 항의하다
  (＝raise an objection)
· 숙 **protest innocence** 무죄를 주장하다
· 숙 **without protest** 이의 없이

stare | 동 빤히 보다/응시하다 명 응시

[stɛəːr]

▌ She stared at me.
그녀는 나를 빤히 쳐다보았다.

· 숙 **stare one in the face** ～을 빤히 보다
  (＝stare at one's face)
· 숙 **stare vacantly** 어안이 벙벙하다
· 숙 **stare at** ～을 응시하다, 뚫어지게 바라보다

leap | 동 뛰어오르다/도약하다 명 도약

[liːp]

▌ Look before you leap.
행동으로 옮기기 전에 잘 생각하라.

▌ It's a great leap forward.
그건 대단한 진보입니다.

· 숙 **leap to one's feet** 벌떡 일어나다, 펄쩍 뛰다
· 숙 **leap into** ～로 뛰어들다
· 숙 **by leaps and bounds** 일취월장으로, 도약적으로

0462

reform

[rifɔ́ːrm]

동 개혁하다/개선하다 명 개혁

▎Everybody is calling for sweeping reforms.
모든 사람이 전면적인 개혁을 요구하고 있다.

▎Do you think his reform policies bear fruit?
그의 개혁 정책이 실효를 거두고 있다고 생각합니까?

· 명 **reformation** 개혁
· **reform the criminal codes** 형법을 개정하다

0463

capture

[kǽptʃər]

동 사로잡다/포획하다 명 포획

▎After a four-hour standoff, police captured the bank robber.
네 시간 동안의 대치 상태 끝에 경찰은 은행 강도를 붙잡았다.

▎When I first met you, you captured my heart.
당신을 처음 만났을 때, 당신은 내 마음을 사로잡았어요.

· 명 **captivity** 사로잡힘 형 명 **captive** 포로의, 포로
· *cf.* 유 **apprehend, arrest, seize** 체포하다

0464

praise

[préiz]

동 칭찬하다 명 칭찬

▎He praised you to the heaven.
그 사람이 당신을 극찬하더군요.

· *cf.* 유 **admire** 칭찬하다 *cf.* 반 **scold** 꾸짖다
· 숙 **sing one's own praises** 자화 자찬하다
· 숙 **in praise of** ~을 칭찬하여
· 숙 **praise A for B** B 때문에 A를 칭찬하다

0465

counsel

[káunsəl]

동 조언하다/상담하다 명 상담/조언

▎He counseled me to quit smoking.
그는 나에게 담배를 끊으라고 충고했다.

· 숙 **give counsel** 의견을 제출하다
· 숙 **keep one's counsel** 비밀을 지키다.
· 숙 **take counsel** 토론 심의하다, 상의하다, 협의하다
· **counsel of despair** 궁여지책

0466

challenge

[동] 도전하다 [명] 도전

[tʃǽlindʒ]

▎ Why don't you challenge him to a game?
그에게 한판 붙자고 해보지 그래?

▎ That sure was a challenge.
그거 정말 힘들었다.

· [명] **challenger** 도전자 *cf.* [유] **defy** 도전하다
· [숙] **rise to the challenge** 난국에 잘 대처하다
· **a challenge to civilization** 문명에의 도전

0467

audience

[명] 청중/관중

[ɔ́ːdiəns]

▎ There was a large audience in the music hall.
음악홀에 청중이 많았다.

▎ He sang in front of large audiences.
그는 많은 청중들 앞에서 노래를 했다.

· [형] **audient**
· **address an audience** 청중에게 연설하다

0468

exchange

[동] 교환하다/환전하다 [명] 교환

[ikstʃéindʒ]

▎ She is giving me piano lessons in exchange for
her English classes.
그녀는 내게 피아노를 가르쳐 주고 영어를 배운다.

· [숙] **exchange A for B** A를 B와 바꾸다
· [숙] **exchange letters with** 서신 왕래하다
· **foreign exchange** 외국환
· **the rate of exchange** 환율

0469

torture

[동] 고문하다 [명] 고문/심한 고통

[tɔ́ːtʃər]

▎ Waiting for news of the lost boy was sheer torture
to his parents.
잃어버린 자식의 소식을 기다리는 일은 그의 부모에겐 순전한
고문[고통]이었다.

· [형] **torturous**
· [숙] **torture into** ~라고 억지로 해석하다
· [숙] **put to torture** 고문하다
· [숙] **in torture** 심한 고통을 받아

0470
faint
형 희미한/어질어질한 명 기절 동 기절하다

[feint]

▌ I feel as though I am going to faint.
쓰러질 것 같아요.

- ㈜ **faint from the pain** 아파서 기절하다
- ㈜ **fall in a faint** 기절하다
- ㈜ **in a dead faint** 기절하여
- **faint color** 희미한 색
- **faint breathing** 가냘픈 숨결

0471
compromise
동 타협하다 명 타협

[kámprəmàiz]

▌ He is too much a man of principle to compromise.
그는 지조가 너무 강한 사람이기 때문에 타협하기 어렵다.

- ㈜ **be compromised by**
  ~으로 위태롭게 되다, ~에게 누를 끼치게 되다
- ㈜ **make a compromise** ~와 타협하다
- ㈜ **compromise oneself** 신용이 떨어질 짓을 하다

0472
recall
동 상기하다/회상하다/소환하다 명 회상

[rikɔ́ːl]

▌ I don't recall your name.
당신 이름이 기억나지 않는다.

- *cf.* ㈅ **recollect, remember, retrospect** 회상하다
- ㈜ **recall to life** 소생시키다
- **recall an order** 주문을 취소하다
- **recall an ambassador** 대사를 소환하다

0473
support
동 받치다/부양하다/지지하다 명 지지

[səpɔ́ːrt]

▌ Man and Wife should support each other forever.
부부란 영원히 서로를 지지해야 한다.

- *cf.* ㈅ **advocate, back, maintain, sustain, uphold** 지지하다
- ㈜ **support a family** 가족을 부양하다
- ㈜ **give in support to** 지지하다, 후원하다

limit

[límit]

동 한정하다/제한하다　명 제한

- **Never limit yourself.**
  결코 자신을 과소 평가하지 마세요.
- **The sky's the limit.**
  제한 없다, 한도가 없다.

- 명　**limitation**
- 숙　**be limited to** ~으로 국한되어 있다
- 숙　**within limits** 적당히, 조심스럽게

despair

[dispέər]

동 절망하다/단념하다　명 절망

- **I was in an abyss of despair.**
  난 절망의 구렁텅이에 있었다.

- 명 **desperation**　형 **desperate**
- cf. 반 **hope** 희망
- 숙 **in despair** 절망하여, 자포자기하여
  (= yield to despair, give way to despair)
- **despair of succeeding** 성공할 가망이 없다

disguise

[disgáiz]

동 변장하다/위장하다　명 변장

- **She was disguised in male attire.**
  그녀는 남자로 변장했다.

- cf. 유 **in disguise** 변장하여, ~를 가장하여
- 숙 **without disguise** 노골적으로, 숨김없이
- **disguise one's voice** 목소리를 꾸미다
- **wear a disguise** ~인 체하다, ~를 가장하다

esteem

[istíːm]

동 존경하다/존중하다　명 존경

- **The old man was esteemed for his courtly manners.**
  그 노신사는 품위 있는 태도로 존경받았다.

- 숙 **hold a person in esteem** ~를 존경하다
- 숙 **in my esteem** 나의 생각으로는
- **self-esteem** 자존심, 자부심

profit

[práfit]

명 이익 **동** 이익이 되다

▌ It profited me nothing.
그것은 나에게 아무 도움도 되지 못했다.

· *cf.* 㕔 **advantage, benefit, gain, good, interest** 이익
· 㑔 **make a profit on** 이익을 얻다
· 㑔 **make one's profit of** ~을 잘 이용하다
· 㑔 **sell at a profit** 이익 보고 팔다
· 㑔 **to one's profit** 얻는 바가 있어(＝with profit)

award

[əwɔ́ːrd]

동 수여하다/주다 **명** 상

▌ She's been awarded a scholarship to study at Harvard.
그녀는 하버드에서 공부할 장학금을 받았다.

· *cf.* 㕔 **accord, bestow, confer, donate, give, grant** 주다
· **award a person a prize** ~에게 상을 주다

pace

[peis]

명 속도/한걸음/보조 **동** 보조를 맞추다

▌ You always eat at a snail's pace.
너는 먹는 게 항상 너무 느려.

▌ I go to a movie for a change of pace.
기분 전환으로 영화를 보러 가요.

· 㑔 **at a foot's[good] pace** 보통[잰] 걸음으로
· 㑔 **keep pace with** 보조를 맞추다
· **pace up and down th room** 방안을 서성거리다

sigh

[sai]

동 한숨 쉬다/탄식하다 **명** 한숨

▌ When the test was over, she sighed a deep sigh of relief.
시험이 끝났을 때, 그녀는 안도의 깊은 숨을 쉬었다.

· 㑔 **sigh with relief** 안도의 한숨을 쉬다
· 㑔 **have a sigh** 탄식 소리를 내다
　　(＝draw a sigh, utter a sigh)

0482

throne

[θroun] 〔명〕 왕좌 〔동〕 왕위에 오르다

▮ He pretended to the throne.
그는 왕위를 탐냈다.

▮ The king's legal issue inherited the throne.
왕의 적자가 왕위를 이어받았다.

· 〔숙〕 **ascend the throne** 즉위하다
· **orders from the throne** 왕의 명령

0483

peel

[piːl] 〔동〕 껍질을 벗기다 〔명〕 껍질

▮ Do we need to peel this before eating it?
이거 껍질을 벗겨서 먹어야 되나요?

▮ I got a major burn, so my back's peeling.
등이 너무 타서 껍질이 벗겨지고 있어.

· 〔숙〕 **peel eggs** 체면 차리다
· **peel an orange** 오렌지 껍질을 벗기다

0484

burden

[bɔ́ːrdn] 〔동〕 부담시키다 〔명〕 무거운 짐/부담

▮ There may be more financial burden on households.
가정에 경제적 부담이 더 많아지겠어요.

▮ I don't want to be a burden on you.
나는 네게 짐이 되고 싶지 않다.

· cf. 〔유〕 **cargo, freight, load, shipment** 짐
· 〔숙〕 **be a burden to** ~이 부담이 되다

0485

plow

[plau] 〔동〕 쟁기로 갈다 〔명〕 쟁기/경작

▮ This field plows well.
이 밭은 경작에 적합하다.

· 〔숙〕 **be at the plow** 농업에 종사하다
· 〔숙〕 **go to one's plow** 자기의 일을 하다
· 〔숙〕 **under the plow** 경작되어
· 〔숙〕 **put one's hand to the plow** 일에 착수하다

orbit

[ɔ́ːrbit]

동 궤도를 그리며 돌다　명 궤도

▌ The lunar rocket was launched and went into orbit.
달 로켓은 발사되어서 궤도 안으로 진입했다.

- ㉾ **go into orbit** 이성을 잃다
  (=lose one s temper, become very angry)
- ㉾ **within the orbit od** ～의 세력권 안에
- **put a satellite into orbit** 인공 위성을 궤도에 올리다

draft

[dræft]

동 징집하다/초안을 잡다　명 모집/초안

▌ We can't agree to this draft of the contract.
이 계약서의 초안에 동의할 수 없습니다.

- ㉾ **be drafted into the military** 군대에 징집되다
- ㉾ **feel the draft** 주머니가 비다
- ㉾ **make out a draft of** ～의 초안을 작성하다
- ㉾ **drink at a draft** 단숨에 마시다
- **a draft of a speech** 연설 초안

author

[ɔ́ːθər]

명 저자/작가

▌ The author is much admired by his contemporaries.
그 작가는 현대인들로부터 큰 존경을 받고 있다.

▌ This book is written by one of my favorite authors.
내가 좋아하는 작가가 쓴 책이야.

- *cf.* ㉾ **writer** 작가　*cf.* **co-author** 공저자

mountain

[máuntən]

명 산/다수

▌ The outlook from the top of the mountain is breathtaking.
산 정상에서 본 전망은 정말 장관이다.

- 명 **mountaineer** 등산가
- ㉾ **a mountain of** 많은
  (=a lot of, lots of, a great deal of, a number of)
- **a chain of mountains** 산맥

0490
board
[bɔːɾd]

명 판자/회의 동 타다/승선하다

▮ What does the board say?
게시판에 뭐라고 씌어 있어요?

· 숙 **on board** ~을 타고
· **Room and Board** 식사 제공하는 하숙
· **boarding card** 여객기 탑승권
· **blackboard** 칠판

0491
value
[vǽljuː]

명 가치 동 (높이) 평가하다

▮ It is not until we lose health that we realize the value of it.
건강을 잃고서야 비로소 건강의 소중함을 안다.

· 형 **valuable**
· 숙 **place a high value on** ~을 높이 평가하다
· 숙 **of no value** 시시한, 무의미한 / **of value** 중요한
· **face value** 액면가
· **currency value** 통화 가치

0492
surpass
[səpǽs]

동 보다 낫다/능가하다

▮ He surpasses me in mathematics.
그는 지식에 있어서 나보다 낫다.

▮ He surpassed the goal he had set for himself.
그는 스스로 정한 목표를 능가했다.

· 형 **surpassing**
· cf. 유 **exceed, excel** 능가하다

0493
increase
[inkríːs]

동 증가하다/늘다 명 증가

▮ Efficiency increases in direct ratio to incentive.
능률은 동기에 정비례하여 증가한다.

▮ The tax increases in proportion to the amount you earn.
세금은 버는 돈의 양에 비례하여 증가한다.

· cf. 반 **decrease** 감소(하다)
· 숙 **on the increase** 증가하여, 증대하여
· **increase the speed** 속도를 높이다

0494

inquire

⑧ 묻다/조사하다

[inkwáiər]

▮ I inquired about the way to the library.
나는 도서관 가는 길을 물었다.

· ⑲ inquisitive 문의   ⑲ inquisition 조사
  ⑱ inquisitive 호기심이 많은
· ㉑ inquire after 안부를 묻다
· ㉑ inquire into 조사하다
· ㉑ inquire out 조사하여 알아내다

0495

investigate

⑧ 조사하다/연구하다

[invéstgèit]

▮ A committee was constituted to investigate rising prices.
물가 상승을 조사하기 위해 위원회가 구성되었다.

▮ What is the person who investigates a crime called?
범죄 사건을 수사하는 사람을 무엇이라고 하나요?

· ⑲ investigation   ⑱ investigative
· cf. ㉡ examine, inspect 조사하다

0496

blast

⑧ 폭발하다/발사하다   ⑲ 돌풍/폭풍

[blæst]

▮ The blast caused severe damage and heavy loss of life.
돌풍으로 심각한 피해와 막대한 인명 손실을 입었다.

· cf. ㉡ breeze, eddy, gale, gust, squall, storm, swirl, typhoon, whirl, wind 바람
· ㉑ at a blast 단숨에
· ㉑ at full blast 전속력으로
· ㉑ Blast him! 망할 놈!

0497

pursue

⑧ 쫓다/추구하다/종사하다

[pərsú:]

▮ He pursued his studies with seriousness.
그는 진지하게 연구를 계속했다.

▮ Everyone has the right to pursue happiness.
모든 사람은 행복을 추구할 권리가 있다.

· ⑲ pursuit
· ㉑ pursue one's career 직업에 종사하다
· pursue pleasure 쾌락을 추구하다

0498

invest

[invést]

동 투자하다/운용하다

▌ I invested my savings in stocks and bonds.
나의 저금을 증권과 주식에 투자하였다.

▌ Have you ever tried to invest in stock?
주식 투자를 해본 적이 있습니까?

· 명 **investment** 투자 명 **investor** 투자자
· 숙 **invest in** ~에 투자하다
· **invested capital** 투입 자본

0499

anticipate

[æntísipeit]

동 예상하다/기대하다

▌ What we anticipate seldom occurs.
기대하고 있는 일은 잘 일어나지 않는다.

▌ We anticipate a lot of rain this afternoon.
오늘 오후에 많은 비가 예상된다.

· 명 **anticipation** 형 **anticipatory**
· 숙 **anticipate the worst** 최악의 경우를 각오하다

0500

derive

[diráiv]

동 이끌어내다/유래를 찾다

▌ Many English words are derived from Latin.
많은 영어 단어는 라틴어에서 유래한 것이다.

· 명 **derivation** 형 **derivative**
· 숙 **derive A from B** B에서 A를 이끌어내다
· 숙 **derive from** ~에서 유래하다, 기원하다

0501

spare

[spɛəːr]

형 여분의 동 아끼다/할애하다/용서하다

▌ Can you spare me a few minutes?
내게 몇 분만 할애해 줄 수 있어요?

▌ That's all the money I can spare now.
수중에 돈이 이것밖에 없습니다.

· 숙 **have ~ to spare** ~할 여유가 있다
· 숙 **without spare** 가차없이
· 숙 **in one's spare time** 한가하게, 느긋한, 천천히

0502

comprehend 동 이해하다/내포하다

[kàmprihénd]

∥ I cannot comprehend this sentence.
이 문장을 이해할 수 없다.

· 명 **comprehension** listening comprehension 청취력
· 형 **comprehensive**
· cf. 유 **understand, apprehend, catch on,
  make out, figure out, make sense of** 이해하다

0503

trespass 동 불법적으로 침해하다 명 침입

[tréspəs]

∥ He is always trespassing in my time.
그는 항상 멋대로 내 시간을 빼앗아가.

· cf. 유 **intrude, invade** 침입하다
· 숙 **No Trespassing** 통과 못함
· **make a trespass on a person's time**
  어느 누구의 시간을 방해하다

0504

forgive 동 용서하다

[fərgív]

∥ Please forgive me for being late.
늦은 것을 용서해 주세요.

∥ May you be forgiven!
어떻게 그런 말을 할 수 있니!

· 명 **forgiveness** 용서
· cf. 유 **excuse, pardon** 용서하다
· cf. 반 **punish** 벌 주다

0505

defend 동 지키다/방어하다

[difénd]

∥ God defend!
(그런 일은) 절대로 없다!

∥ He attacked me so I defended myself.
그가 날 공격해서 정당 방위를 했을 뿐이야.

· 명 **defense** 형 **defensive**
· cf. 반 **attack** 공격하다
· 숙 **defend oneself** 변호하다

cope 　동 대처하다/대항하다/극복하다

[koup]

▌ You cope with the situation well.
그런 상황을 잘 극복하시는군요.

▌ I envy you for your ability to cope with the situation.
그런 상황을 극복하시는 당신의 역량이 부럽습니다.

· 숙 **cope with** ～에 대처하다

irritate 　동 짜증나게 하다/화나게 하다

[íriteit]

▌ He was irritated against me.
그는 나에게 화를 내고 있었다.

▌ My eyes feel irritating.
눈이 따끔거립니다.

· 명 **irritation**
· 형 **irritative** 짜증나게 하는
· 형 **irritated** 짜증이 난

startle 　동 깜짝 놀라다/깜짝 놀라게 하다

[stá:rtl]

▌ The noise startled me.
그 소리에 깜짝 놀랐다.

▌ I was startled when the balloon burst right behind me.
내 바로 뒤에서 풍선이 터져 나는 깜짝 놀랐다.

· cf. 유 **alarm, amaze, astonish, frighten, surprise**
· 숙 **be startled at** ～에 깜짝 놀라다

bewilder 　동 당황하게 하다

[biwíldər]

▌ I gazed bewildered at his rapt face.
우리는 당황하여 그의 넋잃은 얼굴을 바라보았다.

· cf. 유 **baffle, confound, confuse, embarrass, perplex, puzzle**
· 숙 **bewilder a person with questions**
남을 질문 공세로 당황하게 하다

0510

confuse

[kənfjúːz]

동 혼란시키다/혼동하다

▌ You have me confused with someone else.
당신은 저를 다른 사람과 혼동하셨어요.

▌ I'm really confused.
난 진짜 헷갈린다.

· 명 **confusion** 형 **confused** 당황한
· 숙 **confuse A with B** A를 B와 혼동하다
· **mentally confused** 오리무중인

0511

polish

[páliʃ]

동 닦다/광택을 내다

▌ Did you finish polishing up your manuscript?
원고 손질은 다했어요?

· 숙 **polish off** 재빨리 끝내다
He polished off a large plateful of pie
그는 커다란 파이 한 접시를 먹어치웠다.

· 숙 **polish one's shoes** 구두를 닦다
· **apple-polisher** 아첨꾼

0512

weary

[wíəri]

형 지친/싫증난 동 지치게 하다

▌ I am weary in body and mind.
몸과 마음이 모두 나른하다.

▌ I'm always weary after my day's work.
하루 일과가 끝나면 늘 피로하다.

· *cf.* 유 **exhausted, fatigued, tired** 지친
· 숙 **become weary of** ~에 싫증나다(=be weary of)
· **weary out** 지쳐 버리게 하다

0513

bother

[báðəːr]

동 괴롭히다/귀찮게 하다

▌ Don't bother me.
성가시게 굴지 마.

▌ Don't bother it.
일부러 그러실 필요는 없어요.

▌ Don't bother!
상관하지 마세요!

· *cf.* 유 **annoy, trouble** 괴롭히다

amuse

[əmjúːz] 동 즐겁게 하다

▌His silly jokes amused the children.
그의 어이없는 농담은 아이들을 재미나게 했다.

· 명 **amusement** 형 **amusing**
  my favorite amusements 내가 좋아하는 오락
  an amusing speaker 말솜씨가 좋은 사람
· cf. 유 **entertain, please** 즐겁게 하다
· 숙 **amuse oneself (with)** 즐기다, 즐겁게 보내다

pretend

[priténd] 동 가장하다/~인 체하다

▌He pretended not to see me.
그는 나를 못 본 척했다.

▌He pretended to the throne.
그는 왕위를 탐냈다.

· 명 **pretense, pretension** 형 **pretentious**
· 숙 **pretend ignorance** 시치미떼다
· 숙 **pretend illness** 꾀병을 앓다

glitter

[glítər] 동 반짝거리다/화려하다 명 반짝임

▌The sky glittered with myriad of stars.
하늘에서 무수한 별들이 빛났다.

▌The Christmas tree decorations are glittering.
크리스마스 트리 장식이 반짝반짝 빛나고 있다.

· 형 **glittering**
· cf. 유 **shine, flash, twinkle, sparkle** 반짝거리다

encourage

[enkə́ːridʒ] 동 격려하다/장려하다

▌Your single word can encourage me.
당신의 한마디가 힘이 됩니다.

▌He encouraged me to write a novel.
그가 나에게 소설을 써보라고 권했다.

· 명 **courage**
· cf. 반 **discourage** 낙담시키다
· 숙 **encourage A to do** A로 하여금 ~하도록 격려하다

0518

bestow

[bistóu]

동 부여하다/주다

▌ The university bestowed an honorary doctor's degree on the minister.
그 대학은 장관에게 명예박사 학위를 수여했다.

· *cf.* 유 **accord, award, confer, donate, give, grant** 주다
· 숙 **bestow A on B** A를 B에게 주다[수여하다]

0519

consider

[kənsídər]

동 고려하다/간주하다

▌ Let's consider all the possibilities.
모든 가능성을 고려해 봅시다.

· 명 **consideration** 형 **considerate**
· *cf.* 유 **contemplate, meditate, ponder, speculate** 숙고하다
· 숙 **all things considered** 만사를 고려하여
· 숙 **consider A as B** A를 B로 간주하다

0520

deliberate

[dilíbərit]

형 신중한/침착한/고의의   동 숙고하다

▌ She is very deliberate in her thinking.
그녀는 생각에 매우 신중을 기한다.

· 명 **deliberation** 형 **deliberately**
· 숙 **take deliberate action** 신중히 행동하다
· 숙 **deliberate on** ～에 대하여 곰곰이 생각하다
· **deliberate murder** 계획적인 살인

0521

declare

[diklέər]

동 선언하다/공표하다

▌ The company became insolvent and had to declare bankruptcy.
그 회사는 지불 불능이 되어 파산 선고를 해야 했다.

· 명 **declaration** 형 **declarative**
· *cf.* 유 **announce, proclaim** 선언하다
· *cf.* 유 **affirm, assert, insist, persist** 주장하다
· 숙 **Well, I declare!** 원, 저런, 설마!

0522

warn

[wɔːɾn]

동 경고하다/조심시키다

▌ I did warn you of possible failure.
나는 네게 실패의 가능성을 경고했다.

▌ This is the last time I'm going to warn you this.
이번 경고가 마지막입니다.

· 숙 **warn A not to** A에게 ~하지 말라고 경고하다
· **warn A of B** A에게 B를 경고하다(알리다)

0523

device

[diváis]

명 장치/고안(품)

▌ This device will filter out emissions.
이 장치가 배기가스를 걸러준다.

▌ The security devices were in place and operated at the time of the accident.
안전 장치들은 제 위치에 설계되었고, 사고 때 작동되었다.

· 동 **devise** 고안하다, 궁리하다
· **a safety device** 안전 장치

0524

induce

[indjúːs]

동 권유하다/유도하다/추론하다

▌ This medicine induces sleep.
이 약은 졸리게 한다.

▌ Nothing shall induce me to go.
어떤 일이 있어도 나는 안 간다.

· 명 **inducement, induction** 형 **inductive**
· 숙 **induce a theory** 이론을 이끌어내다

0525

intend

[inténd]

동 작정하다/의도하다

▌ I intend to go through with the project.
그 계획을 끝내 완수할 작정입니다.

▌ What do you intend by your words?
무슨 뜻으로 하는 말인가?

· 명 **intention, intent**
· *cf.* 유 **design, mean, propose, purpose** 의도하다
· 숙 **intend to** 경향이 있다, 의도하다

preach

[príːtʃ]

동 설교하다/전도하다

▮ She should practice what she preaches.
다른 사람을 설득하려면 자기가 실행해야지.

▮ He preached in front of a bunch of people.
그는 많은 사람들 앞에서 설교했다.

· 명 **preachment** 형 **preachy**
· 숙 **preach to deafears** 소귀에 경 읽기
· 숙 **preach the Gospel** 복음을 전하다

console

[kənsóul]

동 위로하다/위문하다

▮ No one could console them in their grief.
아무도 침울해 하는 그들을 위로할 수 없었다.

▮ I consoled him for failing the examination.
나는 시험에 떨어진 그를 위로했다.

· 명 **consolation** 위로, 위안
· cf. 유 **comfort, relieve, soothe** 위로하다
· 숙 **console one's grief** 슬픔을 달래다

decrease

[dikríːs]

동 감소하다/줄다 명 감소

▮ My record has decreased a bit this term.
이번 학기에 내 성적은 약간 떨어졌다.

· cf. 유 **abbreviate, abridge, curtail, diminish, lessen, reduce, shorten** 줄이다
· cf. 반 **decrease** 감소(하다)
· 숙 **be on the decrease** 점차로 줄다
· 숙 **on the decrease** 감소하여, 감소하는

diminish

[dimíniʃ]

동 줄이다/감소하다

▮ Illness had seriously diminished his strength.
병으로 그의 힘은 몹시 쇠약해졌다.

▮ The country has diminished in population.
그 나라의 인구가 감소했다.

· 명 **diminution** 형 **diminutive**
· **diminish in speed** 속도가 떨어지다

refer

동 언급하다/관련되다/참조하다

[rifə́ːr]

▌ You should refer to your dictionary for words you don't know.
모르는 단어가 나오면 사전을 참고해야 합니다.

· 명 **reference**
· *cf.* 유 **ascribe, assign, attribute, credit, owe, impute** ~의 탓으로 돌리다
· 숙 **refer A to B** A를 B의 탓으로 돌리다

emphasize

동 강조하다

[émfəsàiz]

▌ Finally, I would like to emphasize this.
마지막으로 나는 이점을 강조하고 싶다.

▌ He emphasized the importance of fast reading.
그는 속독의 중요성을 강조했다.

· 명 **emphasis** 형 **emphatic**
· 숙 **lay[put] emphasis on** ~에 역점을 두다

exceed

동 한도를 넘다/초과하다

[iksíːd]

▌ The task exceeds his ability.
그 일은 그의 능력으로는 할 수 없다.

▌ Do not exceed the prescribed dose.
정해진 복용량을 초과하지 마세요.

· 명 **excess** in excess of ~을 초과하여
· 형 **excessive**
· 숙 **exceed one's powers** 힘에 겹다

overlook

동 간과하다/내려다보다

[òuvərlúk]

▌ We must not overlook the importance of English.
영어의 중요성을 간과해서는 안 된다.

▌ A big building overlooks my house.
큰 건물이 우리집을 내려다보고 있다.

· 숙 **overlook a fine view** 전망이 좋다
(= command a fine view, afford a fine view)

moderate

[mádərit]

[형] 온화한/적당한　[동] 완화하다

▌ He has moderate views on this matter.
그는 이 문제에 관해서 온건한 견해를 갖고 있다.

▌ After I get up, I take a moderate exercise.
일어난 후에 적당한 운동을 합니다.

· [명] **moderation**
· **moderate prices** 알맞은[싼] 값

reinforce

[rìːinfɔ́ːrs]

[동] 강화하다/보강하다

▌ That concrete was reinforced with steel beams.
저 콘크리트는 철근으로 보강되었다.

▌ His belief was reinforced by the new evidence.
그의 신념은 새로운 증거로 더욱 굳어졌다.

· [명] **reinforcement**
· **reinforce a supply** 공급을 늘리다

specialize

[spéʃəlàiz]

[동] 전문화하다

▌ The doctor specializes in pediatrics.
그 의사는 소아과 전문이다.

▌ Did you specialize in music in college?
당신은 대학에서 음악을 전공하셨나요?

· [명] **specialization**
· [숙] **specialize in** ~을 전문으로 하다

remedy

[rémidi]

[명] 치료(약/법)　[동] 치료하다/개선하다

▌ Knowledge is the best remedy for superstition.
지식은 미신에 대한 최선의 치료책이다.

· [형] **remedial** 치료하는
· *cf.* [유] **cure, heal** 치료하다
· **remedy an evil** 악폐를 제거하다
· **a remedy adequate for the disease**
그 병에 알맞은 치료법

0538

vote

[vout]

명 투표(권)　동 투표하다

▌ I can't decide whom to vote for.
누구를 뽑아야 할지 아직 결정을 못하겠어.

· 숙 **cast a vote** 투표를 하다·
· 숙 **vote for** 찬성 투표하다
· 숙 **vote against** 반대 투표하다
· **vote of censure** 불신임 결의

0539

seek

[si:k]

동 찾다/추구하다

▌ You should seek your doctor's advice.
의사의 조언을 구하십시오.

▌ People seek to satisfy their needs.
사람들은 그들의 욕구를 채우기 위해 노력한다.

· 숙 **seek for** ~를 얻으려고 하다
· **play hide and seek** 숨바꼭질하다

0540

prompt

[prámpt]

형 신속한/즉시의　동 촉구하다

▌ The occasion calls for prompt actions.
신속한 행동이 필요한 때이다.

· 명 **promptitude** 신속한　부 **promptly** 신속하게
· cf. 유 **quick, rapid, swift**
· **a prompt decision** 즉결, 속결
· **a prompt reply** 즉답

0541

relieve

[rilí:v]

동 덜어주다/경감하다

▌ How do you relieve fatigue?
당신은 스트레스를 어떻게 푸십니까?

▌ I'm relieved to hear it.
그 말을 들으니 안심이 됩니다.

· 명 **relief**
· 숙 **be relieved** 안심하다
· 숙 **relieve A of B** A로부터 B를 덜어주다

refuse

[rifjúːz]

동 거절하다/사절하다

▌ He refused point-blank.
그는 딱잘라 거절했다.

· 명 **refusal**
· *cf.* 유 **decline, reject** 거절하다
· 숙 **refuse to** ～하기를 거절하다
· **refuse disposal** 쓰레기 처리

undertake

[ʌndərtéik]

동 맡다/착수하다

▌ He undertook a responsible post.
그는 책임있는 지위를 떠맡았다.

▌ She always undertakes what the others don't want to do.
그녀는 언제나 남들이 하고 싶어하지 않는 것을 떠맡는다.

· *cf.* 유 **assume** 맡다
· **undertake an experiment** 실험에 착수하다

accomplish

[əkámpliʃ]

동 이룩하다/성취하다

▌ I hope you'll accomplish your goal.
당신의 목표가 달성되기를 바랍니다.

· 명 **accomplishment** 형 **accomplished**
· *cf.* 유 **achieve, attain** 성취하다
· *cf.* 유 **achieve, execute, fulfill, perform, pratice** 실행하다
· 숙 **accomplish one's object** 목적을 달성하다

suspend

[səspénd]

동 보류하다/매달다/중지하다

▌ My driving license is suspended.
내 운전 면허가 정지되었다.

▌ Suspend the swing from the tree branch.
나뭇가지에 그네를 매달아라.

· 명 **suspension, suspense** 형 **suspensive**
· **suspend one's judgment** 판결을 보류하다
· **suspending bridge** 현수교

own

[oun]

혱 자기 자신의 동 소유하다

▎ Who owns the house?
그 집은 누구의 소유로 되어 있습니까?

▎ This is my own house.
이 집은 내 소유의 집이다.

· 숙 **of one's own** 자기 자신의
· 숙 **on one's own** 자기 혼자서, 혼자 힘으로
· **own to a mistake** 잘못을 인정하다

compare

[kəmpέər]

동 비교하다/비유하다

▎ Compared to my new boss, my old boss was very easy-going.
새 부장에 비하면 옛날 부장은 진짜 수월했어.

· 명 **comparison**
There is no comparison. 비교가 안 된다.

· 혱 **comparable** 비교할 만한 / **comparative** 비교의
with comparative ease 비교적 쉽게
city comparable to Seoul 서울과 비할 만한 도시

· 숙 **compare A to B** A를 B에 비유하다
Life is compared to a voyage.
인생은 항해에 비유된다.

· 숙 **compare A with B** A와 B를 비교하다
No book can compare with the Bible.
성서에 필적하는 책은 없다.

complain

[kəmpléin]

동 불평하다/한탄하다

▎ They complained of little supply.
그들은 공급이 적다고 불평했다.

▎ I'm not complaining about anything.
아무것도 불평하고 있지 않습니다.

· 명 **complaint**
· 숙 **complain of** 불평하다

proceed

[prəsíːd]

동 나아가다/처리하다

▮ We proceeded on our way.
우리는 가던 길을 계속 갔다.

▮ Some diseases proceed from dirt.
어떤 질병은 불결함에서 생긴다.

· 명 **process** 진행　명 **procession** 행진
· cf. 유 **advance** 전진하다

divide

[diváid]

동 나누다/분리하다

▮ Let's divide the money equally among us.
우리끼리 돈을 똑같이 나눕시다.

· 명 **division**
· 형 **divisible** ~할 수 있는　형 **divisive** ~하는
· cf. 유 **dole, dispense, distribute** 나누다
· cf. 반 **multiply** 곱하다/**unite** 통합하다
· 숙 **divide into** ~개로 나누다

dispose

[dispóuz]

동 처분하다/정리하다

▮ How do you plan to dispose your old clothes?
입던 옷들은 어떻게 처분할 계획입니까?

· 명 **disposal** 처분　명 **disposition** 기질
· 형 **disposable** 처분할 수 있는
· cf. 유 **arrange** 정리하다
· 숙 **dispose of** ~을 처분하다, ~을 처리하다
· 숙 **be disposed to** ~하는 경향이 있다

swell

[swel]

동 부풀다/팽창하다

▮ His eye swelled painfully after the blow.
그의 눈은 맞은 후 아프게 부어올랐다.

▮ The guest list swelled to 200 people.
내빈 명단은 200명으로 불어났다.

· 숙 **have a swelled head** 자만하다
· 숙 **swell like a turkey cock** 뽐내다, 거만하게 굴다
· **swell fish** 복어

ignore

[ignɔ́ər]

동 무시하다

▌ Ignorance is bliss.
모르는 게 약이다.

▌ He chose to ignore her.
그는 그녀를 무시하기로 했다.

· 명 ignorance 형 ignorant
· cf. 유 disregard, neglect

disregard

[disrigá:rd]

동 무시하다/등한시하다

▌ Disregard the mess and keep working.
혼란에 신경 쓰지 말고 계속 일해요.

▌ He disregarded my advice.
그는 내 충고를 무시했어요.

· cf. 유 look down on, make nothing of 깔보다
· 숙 in disregard of ~에도 불구하고(=in spite of)

suggest

[sədʒést]

동 제안하다/암시하다

▌ He suggested me to swim for my health.
그는 나에게 건강을 위하여 수영을 해보라고 권했다.

▌ The dark clouds suggest an impending storm.
검은 구름이 금방이라도 폭풍우가 칠 것 같다.

· 명 suggestion 형 suggestive
· cf. 유 hint, imply, intimate 암시하다
· self-suggestion 자기 암시

gaze

[geiz]

동 응시하다/주시하다

▌ He gazed at her in awe.
그는 두려워하며 그녀를 쳐다보았다.

· cf. 유 stare 응시하다
· 숙 gaze at 응시하다(=look fixedly, stare at,
   fix one's eyes on, look long and steadily)
· gaze up at the stars 별을 지그시 쳐다보다

retain

[ritéin]

동 유지하다/간직하다

▮ I retain your photo.
난 네 사진을 가지고 있다.

▮ This vessel don't retain water.
이 그릇은 아무래도 물이 샌다.

· 명 **retention** 형 **retentive**
· *cf.* 유 **keep** 유지하다

prohibit

[prouhíbit]

동 금지하다

▮ The rain prohibited me from going out.
비 때문에 밖에 나가지 못했다.

· 명 **prohibition** prohibition law 금주법
· *cf.* 유 **abstain, forbid, keep, prevent, refrain, restrain, stem, stop, ban, bar** 금하다
· 숙 **prohibit A from B** A가 B하는 것을 막다

avoid

[əvɔ́id]

동 피하다/회피하다

▮ I could not avoid saying so.
그렇게 말하지 않을 수 없었다.

· 명 **avoidance**
· *cf.* 유 **evade, escape**
· 숙 **avoid A from B** A가 B하지 못하게 하다
(= keep A from B, restrain A from B, bar A from B, prohibit A from B, stop A from B, hinder A from B)

carve

[kɑːrv]

동 조각하다/새기다

▮ The statue was carved from marble.
그 조상은 대리석으로 조각되었다.

▮ He carved the Christmas turkey.
그는 성탄절 칠면조를 베었다.

· 숙 **carve for** ~을 열망하다(= hunger for)
· **carve wood into a statue** 나무를 새겨 상(像)을 만들다

associate   동 관계시키다/연상하다/결합시키다

[əsóuʃièit]

▌ I associate palm trees with Hawaii.
야자수 하면 나는 하와이를 연상한다.

▌ I don't care to associate with them.
그들과 교제하고 싶지 않다.

· 명 **association**
· 숙 **be associated with** ~와 관련되다, ~이 연상되다
· 숙 **associate with** 교제하다

figure   명 숫자/모양/인물   동 생각하다

[fígjər]

▌ Dramatically the figures dropped.
극적으로 그 수치들이 떨어졌다.

▌ It's difficult to figure her out.
그녀는 이해하기가 힘듭니다.

· 숙 **figure out** 이해하다, 해석하다, ~을 풀다
· **fine figure of a man** 눈에 띄는 모습
· **prominent figure** 거물

seize   동 붙잡다/이해하다

[siːz]

▌ Seize the day.
오늘에 충실하며 살아라.

▌ He is very quick to seize an opportunity.
그는 기회 포착이 매우 빠릅니다.

· *cf.* 유 **apprehend, arrest, capture** 체포하다
· 숙 **seize hold of** ~을 붙잡다, ~을 손에 넣다
　(＝catch hold of, get hold of, take hold of, seize)

adapt   동 적응하다/개작하다

[ədǽpt]

▌ They adapted themselves to the change quickly.
그들은 그 변화에 신속히 적응했다.

· 명 **adaptation** 형 **adaptive, adaptable**
· *cf.* 유 **accommodate, adjust, conform** 순응하다
· 숙 **adapt oneself to** ~적응시키다
· 숙 **adapt A to[for] B** A를 B에 맞도록 바꾸다

analyze   图 분석하다/해석하다

[ǽnəlaiz]

❚ Our class analyzed the way our government works.
우리 반은 우리 정부가 돌아가는 방식을 분석했다.

· 명 **analysis** 분석
  in the last(final) analysis 결국, 요컨대

· 명 **analyst** 분석가   형 **analytic**
· cf. 유 **examine, research**
· 숙 **analyze out** (분석해서) ~을 추출하다

complicate   图 복잡하게 하다

[kámplikèit]

❚ Don't complicate the problem by raising new issues.
새로운 쟁점을 제기해서 문제를 복잡하게 만들지 마세요.

❚ It's a lot more complicated than we expected.
우리가 예상했던 것보다 훨씬 복잡합니다.

· 명 **complication, complicacy** 형 **complicated**
· **complicate matters** 사태를 복잡하게 만들다

predict   图 예언하다/예측하다

[pridíkt]

❚ The weather forecast predicts sunshine for tomorrow.
일기예보에 의하면 내일은 쾌청할 것이라고 한다.

❚ No one predicted such a sharp fall in steel stocks.
철강주의 그와 같은 급격한 폭락을 아무도 예상하지 못했다.

· 명 **prediction** 형 **predictive, predictable**
· cf. 유 **foretell, prophesy** 예언하다

contribute   图 공헌하다/바치다

[kəntríbjuːt]

❚ His diligence contributed his success.
그는 근면하여 성공하였다.

❚ Air pollution contributes to respiratory diseases.
공기 오염은 호흡기 질환을 유발한다.

· 명 **contribution**
· cf. 유 **consecrate, dedicate, devote, hallow**
· 숙 **contribute to** ~의 원인이 되다, ~에 공헌하다

commence 图 시작하다/개시하다

[kəméns]

▌ The performance will commence soon.
연주는 곧 시작될 것이다.

▌ The special course commences in (the) fall.
특별 강좌는 가을에 시작됩니다.

· 몡 **commencement**
   in the commencement 처음에
· *cf.* 윤 **begin, start** 시작하다

embark 동 출항하다/승선하다/시작하다

[embá:rk]

▌ The soldiers embarked at dawn.
군인들은 새벽에 승선했다.

▌ He embarked on a career as a sculptor.
그는 조각가의 길을 걷기 시작했다.

· 몡 **embarkation**
· *cf.* 윤 **board** 탑승하다   *cf.* 반 **disembark** 내리다
· 숙 **embark on** ~에 진출하다, ~을 시작하다

confess 동 고백하다/실토하다

[kənfés]

▌ I must confess that I'm tone-deaf.
사실을 말하면 저는 음치예요.

▌ The murderer confessed his crime to the police.
살인자는 경찰에 범죄를 자백했다.

· 몡 **confession** 몡 **confessed** 명백한
· *cf.* 윤 **admit** 고백하다
· 숙 **to confess the truth** 사실은

invade 동 침략하다/침입하다/밀어닥치다

[invéid]

▌ The country were invaded many times by foreign nations.
그 나라는 외국의 침략을 여러 번 받았었다.

▌ How come you invade the privacy of others?
당신은 왜 남의 사생활을 침해합니까?

· 몡 **invasion** 침입   몡 **invader** 침입자   혱 **invasive**
· *cf.* 윤 **intrude, trespass** 침입하다

0573

accumulate 통 축적하다/모으다

[əkjú:mjulèit]

▌ Friends come and go but enemies accumulate.
친구들은 왔다가 가지만 적들은 축적된다.

▌ He quickly accumulated a great fortune.
그는 곧 큰 재산을 모았다.

· 명 **accumulation** 형 **accumulative**
· cf. 유 **pile, stack, collect, build up** 쌓아올리다
· **accumulate a fortune** 축재하다

0574

bomb 명 폭탄 통 폭격하다

[bɑm]

▌ The terrorists planted a bomb under his car.
테러리스트들이 그의 차 밑에 폭탄을 설치했다.

▌ It was a bomb.
아주 졸작이었어요.

· 숙 **bomb one's exam** 시험을 망쳤어
· 숙 **look like a bomb hit it** (방이) 돼지우리 같다
· **a time bomb** 시한 폭탄

0575

rebel 통 반역하다/반란을 일으키다

[ribél]

▌ The peasants rebelled, but were ultimately powerless.
농민이 반란을 일으켰지만 결국 무력했다.

· 명 **rebellion** 반란, 봉기 형 **rebellious**
· 숙 **rebel against** ~에 대하여 반란을 일으키다
· cf. **rebel** [rébəl] 반역자, 반역의
  rebel forces 반란군

0576

restore 통 회복하다/복구하다

[ristɔ́ːr]

▌ You should restore trust.
신뢰를 회복해야 돼.

▌ I restored the lost dog to its owner.
나는 길 잃은 개를 주인에게 돌려주었다.

· 명 **restoration** 형 **restorative**
· cf. 유 **reclaim, recover, regain** 되찾다
· 숙 **restore to health** 건강을 회복하다

recover 〔동〕 회복하다/되찾다

[rikʌ́vər]

▮ She's home now recovering from the operation.
그녀는 지금 수술 후 집에서 회복하고 있다.

▮ It took a couple of days to recover from jet lag.
시차를 회복하는 데 이틀 정도 걸렸어요.

· 〔명〕 **recovery** recovery room 회복실
· 〔숙〕 **recover a person to life** ~를 소생시키다
· 〔숙〕 **recover from** 회복하다(= get over)

overcome 〔동〕 극복하다/압도하다

[òuvərkʌ́m]

▮ Love has the power to overcome all difficulties.
사랑은 모든 어려움을 극복할 수 있는 힘이 있다.

▮ I have a hang-up that is hard for me to overcome.
저로서는 해결하기 어려운 문제가 하나 있어요.

· *cf.* 〔유〕 **conquer, get over** 극복하다
· **overcome difficulties** 어려움을 이겨내다

conquer 〔동〕 정복하다

[káŋkər]

▮ Spring fever can be conquered by vitamins.
춘곤증은 비타민으로 이길 수 있어요.

▮ Will can conquer habit.
의지로 습관을 극복할 수 있다.

· 〔명〕 **conquest**
· *cf.* 〔유〕 **surmount, defeat, overthrow, subdue, triumph, beat, vanquish, win** 이기다

persist 〔동〕 지속하다/우기다/고집하다

[pəːrsíst]

▮ He persisted on my going there.
그는 내가 거기에 가야 한다고 주장했다.

▮ The legend has persisted for two thousand years.
그 전설은 2000년 동안 이어져 오고 있다.

· 〔명〕 **persistence** 〔형〕 **persistent**
· *cf.* 〔유〕 **abide, continue, last** 계속하다
· 〔숙〕 **persist in** ~을 고집하다, 주장하다

0581

inherit
[inhérit]

동 상속하다/물려받다

▮ My father wants me to inherit his profession.
아버지는 내가 당신의 직업을 이어받길 원하셔.

▮ He inherited a large fortune from his father.
그는 아버지로부터 많은 재산을 상속받았다.

· 명 **inheritance** 형 **inherent**
· *cf.* 유 **succeed** 물려받다
· **inherit an estate** 토지를 상속하다

0582

fascinate
[fǽsəneit]

동 매혹시키다/반하다

▮ I was quite fascinated by the concert.
난 그 콘서트에 매혹되었어요.

▮ The scenic beauty of the Alps was fascinating.
알프스의 아름다운 경치는 매혹적이었다.

· 명 **fascination**
· *cf.* 유 **attract, charm, enchant** 매혹시키다
· 숙 **be fascinate with** ~에 매혹되다

0583

attract
[ətrǽkt]

동 끌어들이다/유인하다

▮ I wasn't that attracted.
그렇게 끌리지는 않았어요.

▮ His fastidiousness attracted few friends to him.
그는 지나치게 결벽한 성미 때문에 친구가 거의 없다.

· 명 **attraction** 형 **attractive**
· 숙 **be attracted by** ~에 관심을 가지다
· 숙 **attract one's attention** ~의 주의를 끌려 하다

0584

tempt
[tempt]

동 유혹하다/꾀다

▮ That cheesecake is very tempting, but I'm on a diet.
그 치즈 케이크는 참 먹음직스럽지만, 난 다이어트중이에요.

▮ They tempted him into joining the crime.
그들이 그를 유혹해 범죄에 참여토록 했다.

· 명 **temptation**
· 숙 **tempt one's fate** 자신의 운명을 시험하다

0585

reap 图 수확하다/획득하다

[riːp]

▍ Farmers reap rice from their paddy fields.
농부들은 논에서 쌀을 수확합니다.

▍ Reap what one has sown.
씨 뿌린 대로 거두리라.

· *cf.* ㈜ **harvest**
· ㈜ **reap the fruits of one'actions** 자업 자득

0586

stimulate 图 자극하다/격려하다

[stímjulèit]

▍ Praise stimulates students to work hard.
칭찬은 학생들을 자극하여 열심히 공부하게 한다.

▍ This city exhilarates and stimulates me.
이 도시는 나를 활기있게 하고 자극시킨다.

· ㈐ **stimulation** 자극 ㈐ **stimulus** 자극(제)
· *cf.* ㈜ **provoke** 자극하다

0587

persuade 图 설득하다/확인시키다

[pəːrswéid]

▍ I will persuade him to go with us.
나는 우리와 함께 하도록 그를 설득하겠다.

▍ Try as you may, you won't be able to persuade him.
아무리 해도, 그를 설득할 수 없을 거예요.

· ㈐ **persuasion** ㈝ **persuasive**
· ㈜ **persuade of** 납득시키다, 믿게 하다(=convince)
How can I persuade you of my sincerity?
나의 성실성을 어떻게 하면 믿어 주시겠습니까?

· ㈜ **persuade A into B** A를 설득하여 B 하게 하다
He persuaded her into donating some money.
그는 그녀를 설득해 약간의 돈을 기증하게 했다.

· ㈜ **persuade A out of B**
A를 설득하여 B 하지 못하게 하다(=talk A out of B)
Itried to persuade people out of patronizing the store.
나는 그 상점과 거래하지 않도록 사람들을 설득하려 했다.

· ㈜ **be persuaded of** ~을 확신하고 있다

164

0588

inhabit

[inhǽbit]

동 거주하다/서식하다

▮ The island were inhabited by friendly people.
그 섬의 주민들은 다정했다.

▮ Bats usually inhabit dark caves.
박쥐들은 대개 어두운 동굴에서 서식한다.

· 명 **inhabitancy, inhabitation** 거주
· 명 **inhabitant** 거주자
· *cf.* 유 **dwell, reside, populate** 거주하다, 서식하다

0589

condemn

[kəndém]

동 비난하다/형을 선고하다

▮ He was condemned to be killed in the war.
그는 전쟁에서 죽을 운명이었다.

▮ Gandhi condemned violence of any kind as evil.
간디는 어떤 유형의 폭력도 악이라고 비난했다.

· 명 **condemnation** 형 **condemnatory**
· 숙 **be condemned to death** 사형 선고를 받다
· 숙 **condemn one's behavior** ~의 행동을 나무라다

0590

accuse

[əkjúːz]

동 고발하다/비난하다

▮ He was accused of murder.
그는 살인죄로 고소당했다.

▮ He accused her rudeness.
그는 그녀의 무례함을 비난했다.

· 명 **accusation**
· *cf.* 유 **charge, sue** 고소하다
· 숙 **accuse A of B** A를 B로 고발하다

0591

deceive

[disíːv]

동 속이다/기만하다

▮ We have been deceived.
저희가 속은 것입니다.

▮ I'm so upset because he deceives me all the time.
그가 항상 속여서 나는 꽤 화가 난다.

· 명 **deceit, deception** 형 **deceptive**
· *cf.* 유 **cheat, delude, trick** 속이다
· 숙 **deceive oneself** 자신을 속이다

betray 〔동〕 배반하다/누설하다

[bitréi]

■ He is the last man to betray a friend.
그는 결코 친구를 배반할 사람이 아니다.

■ He betrayed you just as he betrayed.
그가 배신했듯이 당신도 배신을 한 거로군요.

· 〔명〕 **betrayal**
· 〔숙〕 **betray a secret** 비밀을 누설하다
· 〔숙〕 **betray a person's trust** 누구의 신뢰를 저버리다

preserve 〔동〕 보존하다/보호하다

[prizə́ːrv]

■ We must preserve our natural resources.
우리는 천연자원을 보존해야 한다.

· 〔명〕 **preservation** 〔형〕 **preservative**
· *cf.* 〔유〕 **keep, maintain** 유지하다
· 〔숙〕 **well preserved** (나이보다) 젊게 보이는
· 〔숙〕 **preserve one's dignity** 체면을 세우다
· **wildlife preserve** 야생동물 보호구역

develop 〔동〕 개발하다/발전하다

[divéləp]

■ She worked for years to develop a blue rose.
그녀는 푸른 장미를 개발하기 위해 여러 해 동안 노력했다.

■ They should develop their sense of beauty.
그들은 미적 감각을 길러야 한다.

· 〔명〕 **development**
· *cf.* 〔유〕 **improve** 개발하다
· **develop a unique technique** 고유한 기법을 개발하다

convey 〔동〕 운반하다/전달하다

[kənvéi]

■ I have a doubt about what he is trying to convey.
나는 그가 무엇을 전달하려는지 궁금합니다.

· 〔명〕 **conveyance**
· *cf.* 〔유〕 **bear, carry, transport** 운반하다
· 〔숙〕 **be conveyed to** ~에 전달되다, 운송되다
· **convey the meaning exactly** 뜻을 정확히 전달하다

alter
[ɔ́:ltər]

동 변경하다/바꾸다

▌ This shirt will have to be altered; it's too big.
이 셔츠는 고쳐야겠다; 너무 커.

▌ The ship altered the course.
배는 항로를 바꿨다.

· 명 **alteration**　형 **alterative**
· *cf.* 유 **change, switch, transform, vary** 바꾸다
· 숙 **alter for the better** 개선하다, 좋아지다

realize
[ríːəlàiz]

동 깨닫다/실현하다

▌ He realized how difficult it was.
그는 그것이 얼마나 어려운가를 알았다.

▌ It may be difficult to realize the goal.
그 목표 달성이 어려울지도 모르겠네요.

· 명 **realization**　형 **real**
· 숙 **be realized** 실현되다
· **realize a good profit** 큰 이익을 보다

reason
[ríːzən]

명 이유/이성　동 추론하다/판단을 내리다

▌ Do you have a reason for that?
꼭 그래야 할 이유가 있나요?

· 형 **reasonable**
· *cf.* 유 **cause, ground, motive, occasion** 원인
· 숙 **for this reason** 이런 이유로
· 숙 **stand to reason** 물론이다, 이치에 맞다
· 숙 **accord with reason** 도리에 맞다

access
[ǽkses]

명 접근/출입　동 접근하다

▌ The road gives good access to the freeway.
그 길로 가면 고속도로로 나가기가 쉽다.

▌ Only he has access to the document.
그만이 그 문서를 열람할 수 있다.

· 형 **accessible**
· 숙 **have access to** ~ 접근 권한이 있다
· **a man of difficult access** 접근하기 어려운 사람

0600
deliver
[dilívər]

동 배달하다/강의하다

- He delivers pizza for a living.
  그는 직업으로 피자를 배달한다.
- She was delivered of a son.
  그녀는 아들을 낳았다.

- 명 **deliverance, delivery**
- 숙 **deliver a verdict** 판결을 내리다
- 숙 **deliver up** 연설하다(= deliver a speech)

0601
exploit
[éksplɔit]

동 착취하다/개발하다

- You must exploit every opportunity to learn new things.
  새로운 것을 배우기 위해서는 모든 기회를 이용해야 한다.

- 명 **exploitation**
- **exploit one's subordinates** 부하를 착취하다
- **exploit a mine** 광산을 개발하다

0602
cultivate
[kʌ́ltivèit]

동 경작하다/재배하다/계발하다

- Known commonly as Ginseng, Insam has been cultivated in Korea for about 1000 years.
  ginseng으로 알려져 있는 인삼은 한국에서 거의 천 년 동안 재배되어 왔습니다.

- 명 **cultivation**
- *cf.* 유 **till** 경작하다
- **cultivate the moral sense** 도의심을 기르다

0603
supervise
[súːpərvaiz]

동 감독하다/지휘하다

- Who supervises this ceremony?
  누가 이 행사를 주관하죠?
- Each floor of the women's prison was supervised by a matron.
  여자 교도소의 각 층은 여간수의 감시 하에 있었다.

- 명 **supervision** 관리 명 **supervisor** 감독, 상사
- *cf.* 유 **oversee** 감독하다

0604

transform　图 변형시키다/변환하다

[trænsfɔ́:rm]

▌ Joy transformed her face.
기쁨으로 그녀의 얼굴은 싹 달라졌다.

▌ They transformed the room into a cafeteria.
그들은 그 방을 카페테리아로 개조했다.

· 圐 **transformation**
· cf. 圅 **alter, change, convert, switch, vary** 바꾸다
· 圙 **transform A into B** A를 B로 바꾸다

0605

master　圐 주인/지배인/석사　图 숙달하다/정복하다

[mǽstə:r]

▌ Like master, like man.
그 주인에 그 종.

▌ He is a master with a statue.
그는 조각의 대가이다.

▌ Man is a master of nature.
인간은 자연의 정복자이다.

▌ I have a long way to go to master English.
저는 영어를 마스터하기에는 아직도 멀었습니다.

▌ Most things are easy to learn, but hard to master.
배우기 쉬우나 숙달되기는 어렵다.

· 圐 **mastery** 지배, 숙달
· cf. 圎 **servant** 하인　cf. **mistress** 여주인
· **Master and disciple** 스승과 제자
· **Master Degree** 석사 학위

0606

poison　圐 독　图 해를 입히다/독을 넣다

[pɔ́izn]

▌ This transparent liquid contains poison.
이 투명한 액체는 독을 포함하고 있다.

▌ He killed himself by taking poison.
그는 음독 자살했다.

· 圀 **poisonous** 독이 든
· **a deadly poison** 극약, 맹독
· **Food poisoning** 식중독

inspect
동 점검하다/시찰하다

[inspékt]

▌ IThe engineer has inspected every part of the machine.
그 기사는 기계를 속속들이 검사했다.

· 명 **inspection** 조사 명 **inspector** 조사관
· *cf.* 유 **examine, investigate, inquire into, look into** 조사하다

deprive
동 빼앗다/박탈하다

[dipráiv]

▌ The accident deprived her of her eyesight.
그 사고로 그녀는 시력을 잃고 말았다.

· 명 **deprivation, deprival**
· 숙 **be deprived of** ~을 빼앗기다
· 숙 **deprive A of B** A로부터 B를 앗아가다
  (=take away B from A, steal B from A)

punish
동 처벌하다

[pʌ́niʃ]

▌ He deserves to be punished.
그는 벌을 받아 마땅해요.

· 명 **punishment**
· *cf.* 반 **forgive** 용서하다
· 숙 **punish A for B** B 때문에 A를 벌하다
· **suffer a punishment** 벌을 받다, 처벌되다

discriminate
동 차별하다/구별하다

[diskrímənèit]

▌ Don't discriminate against people regardless of nationalty, gender or occupation.
국적이나 성별 또는 직업을 이유로 사람을 차별하지 말라.

· 명 **discrimination**
· *cf.* 유 **differentiate, distinguish** 구별하다
· 숙 **discriminate A from B** A와 B를 구별하다

discern

[disə́ːrn]

동 식별하다/분별하다

▌ I could dimly discern his figure.
나는 그의 모습을 어렴풋하게 분간할 수 있었다.

- 명 **discernment**
- *cf.* 유 **distinguish, notice, perceive**
- 숙 **discern A from B** A와 B를 구별하다
  (=tell A from B, distinguish A from B)

mine

[main]

명 나의 것/광산 동 채굴하다

▌ His opinion differs from mine.
그의 의견은 나와 다르다.

▌ My uncle works at the coal mine.
내 삼촌은 탄광에서 일한다.

- 명 **miner** 광부 a coal miner 석탄 광부
- **work a mine** 광산을 채굴하다

operate

[ápərèit]

동 움직이다/수술하다/작동시키다

▌ Elevators are operated by electricity.
엘리베이터는 전기로 움직인다.

▌ The unit operates with a few good people.
이 부대는 소수 정예로 운영되고 있습니다.

- 명 **operation** 작용, 수술 명 **operator** 교환원
- 형 **operative** 작용하는 형 **operating** 수술의
- 숙 **operate on** 수술하다

withdraw

[wiðdrɔ́ː]

동 물러나다/인출하다/철회하다

▌ The waiter withdrew after serving the meal.
종업원은 식사를 나른 후 물러났다.

▌ Withdraw 200 dollars from the savings account.
예금 구좌에서 200달러를 인출하라.

- 명 **withdrawal**
- *cf.* 유 **retract, retire, retreat, back out** 철회하다
- 숙 **withdraw from** ~에서 돈을 꺼내다, 철수하다

unify

[júːnifài]

동 통일하다/통합하다

▌We all wish that our country could be unified very soon.
우리 모두는 우리 나라가 하루 속히 통일되기를 바라고 있습니다.

· 명 **unification**
  unification of South and North 남북 통일
· **unify the opposition** 야당을 통합하다

steal

[stiːl]

동 훔치다/도둑질하다

▌I would rather starve to death than steal.
도둑질을 하느니 차라리 굶어죽겠어요.

▌He had his watch stolen.
그는 시계를 도둑맞았다.

· 명 **stealth** 형 **stealthy**
· 숙 **steal the show** 인기를 독점하다
· **steal away** 몰래 사라지다(= go away secretly)

contain

[kəntéin]

동 포함하다/내포하다

▌Each pack contains twenty cigarettes.
각 갑에는 20개의 담배가 들어 있다.

▌I cannot contain my anger.
화가 나서 견딜 수가 없다.

· 명 **content, containment**
· cf. 유 **include, involve**
· 숙 **contain oneself** 자제하다, 억제하다

include

[inklúːd]

동 포함하다

▌The meal includes dessert as well as a beverage.
그 식사에는 음료수뿐만 아니라 디저트도 포함되어 있다.

· 명 **inclusion** 형 **inclusive**
· cf. 유 **exclude** 배제하다
· 숙 **all things included** 전부해서, 전체적으로
  (= all together, all in all, all told, not separating)
· 숙 **count in** 셈에 넣다

commit

[kəmit]

동 범하다/맡기다/전념하다

▮ The police have concrete evidence about who committed the crime.
경찰은 누가 범죄를 저질렀는가에 관한 구체적인 증거를 가지고 있다.

· 명 **commission, commitment**
· 숙 **commit oneself to** ~에 전념하다
· 숙 **commit a blunder** 실수하다
　　(＝commit a mistake, make a mistake)

devote

[divóut]

동 바치다/전념하다

▮ It is dangerous to devote yourself to computer game too long time.
컴퓨터 게임에 너무 오래 몰두하는 것은 위험하다.

· 명 **devotion** 헌신　형 **devotional**
· cf. 유 **consecrate, contribute, dedicate, hallow**
· 숙 **devote oneself to** ~에 전념하다, 몰두하다
　　(＝give oneself to)

dedicate

[dédikèit]

동 바치다/전념하다

▮ She dedicated herself to conserving our natural resources.
그녀는 자연 자원의 보존에 전념했다.

· 명 **dedication** 헌신　형 **dedicated** 헌신적인
· cf. 유 **devote** 헌신하다
· 숙 **dedicate oneself to** ~에 헌신[전념]하다

imprison

[imprízn]

동 수감하다/가두다

▮ The bank robber was imprisoned for 20 years.
그 은행 강도는 20년간 감금되었다.

▮ Bitterness imprisons life : love releases it.
고통은 인생을 가두어 버리고, 사랑은 그것을 열어 준다.

· 명 **imprisonment** life imprisonment 종신형
· 숙 **be imprisoned** 투옥되다(＝be put into prison, be cast into prison, go to prison, be put in jail)

evaluate

[ivǽljuèit]

동 평가하다/어림하다

■ He is the kind of individual who cannot be
evaluated easily.
그는 평가하기 아주 어려운 부류의 사람이다.

· 명 **evaluation** 형 **evaluative**
· *cf.* 유 **esteem, appreciate, estimate, judge** 평가하다
· *cf.* **devaluate** 가치를 떨어뜨리다

beware

[biwέər]

동 경계하다/조심하다

■ Beware what you say.
말조심하시오.

■ Beware lest you should fail.
실패하지 않으려면 정신을 차려라.

· 숙 **beware of** 유의하다(= be careful of)
· **BEWARE OF FALLING ROCK** 낙석 주의

decide

[disáid]

동 결정하다/결심하다

■ He has decided to become a doctor.
그는 의사가 되려고 결심했다.

■ He decided to take the bull by the horns.
과감하게 정면 승부하기로 결심했다.

■ Let's decide it by a show of hands!
거수로 정합시다!

■ I can't decide between the red shoes and the
blue ones.
빨간 구두와 파란 구두 중 어느 것이 좋을지 모르겠어요.

· 명 **decision** make a decision 결정하다
· 형 **decisive** a decisive evidence 확증
· 형 **decided** a decided man 과단성 있는 사람
· *cf.* 유 **determine, resolve** 결심하다
· 숙 **decide on** ~을[으로] 결정하다(= determine)
  What date have you decided on?
  어느 날짜로 결정했습니까?

mingle

[míŋgl]

동 섞다/혼합하다

▮ A good host mingles with his guests.
훌륭한 주인은 손님들과 어울린다.

▮ They mingled with the crowd.
그들은 군중들과 어울렸다.

· 명 **mingle-mangle** 혼합, 뒤섞임
· *cf.* 유 **blend, compound, mix** 혼합하다
· **mingle wine and soda** 술에 소다를 섞다

multiply

[mʌ́ltiplài]

동 늘리다/곱하다

▮ The rabbit multiplies very fast.
토끼는 빠르게 번식한다.

▮ Multiply five by four equals twenty.
5곱하기 4는 20이다.

· 명 **multiplication** 곱하기　형 **multiple** 여러 배의
· *cf.* 반 **divide** 나누다
· 숙 **multiply A by B** A를 B로 곱하다

establish

[istǽbliʃ]

동 설립하다/제정하다

▮ Our company was established in 1999.
저희 회사는 1999년에 설립되었습니다.

▮ His innocence was established.
그의 결백이 입증되었다.

· 명 **establishment**
· 숙 **be established by law** 법으로 제정되다

found

[faund]

동 세우다/건립하다

▮ Our school was founded by an American missionary 100 years ago.
우리 학교는 약 100년 전에 미국 선교사가 설립했습니다.

· 명 **foundation** 설립, 기초
· 명 **founder** 창설자, 발기인
· 숙 **be founded on** ~에 기초[근거]를 두다
（＝be rooted in, be placed on, be based upon）

0630

institute 명 협회/연구소 동 설립하다

[ínstətjùːt]

▮ How's your job at an English language institute?
영어 어학원에서 일하는 거 어때?

▮ The government instituted a consumer protection agency.
정부는 소비자 보호 협회를 설립했다.

· 명 **institution** 기관, 제도, 설립
· 형 **institutional, institutionary**

0631

recruit 동 새로 모집하다 명 신병/신참

[rikrút]

▮ I'm in charge of recruiting and training staff.
직원들을 채용하고 연수를 시키는 일을 하고 있습니다.

▮ New recruits did well in their probationary period.
신입 사원들은 수습 기간 동안 일을 잘했다.

· 명 **recruitment** 신입사원 모집
· **recruit new members** 신입회원을 모집하다

0632

resent 동 분노하다/원망하다

[rizént]

▮ He resented being called a coward.
겁쟁이라는 소리에 분개했다.

▮ I understand how you feel but why do you resent them?
네 기분은 이해하지만, 왜 그들을 원망하니?

· 명 **resentment** 분노, 원한
· 형 **resentful** 분노한

0633

yearn 동 동경하다/갈망하다

[jəːrn]

▮ We yearn for beauty, truth and meaning in our lives.
우리는 삶에 있어 아름다움, 참됨 그리고 의미를 갈구한다.

· 명 **yearning** 갈망
· 숙 **yearn for** ~을 열망하다[갈망하다]
 (＝long for, be anxious for, be eager fo)

0634

perish

[périʃ]

동 죽다/멸망하다

▍ The swimmer was caught in the vortex and perished.
헤엄치던 사람은 소용돌이에 휘말려 빠져 죽었다.

· 형 perishable
· cf. 유 expire, decease, die 죽다
· perish with hunger 굶어 죽다
· perish by the sword 칼로 망하다

0635

compensate

[kámpensèit]

동 보상하다/보충하다

▍ Diligence sometimes compensates for lack of ability.
근면은 때로 재능의 부족을 메워 준다.

▍ I expect to be fairly compensated.
충분히 보상받을 수 있을 것 같아.

· 명 compensation
· 숙 compensate for ~에 대해 보상하다
   (=make up for, atone for, pay for, make good)

0636

reproduce

[rìːprədjúːs]

동 복제하다/재생하다/번식하다

▍ The machine can reproduce a key in 3 minutes.
그 기계는 3분 내에 열쇠를 복제할 수 있다.

▍ Rats reproduce quickly.
쥐는 번식 속도가 빠르다.

· 명 reproduction 형 reproductive
· reproduce a severed branch
   잘려 나간 가지를 재생하다

0637

classify

[klǽsəfai]

동 분류하다/구분하다

▍ Please classify these books alphabetically.
이 책들을 알파벳 순서로 분류해 주세요.

▍ I'm looking through the classified advertisements for used cars.
중고차 광고를 훑어보고 있는 중이야.

· 명 classification
· 숙 be classified 분류되다

distinguish   〔동〕 구별하다/식별하다

[distíŋgwiʃ]

▮ Children learn to distinguish between good and evil from an early age.
아이들은 어릴 때부터 선과 악을 구별하는 법을 배운다.

· 〔명〕 **distinction** 구별, 특징   〔형〕 **distinguished** 저명한
· *cf.* 〔유〕 **differentiate, discriminate** 구별하다
· 〔숙〕 **distinguish A from B** A와 B를 분간하다
(= distinguish between A and B, know A from B, discriminate A from B, discern A from B)
It is easy to distinguish pine from cedar.
소나무와 삼나무를 구분하는 것은 간단하다.
· 〔숙〕 **distinguish between A and B**
A와 B를 분간하다[식별하다]
You are old enough to distinguish between right and wrong.
너도 이제는 옳고 그른 것을 구별할 나이가 됐잖아.
· 〔숙〕 **distinguish oneself** ~으로 유명해지다

suppress   〔동〕 진압하다/(감정을) 억제하다

[səprés]

▮ The revolt was suppressed at once.
그 봉기는 즉시 진압되었다.

▮ I couldn't suppress my laughter.
나는 웃음을 참을 수 없었다.

· 〔명〕 **suppression**   〔형〕 **suppressive**
· *cf.* 〔유〕 **put down, press down, hold down** 억압하다

flourish   〔동〕 번영하다/번성하다   〔명〕 화려함

[flə́ːriʃ]

▮ How can the reputation of Harvard still flourish?
어떻게 하버드의 명성이 계속될 수 있는 거지?

· 〔형〕 **flourishy**
· *cf.* 〔유〕 **prosper, thrive, boom, develop** 번영하다
· *cf.* 〔반〕 **decline** 쇠퇴하다
· 〔숙〕 **with a flourish** 화려하게
· 〔숙〕 **in full flourish** 전성하여, 한창인, 원기왕성하여

negotiate

[nigóuʃièit]

동 협상하다

▌ The two countries negotiated a peace treaty.
양국은 평화 조약을 협상했다.

▌ Don't pay the full asking price, but negotiate with them.
그들이 요구하는 대로 다 지불하지 말고, 흥정을 해요.

· 명 **negotiation** under negotiation 교섭중
· **negotiate a loan** 차관 협정하다

modify

[mádəfài]

동 수정하다/고치다/완화하다

▌ She modified her views in the light of new evidence.
그녀는 새로운 증거를 고려하여 자기 견해를 수정했다.

▌ He has modified his demands.
그는 그의 요구 사항을 완화했다.

· 명 **modification**
· cf. 유 **alter, change, transform** 바꾸다

meditate

[médətèit]

동 명상하다

▌ He meditated deeply on the meaning of life.
그는 인생의 의미에 대해 깊이 명상했다.

· 명 **meditation** 형 **meditative**
· cf. 유 **consider, contemplate, ponder, speculate**
· 숙 **meditate on** 곰곰이 생각하다(=think over, dwell on, reflect on, ponder on, speculate on)

store

[stɔːr]

명 저장/가게 동 저장하다

▌ We don't have any big stores around this area.
우리가 사는 지역 근처에는 어떤 큰 상점도 없다.

· 명 **storage**
· 숙 **in store** 준비해 둔, ~닥쳐올, 저축하여
· 숙 **set store by** ~을 중시하다
· 숙 **store up** 비축하다, 마련해 두다
· **convenience store** 편의점

exaggerate 동 과장하다

[igzǽdʒərèit]

■ He tends to exaggerate the difficulties of his job.
그는 자기 일의 어려움을 과장하는 경향이 있다.

■ Don't exaggerate.
허풍 떨지 마.

· 명 exaggeration 형 exaggerative
· exaggerate one's own importance 자만하다

assert 동 주장하다/단언하다

[əsə́:rt]

■ He asserts his innocence.
그는 자기의 결백을 강력히 주장했다.

■ His personality asserts himself there strongly.
그의 성격이 거기에 잘 나타나 있다.

· 명 assertion 형 assertive
· cf. 유 affirm, declare, insist, persist, urge 주장하다
· 숙 assert oneself (자기의 권리를) 주장하다

contend 동 다투다/주장하다

[kənténd]

■ Columbus contended that the earth is round.
콜럼버스는 지구가 둥글다고 주장했다.

■ She's had a lot of problems to contend with.
그녀에겐 극복해야 할 문제가 많다.

· 명 contention 형 contentious
· 숙 have much contend with 매우 곤란해 있다
· 숙 contend with ~과 경쟁하다, ~과 겨루다

broad 형 폭이 넓은/널따란

[brɔ́:d]

■ It doesn't seem that the head quarter will ever decide on a broad policy.
본사는 일반적인 방침에 대해서조차 결정을 못하는 것 같아요.

· 명 breadth 폭, 너비
· 동 broaden 넓어지다, 넓히다
· cf. 유 wide 폭 넓은
· 숙 in broad daylight 백주에, 대낮에
· 숙 in a broad sense 넓은 의미에서

oppose

[əpóuz]

동 반대하다/대항하다

▌ I strongly oppose early English education for children.
나는 아이들에 대한 조기 영어 교육에는 강하게 반대합니다.

· 명 opposition　형 opposite
· cf. 유 disagree, object 반대하다
· 숙 be opposed to ~에 반대이다
· oppose violence to violence 폭력에 폭력으로 맞서다

compete

[kəmpíːt]

동 경쟁하다/겨루다

▌ No painting can compete with this one.
이것에 필적할 만한 그림은 없다.

▌ I run faster if I have someone to compete with.
나는 경쟁 상대가 있으면 더 잘 달려.

· 명 competition　형 competitive
· 숙 compete with A (for B) (B를 위해서) A와 겨루다

enforce

[enfɔ́ːrs]

동 실행하다/집행하다/강요하다

▌ The police must enforce the law.
경찰은 법을 집행해야 한다.

▌ Illness enforced me to remain idle.
몸이 아파서 나는 계속 쉬어야 했다.

· 명 enforcement 시행, 실시　명 force 강요
· enforce one's opinion 자기 의견을 강요하다

implement

[ímpləmənt]

동 집행하다/이행하다　명 도구

▌ Donations are needed to implement our childcare programs.
육아 사업 계획을 추진하려면 기부금이 필요하다.

· cf. 유 appliance, instrument, tool, utensil 도구
· implement election pledges 선거 공약을 이행하다
· kitchen implement 부엌 도구

parallel

[혱] 평행의/서로 같은 [동] 평행하다

[pǽrəlel]

▮ Parallel lines never meet.
평행선은 결코 만나지 않는다.

▮ The street parallels the rail way.
길이 철도와 평행으로 있다.

· [숙] **draw a parallel to** 필적하다
· **parallel line** 평행선
· **an parallel occasion** 유사한 경우

admire

[동] 감탄하다/탄복하다

[ædmáiər]

▮ I admire your courage.
나는 당신의 용기에 감탄한다.

▮ We admired his perspicacious wisdom and sagacity.
우리는 그의 명석한 지혜와 기민함에 탄복했다.

· [명] **admiration** [형] **admirable**
· *cf.* [유] **adore** 존경하다 *cf.* [반] **despise** 멸시하다

mold

[명] 틀 [동] 틀에 넣어 만들다/형성하다

[mould]

▮ Our character are molded by our environment and experience.
우리의 인격은 환경과 경험에 의해 형성된다.

▮ He molded a rabbit out of clay.
그는 진흙으로 토끼를 만들었다.

· *cf.* [유] **shape** 형성하다
· [숙] **mold one's own destiny** 운명을 스스로 만들다

regulate

[동] 규제하다/조절하다

[régjulèit]

▮ The policeman regulated traffic at the intersection.
그 경찰관은 교차로에서 교통 정리를 했다.

▮ Will you regulate the room temperature?
방 온도를 조정해 주겠어요?

· [명] **regulation** 규정, 제한
· *cf.* [유] **control** 규제하다
· **regulate the traffic** 교통을 단속하다[조절하다]

0657

revise

[reváiz]

동 개정하다/수정하다

▌ The editors spent years revising the encyclopedia.
편집자들은 백과사전 개정에 수년을 보냈다.

▌ I must revise my plan to buy my own house.
내 집 마련에 대한 내 계획에 제동이 걸렸어.

· 명 **revision** 개정 형 **revised** 개정된
· **revised edition** 개정판
· **revise programs** 프로그램을 수정하다

0658

apologize

[əpáləd3aiz]

동 사과하다/변명하다

▌ If I have offended you, I apologize.
기분을 상하게 해드렸다면 사과드립니다.

▌ His conscience constrained him to apologize.
그는 양심상 사과해야만 했다.

· 명 **apology** 사과 형 **apologetic** 사과의
· *cf.* 유 **say sorry, express regret** 사과하다
· 숙 **apologize to A for B** B에 대해 A에게 사과하다

0659

explain

[ikspléin]

동 설명하다

▌ Would you explain again what your point is?
요점이 무엇인지 다시 설명해 주시겠습니까?

· 명 **explanation**
· 숙 **explain in detail** 자세히 설명하다
  (＝explain carefully)
· 숙 **explain oneself** 자기 입장을 변명하다
· 숙 **explain A to B** A에게 B를 설명하다

0660

illustrate

[íləstrèit]

동 예증하다/설명하다

▌ The teacher will illustrate how to do it.
교사가 그것을 하는 방법을 설명할 것이다.

▌ The magazine is illustrated.
그 잡지에는 삽화가 있다.

· 명 **illustration** 형 **illustrative, illustrious**
· *cf.* 유 **make plain, give an explanation,
  explain, account for** 설명하다

install

[instɔ́ːl]

동 설치하다/취임시키다

▌ He installed a new computer in his office.
그는 사무실에 새 컴퓨터를 설치했다.

▌ We just got the phone installed yesterday.
바로 어제 전화가 설치되었어요.

· 명 **installation, installment**
· **install a chairman** 의장에 임명하다

project

[prədʒékt]

동 기획하다/투영하다　명 계획/기획

▌ What do you think of the Human Genome Project?
인간 게놈 프로젝트에 대해 어떻게 생각해요?

· 명 **projection** 투사, 설계
· cf. 유 **design, plan, scheme** 계획
· 숙 **launch a project** 프로젝트를 착수하다
· 숙 **draw up a project** 계획을 세우다

manage

[mǽnidʒ]

동 경영하다/그럭저럭 해내다

▌ I need someone to manage it for me.
그것을 관리해 줄 사람이 필요해요.

▌ I think I can manage by myself.
저 혼자서 할 수 있을 것 같아요.

▌ It's hard to manage on my income these days.
요즘은 내 수입으로 살아가기가 힘들어요.

· 명 **management** 경영　명 **manager** 경영자
· 숙 **manage to do** 가까스로 ~하다, 성공적으로 ~해내다
I managed to get there in time.
나는 그럭저럭 시간 안에 그 곳에 닿았다.

· 숙 **manage without** ~없이 지내다
(=dispense with, do without)
We cannot do without water even for a few days.
물 없이는 단 며칠도 살 수 없다.

0664

execute

[éksikjuːt]

동 실행하다/처형하다

▌ He was executed for murder.
그는 살인죄로 처형되었다.

· 명 execution 형 executive
· cf. 유 accomplish, achieve, fulfill, perform, pratice 실행하다
· 숙 execute an order 명령을 수행하다

0665

recite

[risáit]

동 암송하다/낭독하다/이야기하다

▌ I was called on to recite the poem.
나는 그 시를 낭독해 보라는 청을 받았다.

▌ He recited his complaints.
그는 불만을 하나씩 늘어놓았다.

· 명 recital 암송, 독주회 명 recitation 낭독
· recite a poem 시를 암송하다
· recite one's adventures 모험담을 이야기하다

0666

submit

[səbmít]

동 굴복하다/제출하다

▌ They submitted a tender for the contract.
그들의 계약의 입찰 신청을 했다.

· 명 submission 형 submissive
· cf. 유 surrender, yield 굴복하다
· 숙 submit to one's fate 운명을 달게 받다
· 숙 submit A to B A를 B에 제출하다
· 숙 submit a authority 권위에 굴복하다

0667

communicate

[kəmjúːnikèit]

동 전달하다/의사를 소통하다

▌ They communicate data through a computer network.
그들은 컴퓨터망을 통해 자료를 전달한다.

▌ We communicate with each other by phone.
우리는 전화로 서로 연락한다.

· 명 communication
· 숙 communicate to ~에게 알리다
· 숙 communicate with ~와 통신하다, ~와 접촉하다

0668

pierce

[piə*r*s]

동 관통하다/꿰뚫다/간파하다

▮ The nail completely pierced the tire.
못이 타이어에 푹 박혔다.

▮ I can't believe you got your ears pierced!
네가 귀를 뚫다니 믿을 수가 없구나!

· 형 **piercing** 꿰뚫는, 관통하는
· 형 **pierceable** 꿰뚫을 수 있는
· **pierce into one's meaning** ~의 저의를 간파하다

0669

embrace

[embréis]

동 포옹하다/포용하다

▮ They embraced before the train left.
그들은 열차가 떠나기 전 포옹했다.

· 명 **embracement**
· *cf.* 유 **accept, adopt** 받아들이다
· 숙 **embrace each other** 서로 포옹하다
· **embrace foreign cultures** 외국 문화를 받아들이다

0670

accommodate

[əkámədèit]

동 수용하다/조절하다/설비하다

▮ I must accommodate myself to the circumstances.
나는 새로운 환경에 적응해야 한다.

▮ We need shelves to accommodate all our books.
우리는 책들을 모두 꽂을 수 있는 선반들이 필요하다.

· 명 **accommodation**
· *cf.* 유 **adapt, adjust, conform** 순응하다
· 숙 **accommodate a dispute** 분쟁을 조정하다

0671

utilize

[júːtilàiz]

동 이용하다

▮ They can keep their heads above water if they utilize it well.
잘만 이용하면 현상 유지는 할 수 있겠군요.

· 명 **utility** 유용성 명 **utilization** 이용
· *cf.* 유 **avail oneself of, use, turn to account, take advantage of, make use of, put to use, turn to account** 이용하다

0672

apply

[əplái]

동 지원하다/사용하다/적용하다

▌He encouraged me to apply for the company.
그가 나에게 그 곳에 지원하라고 격려했다.

· 명 **application, applicant** 지원
· 숙 **apply for** 지원하다
· 숙 **apply to** 적용하다
· 숙 **apply oneself to** ～에 전념하다

0673

focus

[fóukəs]

동 초점을 맞추다/집중하다 명 초점

▌I focused on psychology and economics.
주로 심리학과 경제학에 초점을 두었습니다.

· *cf.* 유 **concentrate** 집중시키다
· 숙 **focus on** ～에 초점을 맞추다
· 숙 **in[out of] focus** 초점이 맞아[맞지 않아]
· 숙 **focus one's attention on** ～에 주의를 집중하다

0674

rage

[reidʒ]

명 격노/격분 동 몹시 화내다

▌My neighbor flew into a rage when our dog stole his newspaper.
우리 집 개가 옆집의 신문을 물어오자 그 이웃은 화를 불끈 냈다.

· *cf.* 유 **anger, fury, indignation, ire** 분노
· 숙 **fly into a rage** 벌컥 화를 내다
· 숙 **in a black rage** 극도로 화가 나서
· **rage to live** 생에 대한 욕구

0675

extract

[ikstrǽkt]

동 뽑다/발췌하다 명 추출물

▌Chemists extracted the essential vitamins from the grain.
화학자들은 곡물에서 필수 비타민을 추출했다.

▌I don't want it extracted.
그것을 빼지 않았으면 하는데요.

· 명 **extraction** 추출, 발췌
· **extract a tooth** 이빨을 뽑다

peer

图 또래/동료   图 자세히 들여다보다

[piər]

- He has no peer among contemporary writers.
  현대 작가로서 그에 필적할 사람은 없다.
- I peered into every window to find a clue.
  단서를 얻기 위해 모든 창 안을 자세히 보았다.

· 图 **without a peer** 비길 데 없는, 유례없는
· **peer group** 동료 집단
· **peer pressure** 동료들로부터 받는 압력

glance

图 힐끗 봄 图 힐끗 보다

[glæns]

- His glance stayed still on the spot.
  그의 시선은 그 지점에 멈춰져 있었다.
- I knew that with a single glance.
  한눈에 알았어요.

· 图 **at a glance** 첫눈에, 언뜻 보아
· 图 **glance at** ~을 흘끗 보다

tend

图 경향이 있다/돌보다

[tend]

- Old men tend to be conservative.
  노인들은 보수적인 경향이 있다.
- She tended on the patients.
  그녀는 환자를 돌보았다.

· 图 **tendency**
· 图 **tend to** ~하는 경향이 있다

view

图 견해/경치   图 보다

[vjuː]

- The view took my breath away.
  경치가 장관이었습니다.

· 图 **with a view to** ~할 목적으로
· 图 **in view of, from the point of view** ~의 관점에서
· 图 **view A as B** A를 B로 간주하다
· **fine view** 멋진 전망

0680

triple

[trípl]

형 3배의 동 3배로 되다

▌ Those worthless rock you bought have tripled in value overnight.
그 별 가치 없던 바위가 하루 아침에 값이 3배나 올랐어.

· 숙 **on triple shifts** 3교대로
· **triple room** 3인용 객실(1인용 침대 3개)
· **a triple feature** 1회에 세 편 상영하는

0681

prevail

[privéil]

동 우세하다/이기다/설득하다

▌ Truth will prevail.
진리는 이긴다.

▌ I tried, but could not prevail with him.
그를 설득하려 했으나 허사였다.

· 명 **prevalence** 형 **prevalent**
· *cf.* 유 **convince, persuade** 설득하다
· 숙 **prevail on** ～를 설득하다

0682

consist

[kənsíst]

동 이루어지다/구성되다

▌ Water consists of hydrogen and oxygen.
물은 산소와 수소로 이루어져 있다.

▌ Happiness consists in contentment.
행복은 만족에 있다.

· 명 **consistence, consistency** 형 **consistent**
· 숙 **consist of** ～로 구성되다
· 숙 **consist in** ～에 있다

0683

split

[split]

동 쪼개다/분리하다/나누다

▌ Shall we split the cost of the car?
우리 그 차 반반씩 나누어서 살까?

▌ Don't split up with her.
그녀와 헤어지지 말아요.

· 숙 **split hairs** 시시콜콜 따지다
· **spliting image** 복사판(＝exact resemblance)

0684

trap
몡 덫/함정　동 덫을 놓다/가두다

[træp]

▎ Just like a rat in a trap.
완전히 독 안에 든 쥐였어

▎ Those miners are trapped in that coal mine.
저 광부들은 저 석탄광에 갇혀 버렸어.

· 동 **entrap** 덫에 걸리게 하다
· 숙 **trapped in** 곤경에 빠져, 꼼짝 못하는
· **mousetrap** 쥐덫, (소비자의 마음을 끄는) 새상품

0685

oblige
동 강요하다/어쩔 수 없이 ~하게 되다

[əbláidʒ]

▎ I am obliged to get up early in the morning.
나는 아침에 일찍 일어나야 한다.

▎ I'm obliged to you for the ride.
태워 주어서 감사합니다.

· 몡 **obligation**
· cf. 유 **compel, constrain, force, impel** 강요하다
· 숙 **be obliged to** ~하지 않을 수 없다, ~에 감사하다

0686

bloom
몡 꽃/개화　동 꽃을 피우다/번영하다

[bluːm]

▎ This plant blooms in early autumn.
이 식물은 초가을에 꽃이 핀다.

▎ In spring, various flowers come into bloom.
봄에는 많은 꽃들이 핀다.

· 형 **bloomy**
· 숙 **in full bloom** 활짝 피어
· **the bloom of youth** 한창 젊을 때

0687

administer
동 통치하다/관리하다

[ædmínistər]

▎ The company is administered by Mr. Smith.
그 회사는 스미스 씨가 경영한다.

▎ The TOEIC is administered on a world-wide scale.
TOEIC은 세계적 규모로 시행되고 있다.

· 몡 **administration**　형 **administrative**
· cf. **maladminister** 잘못 처리하다, 그르치다
· 숙 **administer medicine** 약을 복용시키다

0688

soothe

圈 위로하다/달래다/진정하다

[suːð]

▌ I tried to soothe him, but he went on shouting.
나는 그를 달래려고 했지만 그는 계속 소리쳤다.

▌ No one could soothe his anger.
아무도 그의 화를 진정시킬 수 없었다.

· 혱 **soothing** 위로하는
· *cf.* 윤 **comfort, console, relieve** 위로하다
· **soothe a crying child** 우는아이를 달래다

0689

qualify

圈 자격을 주다/제한하다

[kwάləfài]

▌ These experiences qualify her for the job.
이러한 경험이 있기 때문에 그녀는 그 일에 적격이다.

▌ I think he is qualified for that job.
그가 그 일에 적임자라고 생각합니다.

· 몡 **quality, qualification**
· 숙 **qualify for** ~에 대한 자격이 있다

0690

nourish

圈 영양분을 주다/기르다

[nə̀ːriʃ]

▌ As the human body is nourished by food, so is a nation nourished by industry.
인체의 자양분이 음식이듯 국가의 자양분은 산업.

· 몡 **nourishment** intellectual nourishment 마음의 양식
· *cf.* 윤 **bring up, rear, raise, foster, breed** 기르다
· **undernourished** 영양 상태가 나쁜

0691

impress

圈 깊은 인상을 주다/감동시키다

[imprés]

▌ The speech impressed the audience.
그 연설은 청중에게 깊은 감명을 주었다.

▌ I was deeply impressed with his courage.
그의 용기에 정말 감동했습니다.

· 몡 **impression** 혱 **impressive**
· *cf.* 윤 **affect, influence, move, touch** 영향을 주다
· 숙 **impress A with B** A를 B로써 깊이 감동시키다

beam

명 광선　동 빛나다/비추다

[biːm]

▌ Her face beamed with joy.
그녀의 얼굴은 기쁨으로 빛났다.

▌ He is on the beam.
그는 매우 정확하다.

- · 형 **beamish, beamy**
- · cf. 유 **glare, gleam, glint, glitter, sparkle, flash** 빛
- · 숙 **off the beam** 지시 전파에서 벗어나

pause

명 잠깐 멈춤 동 잠시 멈추다/중단하다

[pɔːz]

▌ You should give a pause to think about your life.
네 인생에 대해 한번쯤 더 생각하는 것도 나쁘지 않지.

▌ The car came to a pause just in time to prevent.
차는 제때에 정지하여 사고를 면했다.

- · cf. 유 **break off, stop** 중지하다
- · 숙 **without pause** 끊임없이, 쉬지 않고
- · 숙 **give pause to** 주저하게 만들다

depress

동 내리누르다/우울하게 하다

[diprés]

▌ Business is depressed.
경기가 나쁘다.

▌ Don't be depressed by that.
그 일로 의기 소침해 하지 마.

- · 명 **depression**
- · cf. 유 **lower, downgrade, reduce, lessen** 낮추다

rest

명 휴식/나머지　동 쉬다

[rest]

▌ You have to get time to take a rest.
당신은 휴식 시간을 가져야 합니다.

▌ Rest on my promise.
내 약속을 믿으세요.

- · 숙 **the rest of** 그 나머지~
- · 숙 **take a rest** 휴식하다
- · 숙 **rest on** 믿다, 의지하다

differ

동 다르다

[dífər]

▌ Our tastes differ in many ways.
우리는 취향이 다르다

· 명 **difference** 형 **different**
make no difference 상관없다, 중요하지 않다
Different strokes for different folks. 각양 각색.
· 숙 **differ from** ~과 다르다(=be different from)

vary

동 바꾸다/다양하게 하다

[vέəri]

▌ The temperature varies from day to day.
기온은 나날이 바뀐다.

▌ Customs vary from country to country.
관습은 나라마다 다르다.

▌ I try to vary my activities on weekends.
나는 주말 활동에 변화를 주려고 한다.

· 명 **variation** 변화 명 **variety** 다양성
the variety of tastes 가지 각색의 취미/
seasonal variations 계절적인 다양성
· 형 **variable** 변하기 쉬운 형 **various** 다양한
variable capital 유동 자본
a man of various talent 다재다능한 사람
· cf. 유 **alter, convert, switch, transform, change**
바꾸다

conform

동 순응하다/일치하다

[kənfɔ́:rm]

▌ All students must conform to the school
regulations.
모든 학생들은 교칙에 따라야 한다.

· 명 **conformity**
· 숙 **conform A to B** A를 B에 맞추다[따르다]
· 숙 **conform A with B** A와 B를 일치시키다

0699

dwell

[dwel]

동 거주하다/곰곰이 생각하다

▎ He dwells in the county now.
그는 지금 시골에 살고 있다.

▎ Don't dwell on your past failure.
과거의 실패에 대해 너무 곰곰이 생각하지 마.

· 명 **dweller** 거주자　명 **dwelling** 주소
· 숙 **dwell in[at]** ~에 거주하다(= live in)
· 숙 **dwell on** ~을 곰곰이 생각하다(= speculate on, contemplate, think over, reflect on, meditate on)

0700

exclaim

[ikskléim]

동 외치다/소리 지르다

▎ "You fool!", he exclaimed.
"바보야!"라고 그는 소리쳤다.

▎ She exclaimed in delight when she saw the presents.
그녀는 선물을 보고 기뻐서 탄성을 질렀다.

· 명 **exclamation**
· *cf.* 유 **declare, shout, yell, cry out** 외치다

0701

sting

[stiŋ]

동 찌르다/자극하다/괴롭히다　명 찌름/자극

▎ A bee stung me on the arm.
벌이 내 팔을 쏘았다.

▎ It stings a little here, but everything else is okay.
여기만 얼얼하고 다른 데는 괜찮아요.

· 숙 **have no sting in it** 자극이 없다
· 숙 **sting a person's pride** ~의 프라이드를 해치다
· 숙 **the sting of conscience** 양심의 가책

0702

venture

[véntʃər]

명 모험(적 사업)　동 위험을 무릅쓰다

▎ Nothing venture, nothing have.
호랑이 굴에 들어가야 호랑이 새끼를 잡는다.

▎ Don't venture into the jungle without a guide.
안내자 없이 정글로 감히 들어가지 마세요.

· 형 **venturesome, venturous**
· 숙 **at a venture** 모험적으로, 운에 맡기고

violate

[víəlèit]

동 위반하다/어기다/침해하다/깨뜨리다

▌ Good citizens do not violate the law.
모범 시민들은 법을 위반하지 않는다.

· 명 violation 위반   형 violative
· violate the speed limit 속도를 위반하다
· violate one's privacy ~의 사생활을 침해하다
· violate an agreement 약속을 어기다

haul

[hɔːl]

동 운반하다/끌어당기다

▌ Hauling all this furniture made me exhausted.
이 가구들을 모두 운반하느라고 나는 거의 녹초가 되었다.

· 명 haulage
· cf. 유 drag, draw, pull, tow, tug 끌다
· 숙 haul ass 훌쩍 나가다, 서두르다
· a railroad to haul coal from the mines.
광산으로부터 석탄을 운반하는 철도.

haunt

[hɔːnt]

동 자주 가다/출몰하다/괴롭히다

▌ He haunts bars.
그는 주점에 자주 간다.

▌ Her ghost would haunt me for all my life.
그녀의 망령이 일평생 나를 괴롭힐 것이다.

· holiday haunt 휴일 행락지
· an haunted house 유령이 나오는 집

float

[flout]

동 둥둥 뜨다/떠오르다

▌ I'm not a good swimmer. I can float, but I can't move around.
수영은 잘 못합니다. 뜰 수는 있지만 헤엄칠 수는 없습니다.

· 명 flotation   형 floatable 뜰 수 있는
· cf. 반 sink 가라앉다
· a boat floating on the river 강에 떠 있는 배
· float in the air 공중에 떠다니다

wander 　　　　　图 돌아다니다/헤매다

[wɑ́ndər]

■ He wandered all over the world.
그는 온 세계를 방랑했다.

■ I have wandered off in the mountain.
산 속에서 길을 잃어버렸다.

· 명 **wanderer** 방랑자　형 **wandering** 헤매는
· 숙 **wander about** 이리저리 쏘다니다

resist 　　　　　图 저항하다/반항하다/거스르다

[rizíst]

■ He made an attempt to resist his attackers.
그는 자신을 공격하는 사람들에게 저항하려고 하였다.

■ He could resist no longer.
그는 더 이상 저항할 수 없었다

· 명 **resistance**　형 **resistant**
· *cf.* 반 **surrender** 굴하다
· **resist tyranny** 압제에 저항하다

linger 　　　　　图 남아 있다/꾸물거리다

[líŋɡər]

■ The last guests lingered until 2 am.
마지막 손님들이 새벽 2시까지 남아 있었다.

■ Longing for her lingered in his heart.
그녀에 대한 동경이 아직도 그의 마음 속에 남아 있었다.

· 형 **lingering** 오래 끄는, 우물쭈물하는
· **linger on a subject** 한 가지 문제를 질질 끌다
· **linger out one's life** 헛되게 살아가다

splash 　　　　　图 (물을) 튀기다/첨벙거리다

[splǽʃ]

■ Don't splash the water!
물을 튀기지 마라!

■ Should we splash in the water?
물장구 쳐볼까?

· 형 **splashy**
· 숙 **splash about** 물을 사방에 튀기다
· 숙 **splash one's way** 물을 첨벙거리며 건너다

0711

discard

[diská:rd]

동 버리다/해고하다

▌ Let's discard some of these old newspapers.
이 낡은 신문들을 일부 버리자.

▌ He discarded the money for name.
그는 돈을 버리고 명예를 택했다.

· *cf.* 유 **eliminate, exclude, remove** 제거하다
· **go into the discard** 버림받다
· **throw into the discard** 폐기하다

0712

dump

[dʌ́mp]

명 쓰레기 하치장 동 버리다

▌ Do not dump the garbage there.
거기에 쓰레기를 버리지 마세요.

▌ The boss dumped all his work on me.
사장님이 그의 일을 모두 저한테 떠맡기셨어요.

· 숙 **dump A on B** A를 B에게 떠맡기다
· 숙 **down in the dumps** 침체된, 우울한
  (=depressed, blue)

0713

inform

[infɔ́:rm]

동 알리다/알려주다

▌ Please inform your boss of my arrival.
사장에게 내가 도착했다고 알려주시오.

· 명 **information** 정보 명 **informer** 밀고자
· 형 **informative** 정보를 주는, 교육적인
· *cf.* 유 **acquaint, announce, impart, notify**
· 숙 **inform A of B** A에게 B를 알리다
· **be well informed in[of]** ～에 정통하다

0714

boost

[bu:st]

동 증가시키다/돋우다

▌ We should boost up his morale.
우리는 그의 기를 북돋워줘야 한다.

▌ I was trying to give a boost.
난 너의 기운을 북돋아 주려고 했어.

· *cf.* 유 **increase, raise** 증가하다
· **boost production** 생산성을 높이다
· **boost the economy** 경기를 부양하다

0715
pile
[pail]

[동] 쌓아올리다/축적하다　[명] 더미

▌ Work is piled up in the office.
회사 일이 많아.

▌ I have a pile of work to do.
할 일이 아주 많이 있어요.

· *cf.* ㉌ **stack, collect, accumulate** 축적하다
· ㉘ **pile into[out of]** 무질서하게 들어가다[나오다]
· ㉘ **make a pile** 재산을 모으다(＝make a fortune)

0716
tremble
[trémbl]

[동] 떨다/흔들리다

▌ His hands were trembling from the cold.
그의 손은 추위로 떨리고 있었다.

▌ The girl's voice trembled and she started to cry.
그 소녀의 목소리가 떨리면서 울기 시작했다.

· ㉳ **tremor** ㉶ **trembly**
· *cf.* ㉌ **shake, shiver, shudder, sway, wobble**

0717
grate
[greit]

[동] 거슬리다/문지르다　[명] 창살

▌ For some reason he grates on my nerves.
그는 뭔가 내 신경에 거슬려요.

▌ His whining voice grates on my ears.
그의 투덜대는 소리가 내 귀에 거슬린다.

· ㉶ **grating** 삐걱거리는, 신경을 건드리는
· **grate on one's ear** 귀에 거슬리다
· **grate the teeth** 이를 갈다

0718
hire
[háiər]

[동] 고용하다/빌리다

▌ she was hired on the spot by the company.
그녀는 즉석에서 그 회사에 취직되었다.

▌ I heard that it is too expensive to hire the service.
그 서비스를 이용하려면 비싸다고 들었습니다.

· *cf.* ㉠ **fire** 해고하다
· *cf.* ㉌ **engage, employ, hire, appoint** 고용하다
· ㉘ **hire out** 고용되다

0719

rub

[rʌb]

동 문지르다/비비다

▮ She rubbed off a spot from her shirt.
그녀는 셔츠의 얼룩을 문질러 닦아냈다.

▮ Don't rub it in.
계속 물고 늘어지지 마.

· 숙 **rub elbows with** ~와 어울리다
· 숙 **rub into the wounds** 사태를 악화시키다
· 숙 **rub up** 복습하다

0720

gather

[gæðər]

동 모으다

▮ Gather your rosebuds while you may.
할 수 있을 때 장미꽃 봉오리를 모아라.(=젊음도 한때다 놓치지 마라)

▮ The train gathered speed after leaving the station.
열차는 역을 떠난 후 속력을 냈다.

· cf. 유 **assemble, collect, round up** 모으다
· cf. 반 **scatter** 흩트리다

0721

trick

[trik]

동 속이다/장난치다　명 속임수/요령/묘기

▮ He tricked us into believing it.
그는 우리를 속여 그것을 믿게 했어.

▮ Let me show you a trick.
요령을 가르쳐 줄게요.

· 형 **trickish, tricky**
· cf. 유 **cheat, deceive, delude** 속이다
· 숙 **play a trick on** 놀리다, 속임수를 쓰다
· **do the trick** 잘 일하다, 좋은 결과를 달성하다

0722

fade

[feid]

동 희미해지다/바래다/사라지다

▮ His eyesight faded.
그의 시력이 약해졌다.

▮ My blue dress faded when it was washed.
내 푸른색 드레스를 세탁하자 색이 바래졌다.

· cf. 유 **shrivel, wither** 시들다
· 숙 **fade away** 기운을 잃다, 약해지다
　　(=die away, lose strength, become faint)

willing

[wiliŋ]

형 기꺼이 ~하는

▌ I am quite willing to do anything for you.
당신을 위해서라면 무엇이든 기꺼이 하렵니다

▌ A willing burden is no burden.
자진해서 진 짐은 무겁지 않다.

· **명 willingness** with willingness 기꺼이
· **부 willingly** 기꺼이(=with all one's heart)
· *cf.* **유 spontaneous, voluntary** 자발적인
· *cf.* **반 unwilling** 마지못해
  (=averse, disinclined, hesitant, reluctant)
  He unwillingly gave his consent.
  그는 마지못해 동의했다.

· **숙 willing or not** 좋든 싫든 간에
· **숙 be willing to** 기꺼이 ~하다, ~하려고 하다
  (=be about to, be ready to)
  They were willing to undertake the job.
  그들은 기꺼이 그 일을 떠맡았다.

disperse

[dispə́:rs]

동 흩뜨리다/분산하다/헤어지다

▌ A thunderstorm came up and dispersed the picnickers.
뇌우가 발생하여 소풍객들이 흩어졌다.

▌ The wind dispersed the slouds.
바람에 구름이 흩어졌다.

· **명 dispersal, dispersion 형 dispersive**
· *cf.* **유 scatter, disorganize, disband, dissolve**

cast

[kæst]

동 던지다/배역을 주다

▌ Coming events cast their shadow before.
다가오는 일은 그림자를 먼저 드리운다.

· **숙 cast up one's eyes** 올려다보다
  (=raise the eyes, look upward)
· **숙 cast a dice** 주사위를 던지다
· **the cast of the movie** 출연 배우
· **put a person in a cast** ~에게 깁스 붕대를 하다

0726

harm

[háːrm]

명 손해/손상 동 해치다

▌ Much caution does no harm.
조심해서 해로울 것 없다.

▌ Too much drinking will do you harm.
과음은 몸에 해롭다.

· 형 **harmful** 해로운 형 **harmless** 해가 없는
· *cf.* 유 **damage, hurt, injury, mischief** 손해
· 숙 **do A harm** A에게 해를 끼치다

0727

expel

[ikspél]

동 쫓아내다/물리치다

▌ He was expelled from the school.
그는 학교에서 퇴학 처분을 받았다.

▌ This book may expel some of the mystique
surrounding doctors.
이 책을 읽어 보면 의사들을 에워싼 신비성의 일부가 달아날 거야.

· 명 **expulsion**
· *cf.* 유 **banish, eject, drive out**
· **expel bullets** 탄환을 발사하다

0728

uphold

[ʌphóuld]

동 지지하다/떠받치다

▌ Every U.S. President must take an oath to
uphold the Constitution.
모든 미국 대통령은 헌법의 수호를 선서해야 한다.

· 명 **upholder** 지지자
· *cf.* 유 **advocate, back, maintain, support,
sustain** 지지하다

0729

spoil

[spɔil]

동 망치다/못쓰게 되다

▌ You spoiled my favorite rug!
내가 아끼는 양탄자 다 버려놨잖아!

▌ Don't spoil my mood!
기분 잡치게 하지 마!

· 명 **spoilage**
· *cf.* 유 **go off, lose good quality, deteriorate,
go bad** 상하다

slam

[slæm]

图 탕 닫다/세게 치다

▌ The door slammed in the wind.
문이 바람에 쾅 닫혔다.

▌ Whoever it was just slammed the receiver.
누군가가 수화기를 꽝 놔버리더군요.

· 國 **slam the door** 문전 퇴짜를 놓다
· 國 **slam into the road** 도로에 내동댕이치다

applaud

[əplɔ́:d]

图 박수 갈채를 보내다/성원하다

▌ We applauded the actor.
우리는 그 배우에게 박수 갈채를 보냈다.

▌ He is a good friend who applauds me behind.
뒤에서 칭찬해 주는 이가 좋은 친구이다.

· 圀 **applause** 圀 **applausive**
· cf. 圀 **give a big hand, clap, stand ovation**
· 國 **applaud to the echo** 극구 칭찬하다

trigger

[trígər]

圀 방아쇠 图 방아쇠를 당기다/야기시키다

▌ The small protest triggered a mass demonstration.
그 작은 항의가 거대한 시위를 야기시켰다.

· 國 **trigger off** ~을 유발하다(=cause to begin)
· **trigger an educational revolution**
교육 혁명의 불을 당기다
· **hair trigger** 촉발 방아쇠, 급한 성미

corrupt

[kərʌ́pt]

圀 부패한 图 부패하다/타락시키다

▌ Corrupt politicians must be thrown out of office.
부패 정치인들은 공직에서 쫓아내야 한다.

· 圀 **corruption** 圀 **corruptive**
· cf. 圀 **decayed, rotten, tainted, contaminated**
· **corrupt practices** 부정 행위
· **corrupt air** 오염된 공기

0734

eliminate

[ilímənèit]

동 제거하다/탈락시키다

▮ Can the world eliminate poverty?
세계는 가난을 제거할 수 있는가?

▮ It is not easy to eliminate a language barrier between countries.
나라 사이의 언어 장벽을 제거하는 것은 쉽지 않다.

· 명 **elimination** 형 **eliminative**
· *cf.* 유 **discard, exclude, remove, get rid of**

0735

assure

[əʃúər]

동 보증하다/확신시키다

▮ I assure you of her honesty.
그녀의 정직을 보증합니다.

▮ I assure you, my lips are sealed.
나 꼭 입 다물고 있을 테니까 안심해.

· 명 **assurance** 형 **assured** self-assured 자신에 찬
· *cf.* 유 **ensure, guarantee, warrant** 보증하다
· 숙 **be assured of** ~을 확신하고 있다

0736

foster

[fɔ́ːstər]

동 육성하다/촉진하다/조성하다

▮ His teacher fostered his love of reading.
그의 선생님은 그의 독서열을 북돋아 주었다.

▮ They have fostered several children from various countries.
그들은 다양한 국적의 아이들을 여러 명 키웠다.

· 명 **fosterage**
· *cf.* 유 **breed, educate, raise, rear** 양육하다
· **foster school** 모교(= mother school)

0737

frustrate

[frʌ́strèit]

동 꺾다/좌절시키다

▮ When you hear that, does it frustrate you?
그런 말을 들을 때, 너는 좌절감을 느끼니?

▮ Don't get frustrated over this.
이런 일에 짜증내지 마라.

· 명 **frustration** 형 **frustrated**
· *cf.* 유 **disappoint**
· **be frustrated in one's ambition** 야망이 좌절되다

discourage 동 낙담시키다/용기를 잃게 하다

[diskə́:ridʒ]

▎ He was greatly discouraged by his father's sudden death.
그는 아버지의 갑작스러운 죽음에 크게 낙심했다.

- 명 **discouragement**
- *cf.* 유 **disappoint, dishearten, let down**
- *cf.* 반 **encourage** 용기를 주다
- 숙 **discourage A from ~ing**
  A로 하여금 ~를 못하게 하다

generate 동 발생시키다/일으키다

[dʒénərèit]

▎ Water and steam generate electricity.
물과 증기는 전기를 일으킨다.

- 명 **generation** 세대, 발생   명 **generator** 발전기
- 형 **generative**
- *cf.* 유 **produce, create, cause**
- *cf.* **degenerate** 퇴화하다 / **regenerate** 혁신하다

fix 동 고정시키다/고치다

[fiks]

▎ Fix these words in your mind.
이 말을 꼭 마음 속에 새겨 두게.

▎ He is going to fix up the desk for himself.
그는 스스로 책상을 고치려고 한다.

- 명 **fixation, fixture, fixity** 형 **fixed**
- *cf.* 유 **amend, mend, rebuild, remodel, repair**
- 숙 **fix up** 끝마치다(=get through, have done with)
- **fixed price** 정찰 가격

protect 동 보호하다/지키다/막다

[prətékt]

▎ Can privacy be protected online?
온라인 상에서 개인 정보를 보호할 수 있을까요?

- 명 **protection** 보존 명 **protector** 보호자
- 형 **protective**
- *cf.* 유 **defend, guard, preserve, shield** 지키다
- 숙 **protect A from B** A를 B로부터 지키다

swallow

동 삼키다 **명** 제비

[swálou]

▮ The good pills are to swallow.
몸에 좋은 약은 쓰다.

▮ One swallow doesn't make a summer.
한 면만 보고 전체를 속단하지 마라.

- *cf.* ㈜ **gulp down, choke down, take down**
- ㈜ **swallow an insult** 모욕을 참다
- **swallow a bait** 먹이를 삼키다

calm

형 고요한/침착한 **동** 가라앉히다

[kɑːm]

▮ Tea calms down my nerves.
차는 기분을 안정시켜 줍니다.

- *cf.* ㈜ **peaceful, placid, serene, still, tranquil**
- ㈜ **calm down** 진정하다, 가라앉다, 잠잠해지다
  (＝become calm, calm oneself, keep one's shirt on)
- **a calm face** 온화한 표정

extend

동 뻗다/연장하다/넓히다

[iksténd]

▮ We extended the meeting another 15minutes.
우리는 회의를 15분 더 연장했다.

- ㈜ **extension, extent** ㈜ **extensive**
- *cf.* ㈜ **lengthen, prolong**
- ㈜ **to the extent that** ~인 정도까지, ~라는 점에서
- **an extended game** 연장전

disturb

동 방해하다/어지럽히다

[distə́ːrb]

▮ She remained quiet so as not to disturb her mother.
그녀는 어머니를 방해하지 않도록 조용히 있었다.

- ㈜ **disturbance**
- *cf.* ㈜ **interrupt, interfere with** 가로막다,
- ㈜ **be disturbed** 방해가 되다(＝be in one's way, get in the way, be blocked, be hindered)

narrow

[nǽrou]

형 폭이 좁은/한정된　**동** 좁아지다/좁히다

▮ The range of prices for kerosene is usually narrow during the summer.
여름 동안에는 보통 등유 가격의 변동 폭이 좁다.

- *cf.* ⑪ **wide** 넓은
- ⑭ **by a narrow margin** 간신히, 아슬아슬하게
  (＝by the skin of one's teeth)
- **narrow escape** 위기 일발(＝close call)
- **narrow-minded** 속이 좁은

inflict

[inflíkt]

동 (고통 등을) 주다/입히다/가하다

▮ The hurricane inflicted severe damage on the island.
그 태풍은 섬에 극심한 피해를 입혔다.

- ⑲ **infliction** ⑱ **inflictive**
- *cf.* ⑪ **beat, hit, strike** 때리다
- **inflict a blow on a person** ～에게 일격을 가하다

prey

[prei]

명 먹이/희생　**동** 잡아먹다

▮ She became a prey of his ambition.
그녀는 그의 야망의 희생물이 되었다.

▮ Cats prey on mice and birds.
고양이는 쥐와 새를 잡아먹는다.

- ⑭ **prey on** 포식하다, 잡아 먹다, 훔치다
- ⑭ **become prey to** ～의 희생이 되다
- ⑭ **fall (a) prey to** ～의 희생물이 되다

starve

[stɑːrv]

동 굶주리다/굶어 죽다

▮ It's better than starving to death.
굶어 죽는 것보다 그게 낫잖아요.

▮ Let's go grab some lunch. I'm starving.
우리 점심 먹으러 가자. 나 배고파 죽겠어.

- ⑲ **starvation**
- ⑭ **starve to death** 굶어 죽다
- **starve for friendship** 우정을 갈망하다

suffer

[sʌ́fəːr]

⑧ 경험하다/겪다/괴로워하다

▮ I often suffer from airsickness when I fly.
나는 비행기를 타면 종종 비행기 멀미에 시달린다.

▮ I am suffering from insomnia.
나는 불면증으로 고통받고 있습니다.

· ⑲ **sufferance**
· ㉑ **suffer from** ~로 고통받다, ~로 고생하다
· **suffer insults** 모욕을 당하다

dip

[dip]

⑧ 담그다/가라앉다

▮ Would you like to take a dip in the pool?
수영장에서 수영 잠깐 하시지 않겠어요?

▮ To dip the potato chips in.
감자칩을 여기에 찍어 먹게.

· *cf.* ⑳ **drench, immerse, plunge, wet** 담그다
· ㉑ **dip out** 퍼내다

dissolve

[disɑlv]

⑧ 녹이다/풀다/용해하다

▮ Water dissolves sugar.
물은 설탕을 녹인다.

▮ Dissolve two spoonfuls of sugar in boiling water.
끓는 물에 설탕 두 스푼을 녹여라.

· ⑲ **dissolution**
· **dissolve parliament** 의회를 해산하다

gain

[gein]

⑧ 얻다/획득하다/늘다

▮ Nothing gains without pains.
수고가 없으면 이득도 없다.

· *cf.* ⑳ **advantage, benefit, good, interest** 이익
· ㉑ **gain face** 널리 알려지다
· ㉑ **gain on** ~을 능가하다, ~에 접근하다
· ㉑ **gain one's feet** 재기하다

soak

[souk] ⟨동⟩ 적시다/스며들다/담그다

▌ Let the fruit soak in water for a while.
그 과일을 잠시 물에 담가 놓아라.

▌ Can you soak this towel in cold water for me?
찬물에 이 수건 좀 담궈 주겠니?

· *cf.* ⟨유⟩ **absorb** 적시다, 흡수하다
· ⟨숙⟩ **soak up** 흡수하다, 열중하게 하다
· **soak bread in milk** 빵을 우유에 적시다

pray

[prei] ⟨동⟩ 기도하다/빌다/간청하다

▌ I prayed a lot for you.
당신을 위해 많이 기도했답니다.

▌ I pray for the soul of the deceased.
고인의 명복을 기원합니다.

· ⟨명⟩ **prayer**
· ⟨숙⟩ **pray A for B** A에게 B를 간청하다(간절히 바라다)
· **pray for pardon** 용서를 빌다

scratch

[skrætʃ] ⟨동⟩ 할퀴다/긁다 ⟨명⟩ 긁기

▌ Scratch my back and I will scratch you.
오는 정이 있어야 가는 정이 있다.

▌ It's just a little scratch.
가벼운 상처야.

· ⟨형⟩ **scratchy**
· ⟨숙⟩ **from scratch** 무(無)로부터, 처음부터

endure

[endjúər] ⟨동⟩ 견디다/참다/지속하다

▌ He endured the pain for a long time.
그는 오랜 동안 고통을 견뎠다.

▌ I can hardly endure the winter.
나는 이 겨울을 견딜 수 있을 것 같지가 않다.

· ⟨명⟩ **endurance**
· *cf.* ⟨유⟩ **put up with, bear, tolerate, stand** 참다
· ⟨숙⟩ **cannot endure the sight** 차마 볼 수 없다

0758

cherish

[tʃériʃ]

통 소중히 하다/마음에 품다

▌ It will be an experience you'll cherish all your life.
그것은 네가 평생 마음 속에 간직할 경험이 될 것이다.

▌ What do you cherish the most?
당신이 아끼는 것은 무엇입니까?

· **cherish the religion in the heart**
그 종교를 마음 속 깊이 신봉하다
· **cherish the traditions** 전통을 소중히 간직하다

0759

plant

[plænt]

명 식물/공장(설비) 통 심다

▌ The plant outgrew its pot.
꽃이 너무 많이 자라서 화분에 맞지 않는다.

▌ We have a head office and main plant in Japan.
저희 회사는 일본에 본사와 주 공장이 있습니다.

· **plant some flowers** 꽃을 심다
· **power plant** 발전소

0760

assist

[əsíst]

통 돕다/거들다

▌ I won't be able to assist you this afternoon.
오늘 오후에 도와드릴 형편이 못될 것 같아요.

▌ Would you please assist me with my poor English?
저의 부족한 영어를 도와 주시겠습니까?

· 명 **assistance** 도움 명 **assistant** 조수
· 숙 **assist with** ~을 돕다
· 숙 **assist at** 출석하다, 참가하다

0761

draw

[drɔː]

통 당기다/그리다/(결론을) 내다

▌ Street festivals always draw a crowd.
거리 축제는 언제나 사람들의 인기거리입니다.

▌ Could you draw me a map, please?
지도를 좀 그려 주시겠습니까?

· 숙 **draw up** 서류를 작성하다, ~을 멈추게 하다
· 숙 **draw one's attention** ~의 주의를 끌다
· 숙 **draw off** 철수시키다, 빼내다

0762

row

[rou]

명 줄/열　동 배를 젓다

▌ He's standing in front of row on the right.
그는 오른쪽 앞줄에 서 있어요.

▌ Are all the seats in this row taken?
이 줄에 있는 자리들이 모두 찼습니까?

· cf. 유 **line, range** 열, 줄
· 숙 **in a row** 줄을 지어
· 숙 **make a row** 소동을 일으키다

0763

soar

[sɔːγ]

동 높이 치솟다/폭등하다

▌ His hopes soared.
그의 희망은 원대했다.

▌ The skier soared into the air.
스키 선수는 허공으로 치솟았다.

· **a soaring ambition** 원대한 포부
· **soar in the air** 하늘높이 올라가다
· **soar up to the sky** 하늘로 날아오르다

0764

flush

[flʌʃ]

동 붉히다/물 내리다

▌ Her face flushed rose.
그녀의 얼굴이 장미빛으로 물들었다.

▌ The toilet doesn't flush.
변기 물이 안 내려갑니다.

· 숙 **Flush it!** 바보같은 소리 작작해!
· **flush toilet** 수세식 화장실

0765

conclude

[kənklúːd]

동 결론짓다/끝내다

▌ Darwin concluded that men were descended from apes.
다윈은 인간이 원숭이로부터 비롯됐다고 결론지었다.

· cf. 유 **finish, complete, put an end to** ~을 끝내다
· 명 **conclusion** 형 **conclusive**
· 숙 **To be concluded.** 다음 회[호]에 완결.

character

[kǽriktər]

명 등장인물/인품/성질/문자

▌ Liquor shows one's true character.
사람은 술을 마시면 본성이 드러나는 법이에요.

▌ You certainly are a poor judge of character.
사람 보는 눈이 없군.

· 형 **characteristic** 특유의
the characteristic taste of honey 꿀 특유의 맛

· 동 **characterize** 특성을 나타내다
It must be characterized as a success.
그것은 성공으로 간주해야만 한다.

· *cf.* 유 **disposition, individuality, personality** 성격
· *cf.* 유 **attribute, feature, quality, trait** 특성
· 숙 **out of character** 이례적인, 걸맞지 않은
· 숙 **in character** 보통의, 전형적인(=as usual, typical)
· **leading character** 주역
· **inherited character** 유전 형질
· **Chinese character** 한자(漢子)
· **a man of character** 인격자

owe

[ou]

동 신세지다/빚지다

▌ I owe what I am today to my parents.
내가 오늘이 있게 된 것은 부모님 덕분입니다.

▌ I owe you so much.
당신에게 신세를 무척 많이 졌습니다.

· 숙 **oweing to** ~ 때문에
· 숙 **owe A to B** A를 B에 빚(은혜 의무 등)지고 있다
· 숙 **owe A to B** A는 B의 덕택이다

cling

[kliŋ]

동 착 달라붙다/고수하다

▌ The wet clothes clung to my body.
젖은 옷이 내 몸에 착 달라붙었다.

· 형 **clingy**
· *cf.* 유 **adhere, stick** 고수하다
· 숙 **cling together** 물건이 서로 들러붙다
· 숙 **cling to** ~에 집착[고집]하다, ~에 달라붙다

0769

inspire

图 고무하다/영감을 주다/숨을 들이쉬다

[inspáiər]

▌ This success inspired us.
이 성공이 우리를 고무했다.

▌ She inspires him to write a poem.
그녀는 그에게 시를 쓸 영감을 불어넣는다.

· 명 **inspiration** 형 **inspiratory**
· *cf.* 반 **expire** 숨을 내쉬다

0770

squeeze

图 압착하다/쑤셔넣다

[skwiːz]

▌ Can I squeeze in?
좀 들어가도 될까요?

▌ I'll squeeze some fresh orange juice for you.
오렌지 주스를 짜 드리겠습니다.

· 숙 **squeeze off** 발포하다
· 숙 **be squeeze into ~** ~속으로 밀려들어가다
· **squeeze one's way through** 비집고 나아가다

0771

stuff

명 재료/물질/소질 图 채워넣다

[stʌf]

▌ There's some green stuff on the table.
탁자에는 초록색 물건이 약간 있다.

· 형 **stuffy**
· *cf.* 유 **substance, material** 물질, 실체
· 숙 **stuff oneself** 배불리 먹다
· 숙 **stuff A with B** A를 B로 채우다[채워 넣다]
  (=stuff A up B, stuff B into A)

0772

theme

명 주제/제목/테마

[θiːm]

▌ The theme of our discussion was 'the greenhouse
effect'.
우리의 토의 주제는 '온실 효과' 였다.

· *cf.* 유 **subject** 주제
· **the main theme of discussions** 토론의 주제
· **theme song** 주제가

possible 〔형〕 가능한

[pásəbəl]

▌ That means it would be possible to transplant organs?
그러면 장기 이식도 가능하다는 말인가요?

- · 〔명〕 **possibility** 〔부〕 **possibly**
  by any possibility 혹시, 만일에, 도저히, 아무래도
  as soon as I possibly can 어떻게든 되도록 빨리
- · *cf.* 〔유〕 **potential, promising, likely** 가능한
- · *cf.* 〔반〕 **impossible** 불가능한, 있을 수 없는
- · 〔숙〕 **as ~ as possible** 가능하면 ~하게, 가급적
  (=as ~ as one can)
  Get up as early as possible.
  될 수 있는 대로 일찍 일어나라.
- · 〔숙〕 **as fully as possible** 대대적으로(=in a big way)
- · 〔숙〕 **if possible** 가능하다면
  I'd like you hold it for me for a few days, if possible.
  가능하면 예약 구매를 하고 싶어요.
- · **all possible means** 모든 수단

search 〔동〕 찾다/탐색하다 〔명〕 탐색/조사

[səːrtʃ]

▌ The policemen searched the house.
경찰이 가택 수색을 했다.

▌ Every search was made for father.
백방으로 손을 써서 아버지를 찾았다.

- · 〔숙〕 **search for** ~을 찾다
- · 〔숙〕 **in search of** ~을 찾아서
- · 〔숙〕 **Search me.** 알게 뭐야.

mechanic 〔명〕 수리공/정비사

[mikǽnik]

▌ It's at the mechanic's shop.
그것은 정비소에 있습니다.

▌ I'd like to have a mechanic check it over.
이 차를 점검해 봤으면 합니다.

- · 〔형〕 **mechanical**
- · **car mechanic** 자동차 수리공

compliment 명 칭찬/찬사

[kámplimənt]

▍I was giving you a left-handed compliment.
듣기 좋으라고 그냥 한번 해본 소리야.

▍She made a compliment on my paintings.
그녀는 내 그림들을 칭찬하는 말을 했다.

· 형 **complimententary**
· 숙 **in compliment to** ~에게 경의를 표하여
· 숙 **give one's compliments to** ~에게 안부를 전하다

gratitude 명 감사

[grǽtətjuːd]

▍How can I express my gratitude for all you help?
당신의 모든 도움에 대해 뭐라고 감사해야 할는지요.

▍I sent him a present in token of gratitude.
나는 감사의 표시로 그에게 선물을 보냈다.

· 숙 **with gratitude** 감사해서
· 숙 **express gratitude for** ~에게 사의를 표하다

slant 동 기울다 명 경사

[slænt]

▍The pile of books slants to left slightly.
그 책더미는 왼쪽으로 약간 기울어져 있다.

· 숙 **slant inwards** 안쪽으로 굽히다
· 숙 **sit at a slant** 비스듬히 앉다
· 숙 **on the slant** 기울어, 엇비스듬히
· **slant mark** 사선

scholar 명 학자/장학생

[skálə:r]

▍He is every bit a scholar.
그는 어디까지나 학자다.

▍He's not much of a scholar.
그는 학자로서 대단치 않다.

· 명 **scholarship** 학문, 장학금 형 **scholarly** 학문의
· **a scholar and a gentleman**
훌륭한 교육을 받은 교양있는 사람

manual

[mǽnjuəl]

형 손의/수동의 명 소책자/설명서

▌ Mechanical power took the place of manual labor.
기계적인 힘이 육체 노동을 대신했다.

▌ I'd rather read the manual first.
사용 설명서를 먼저 읽는 게 낫겠어요.

· **employee manual** 직원 책자
· **a manual worker** 육체 노동자

pioneer

[pàiəníər]

명 개척자/선구자 동 개척하다

▌ His ancestors were pioneers.
그의 조상들은 개척자들이었다.

▌ The astronauts were extolled as the pioneers of the Space Age.
우주비행사들은 우주 시대의 개척자로서 갈채를 받는다.

· **do pioneering work on** ~에 관한 선구적 업적을 남기다
· **pioneers in genetics** 유전학의 선구자들

dictator

[díkteitər]

명 독재자

▌ Stalin was one of the most feared dictators in modern history.
스탈린은 현대사에서 가장 무서운 독재자들 중 하나였다.

▌ The dictator penalizes people for telling the truth.
독재자는 진실을 말하면 벌을 가한다.

· 명 **dictatorship** 독재권 형 **dictatorial** 독재자의
· *cf.* 유 **ruler, tyrant** 지배자

priest

[príːst]

명 성직자/사제

▌ I was baptized by the priest five years ago.
나는 5년 전에 신부님으로부터 세례를 받았다.

▌ He was ordained by fate to be a priest.
성직자가 되는 것은 그의 운명이었다.

· 명 **priesthood** 성직
· *cf.* 유 **clergyman** 성직자

companion　명 동료/친구/동반자

[kəmpǽnjən]

▌ The seeing-eye dog was the blind man's constant companion.
안내견은 시각 장애인의 충실한 동료다.

· 명 **companionship** 교제
· *cf.* 유 **colleague, company, friend** 동료, 친구
· 숙 **make a companion of** ~을 반려자[벗]로 삼다

accord　동 일치하다/조화하다　명 일치/조화

[əkɔ́:d]

▌ His testimony did not fully accord with the facts the police discovered.
그의 증언은 경찰이 발견한 사실과 완전히 일치하지는 않았다.

· 명 **accordance** 일치　형 **accordant** 일치하는
· *cf.* 유 **agree, coincide, conform** 일치하다
· 숙 **be in accord with** ~와 조화되어 있다
· 숙 **be of one accord** (모두가) 일치되어 있다
· 숙 **with one accord** 다 함께, 일제히

initial　형 처음의/초기의　명 머리글자

[iníʃəl]

▌ My initial surprise was soon replaced by delight.
처음의 놀라움이 곧 기쁨으로 바뀌었다.

▌ What do these initials stand for?
이 머리글자들은 무엇을 의미합니까?

· 동 **initiate**
· **an initial letter** 첫글자
· **the initial stage** 초기, 제1기

colleague　명 동료/동업자

[káli:g]

▌ He and his colleague will work together on the next project.
그와 그의 동료는 다음 프로젝트에서 함께 일할 것이다.

▌ Usually I have lunch with some of my colleagues.
대개 회사 동료들과 함께 점심을 먹습니다.

· *cf.* 유 **companion, associate, co-worker** 동료
· **cooperate with colleagues** 동료들과 협력하다

applicant
명 신청자/응모자/지원자

[在plikənt]

▌ As the wageswere low there were applicants for the job.
임금이 낮아서 그 일자리에는 신청자가 없었다.

· 동 **apply** 지원하다
· 숙 **an applicant for a position** 구직자

satire
명 풍자

[sǽtaiər]

▌ He wrote a satirical piece on the government.
그는 정부를 풍자하는 글을 썼다.

· 형 **satirical**
· cf. 유 **criticism, irony, sarcasm** 냉소
· 숙 **a satire on** ～대한 풍자
· **witty satire** 재치있는 풍자

niece
명 조카딸/질녀

[niːs]

▌ His niece is sociable and nature for her age.
그의 조카딸은 사교적이며 나이에 비해 어른스럽다.

▌ I'd like to buy some gifts for my niece.
내 조카딸에게 선물을 사주고 싶은데요.

· cf. 반 **nephew** 남자 조카

descent
명 하강/내리막길/혈통/전락

[disént]

▌ She is an American German descent.
그녀는 독일계 혈통을 가진 미국인이다.

· 동 **descend**
· cf. 반 **ascent** 상승
· 숙 **make a descent on** ～을 급습하다
· **lineal descent** 직계 비속

0792

glacier

[gléiʃər]

명 빙하

▪ The glaciers melt or grow.
빙하는 녹거나 커진다.

▪ Glaciers are apossible source of fresh water that have been overlooked until recently.
빙하는 최근까지만해도 무시되어 왔던 민물의 근원이다.

· 형 **glacial** 얼음의, 차가운
A glacial wind blew from the north.
차가운 북풍이 불었다.

0793

wrap

[ræp]

동 포장하다/싸다　명 싸개/덮개

▪ Please wrap them separately.
그것들을 따로 싸 주시겠습니까?

▪ Let's wrap it up.
그만하자.(마치자.)

· 숙 **be wrapped up in** 몰두하다, 전념하다
(=apply oneself to, be indulged in)
· 숙 **keep under the wraps** 비밀로 하다

0794

sink

[siŋk]

동 가라앉다/쓰러지다　명 개수대

▪ My heart sank.
낙담했다.

▪ Would you please put your glass in the sink?
마신 물컵은 씽크대에 넣어 주겠니?

· 명 **sinkage** cf. 반 **float** 뜨다
· 숙 **sink into the grave** 죽다(=pass away)
· **sink or swim** 죽든지 살든지

0795

marine

[məríːn]

형 바다의/해상의　명 해병대

▪ A fund was set up to preserve endangered marine life.
멸종 위기의 해양 생물을 보호하기 위해 기금이 마련되었다.

· 명 **mariner** 선원
· **marine insurance** 해상 보험
· **marine ecology** 해양 생태학
· **marine products** 해산물

218

contrary

[혱] 반대의 [몡] 정반대

[kántreri]

■ I'm afraid your view is contrary to the popular sentiment.
당신의 생각은 일반 정서에 어긋난다고 봅니다.

· *cf.* 㳔 **contradictory, opposite** 모순된
· 㑷 **to the contrary** 다르게(=differently)
  Unless I hear to the contrary, I will go now.
  반대하지 않는다면 이제 가야겠다.
· 㑷 **on the contrary** 오히려, 정반대로
  You think me idle, but on the contrary I am very busy.
  내가 게으르다고 생각하지만, 오히려 나는 아주 바빠.
· 㑷 **be contrary to** 반대되다, 거슬리다
  His appearance was contrary to their expectations.
  그의 모습은 그들의 기대에 어긋났다.
· **contrary current** 역류
· **contrary weather** 악천후

worship

[동] 경배하다/숭배하다 [몡] 숭배/찬미

[wə́ːrʃip]

■ He has worshiped his older brother since he was a kid.
그는 어렸을 적부터 자기 큰형을 숭배해 왔다.

· 㳔 **worshiper** 숭배자 혱 **worshipful**
· *cf.* 㳔 **adore, idolize** 숭배하다
· 㑷 **attend worship** 예배에 참석하다
· **hero worship** 영웅 숭배

ache

[동] 아프다/동정하다/간절히 바라다

[eik]

■ His muscles ached from sitting too long in one position.
같은 자세로 너무 오래 앉아 있어서 그의 근육이 쑤셨다.

· 㑷 **aches in one's head** 두통
· 㑷 **ache for a person** 누구를 그리워하다
· **a toothache** 치통
· **aches and pains** 쑤시고 아픔

disorder 명 질병/신체 이상/무질서/혼란

[disɔ́:rdər]

It is a chronic eating disorder.
만성적인 식욕 장애입니다.

I can't stand the disorder of this garage.
나는 이 차고의 혼란함을 참을 수 없다.

· 형 **disorderly** 무질서한
· cf. 유 **chaos, confusion** 혼돈
· 숙 **in disorder** 심각한 문제에 있는, 혼란 속에 있는
(=in the soup, in serious trouble)

debt 명 빚/부채

[det]

He died greatly in debt.
그는 빚을 많이 지고 죽었다.

I'm forever in your debt!
이 은혜 안 잊을게!

· 형 **indebted** (물질적, 정신적으로) 빚지고 있는
· 숙 **be up to one's ears in debt** 빚더미에 오르다
· 숙 **up to one's neck in debt** 빚에 시달리는
· 숙 **pay one's debt** 빚을 갚다

bore 동 따분하게 하다/지루하게 하다

[bɔːr]

I am bored to death.
갑갑해 죽겠다.

In his company I feel never bored.
그와 함께 있으면 지루하지 않다.

· 명 **boredom** 지루함, 권태 형 **bored** 지루한, 따분한
· 숙 **be bored with** ~에 싫증이 나다
(=lose interest in, be sick of, get tired of)

pollution 명 오염/공해

[pəlúːʃən]

Air pollution contributes to respiratory diseases.
공기 오염은 호흡기 질환을 유발한다.

I heard a debate about water pollution on TV.
나는 TV에서 수질 오염에 관한 토론을 들었다.

· 명 **pollutant** 오염 물질 동 **pollute**
· cf. 유 **contamination** 오염
· **environmental pollution** 환경 오염

ground

[graund]

명 장소/근거/터전

▎ Snow lies on the ground.
눈이 땅 위에 쌓인다.

▎ He has his feet on the ground.
그는 현실적이다.

· 형 **groundless** 근거 없는
· *cf.* 유 **base, basis, foundation, groundwork** 기초
· *cf.* 유 **cause, motive, occasion, reason** 원인
· 숙 **on the ground of** ~때문에(=as a result of)
  He resigned on the ground of illness.
  그는 병을 이유로 사직했다.
· 숙 **stand one'ground** 입장을 고수하다
· 숙 **get off the ground** 이륙하다, 궤도에 오르다
  Do you think the revised Act can get off the ground?
  수정된 법이 순조롭게 출발하리라고 생각하십니까?
· 숙 **be above ground** 살아 있다(반 be below ground)
· **firm ground** 확고한 터전
· **fertile ground** 비옥한 땅

evidence

[évidəns]

명 증거/징후

▎ There is sufficient evidence that he is guilty.
그가 유죄라는 사실을 입증할 증거는 충분하다.

· 형 **evident**
· *cf.* 유 **proof, testimony** 증거
· 숙 **in evidence** 뚜렷이, 명백히 보이는
· 숙 **as evidence of** ~의 증거로, ~의 표시로
  (=in token of, as a sign of, in proof of)

beyond

[bijánd]

전 ~을 넘어서

▎ Computers are beyond me.
컴퓨터와는 거리가 멉니다.

· 숙 **beyond doubt[question]** 의심할 여지 없이, 물론
· 숙 **beyond words** 말로 다 할 수 없는
· 숙 **beyond one's reach** 힘이 미치지 않는
· 숙 **beyond one's purse[means]** 재정 능력 밖의
· 숙 **go beyond** 넘어서다, 능가하다

oath

[ouθ]

명 맹세/선서

▮ Eggs and oaths are easily broken.
계란과 맹세는 잘 깨진다.(맹세를 지키기란 힘들다.)

▮ She was under the oath to tell the truth.
그녀는 진실을 말하겠다고 맹세했다.

· 숙 **upon my oath** 맹세코(=upon my word, upon my honor, upon my life, by God)
· **official oath** 취임 선서

routine

[ruːtíːn]

명 일상적인 일/정해진 순서

▮ Whenever he gets drunk, he goes into his lousy preaching routine.
그는 술만 취하면 잔소리를 시작해요.

· 부 **routinely** 일상적으로
· 숙 **be different from one's routine**
변화를 위해, 기분 전환으로
(=for a change, for the sake of variety, for changes)
· **my daily routine** 나의 일과

ruin

[rúːin]

동 파멸시키다/망치다　명 파멸

▮ Don't let it ruin your day.
그 일로 하루를 망치지는 마.

▮ Drink will be the ruin of him.
그는 술로 신세를 망치고 말 것이다.

· 형 **ruinous**
· _cf._ **ruins** 폐허
· _cf._ 유 **destruction, wreckage** 파괴

highly

[háili]

부 매우/높이/비싸게

▮ The stone is highly valuable.
그 보석은 매우 값어치가 있다.

▮ Chess is highly intellectual game.
체스는 고도의 두뇌 게임이다.

· 명 **height**　형 **high**　동 **heighten**
· 숙 **think highly of** ~을 중시하다(=make much of)
· **a highly contagious disease** 전염병

rarely

[réərli]

부 좀처럼 ~않다/드물게

▌ I rarely get sick.
나는 좀처럼 병에 걸리지 않습니다.

▌ He is rarely affectionate towards his friends.
그는 친구들에게 드물 만큼 애정이 깊다.

- 명 **rarity** 드묾, 귀함 형 **rare** 드문
- *cf.* 유 **seldom, hardly** 거의 ~ 않다
- *cf.* 유 **once in a blue moon, far between** 드물게

seldom

[séldəm]

부 좀처럼 ~않다/드물게

▌ Opportunity seldom knocks twice.
기회는 두 번 노크하지 않는다.

▌ I seldom have coffee at night.
저는 밤에는 좀처럼 커피를 안 마셔요.

- *cf.* 유 **rarely, hardly** 거의 ~않다
- 숙 **seldom, if ever** 설령 있다 해도 좀처럼 ~않다

emphasis

[émfəsis]

명 강조/강세/중요성

▌ Great emphasis should be laid on speaking and hearing English.
영어의 말하기와 듣기에 중점을 두어야 한다.

- 동 **emphasize** 형 **emphatic**
- *cf.* 유 **stress, accent** 강조, 강세
- 숙 **lay emphasis on** ~에 역점을 두다, ~을 강조하다
  (=give emphasis to, emphasize, stress)

within

[wiðín]

전 ~이내에

▌ Is it within walking distance?
그 곳은 걸어서 갈 수 있습니까?

- 숙 **within one's means** 신분에 맞게, 분수에 맞게
- 숙 **within reach of** 손이 닿을 수 있는 곳에, 가까이
  (=within one's reach, at hand, near)
- 숙 **live within one's income** 수지 균형을 맞추다
  (=make both ends meet)
- 숙 **within sight** 시야에 보이는(=in sight, visible)

besides
부 게다가/~이외에

[bisáidz]

▌ I receive a family allowance besides the base payment.
나는 기본급 외에 가족 수당을 받고 있습니다.

▌ No one knows besides the president.
사장님 말고는 아무도 모른대.

· *cf.* 유 **furthermore, in addition, what is more, over and above, also, into the bargain, moreover** 게다가, 또한

attention
명 주의/유의/고려

[əténʃən]

▌ His whole attention was concentratored on this matter.
그의 모든 주의는 이 문제에 집중되었다.

· 명 **attendant, attention** 형 **attentive**
· *cf.* 유 **regard, concern, consideration** 관심
· 숙 **pay attention to** ~에 주목하다, ~에 주의하다
 (=attend to, see to, take notice of, take care of)
· **bring A to the attention of** ~에게 보고하다

axis
명 회전축/중심선

[ǽksəs]

▌ A day is the amount of time it takes the earth to rotate once on its axis.
하루란 지구가 그 회전축을 중심으로 1회전하는 데 걸리는 시간의 양이다.

▌ The earth rotates form west to east.
지구는 서에서 동으로 회전한다.

· **the major axis** (타원의) 장축
· **the axis of the earth** 지축

universe
명 우주/세계

[júnivə̀ːrs]

▌ The whole universe knows it.
세상에서 그걸 모르는 사람은 없다.

▌ The universe seems infinite.
우주는 무한한 것 같다.

· 형 **universal** 우주의, 보편적인
 universal gravitation 만유 인력

0818

thermometer 명 온도계

[θəァmáːmitəァ]

▮ We use a thermometer to measure temperature.
온도를 재는 데 온도계를 사용한다.

· 형 **thermal** 열의, 뜨거운
· *cf.* **thermostat** 자동 온도 조절 장치
· *cf.* **thermonuclear** (고온에 의한) 원자핵 융합 반응의
· **a clinical thermometer** 체온계

0819

alert 형 방심하지 않는/기민한 명 경계

[əláːァt]

▮ The public were warned to be on the alert for possible terrorist attacks.
국민들은 있을지도 모를 테러분자들의 공격 경계 예고를 받았다.

· *cf.* 유 **watchful**
· 숙 **be on the alert** ~을 경계하다(=look out for, watch for, keep guard, guard against)

0820

wise 형 슬기로운/현명한

[waiz]

▮ Experience makes even fools wise.
경험은 바보마저도 현명해지게 한다.

▮ A wise man does not trust his eggs to one basket.
현명한 사람은 자신의 모든 계란을 한 바구니에 담지 않는다.

· 명 **wisdom**
· *cf.* 유 **judicious, prudent, sage, sensible** 현명한
· *cf.* 반 **foolish, unwise** 지혜롭지 못한, 어리석은

0821

nevertheless 형 접 그럼에도 불구하고/역시

[nèvəðəlés]

▮ No matter what people say, it is nevertheless the truth.
사람들이 뭐라 말하더라도 그것은 사실이다.

▮ There was no news; nevertheless, she went on hoping.
아무 소식도 없었지만 그녀는 여전히 희망을 갖고 있었다.

· *cf.* 유 **even so, however, still, yet** 그럼에도 불구하고

manuscript　명 원고/사본

[mǽnjuskrìpt]

▌ The book is still in manuscript.
그 작품은 아직 미발표작이다.

▌ I suggest that you offer your manuscript.
원고를 제출해 주십시오.

· 숙 **in manuscript** 원고인 채로, 아직 인쇄되지 않은

purpose　명 목적/의도　동 의도하다

[pə́ːrpəs]

▌ I have labored to no purpose.
수고한 보람이 없었다.

· 부 **purposely**
· cf. 유 **aim, end, goal, object, objective** 목적
· cf. 유 **design, intend, mean, propose** 의도하다
· 숙 **for the purpose of** ~을 할 목적으로
· 숙 **on purpose** 고의로

measure　동 측정하다/평가하다　명 조치/척도

[méʒəːr]

▌ Will you please measure this window to see how wide it is?
이 창문이 얼마나 넓은지 재어 봐 주겠니?

· 명 **measurement** 측량
· 숙 **take measures** 조치를 취하다
· 숙 **measure one's length** 미끄러져 바닥에 드러눕다
· 숙 **in a measure** 어느 정도
· **tape measure** 줄자

aisle　명 통로/복도

[ail]

▌ I like to sit next to the aisle when I go to the movies.
영화 보러 갈 때면 나는 통로 옆에 앉기를 좋아해요.

▌ They walked down the aisle over a year ago.
결혼식 올린 지 1년도 넘는걸.

· **walk up the aisle** 통로를 걸어가다
· **aisle seat** 통로 쪽 좌석

relief　　명 구제/구원/완화/안도

[rilíːf]

▌ We talked about carrying out the relief of flood victims.
우리는 홍수 이재민을 구호하는 문제에 대해 토의했습니다.

▌ It's a relief to hear that.
그 말을 들으니 안심이네요.

· 동 **relieve**
· 숙 **to one's relief** 다행스럽게도
· **sigh with relief** 안도의 한숨을 쉬다

utmost　　형 최대의　명 최대 한도

[ʌ́tmòust]

▌ He did his utmost to finish on time.
시간대로 마치기 위하여 온 힘을 기울였다.

· *cf.* 유 **ultimate, final, greatest, last** 최후의
· 숙 **at the utmost** 기껏해야
· 숙 **to the utmost** 극도로, 극력
· 숙 **get the utmost out of** ~을 최대한 활용하다
· 숙 **of the utmost importance** 극히 중요한

approximately　　부 대략/대체로

[əpráksimètli]

▌ Approximately, how much is the fare?
대략, 요금이 얼마나 나올까요?

▌ The population of the city is approximately one million.
그 시의 인구는 대략 100만 명쯤 된다.

· 명 **approximation**　형 **approximate**
· 동 **approximate** 어림잡다, 접근하다
· *cf.* 유 **about, around, almost, nearly** 거의, 대강

bald　　형 (머리 등이) 벗어진/대머리의

[bɔːld]

▌ How can a bald man brush his hair?
어떻게 대머리인 남자가 머리를 빗을 수 있지?

· 숙 **as bald as an egg** 머리가 훌렁 벗어진
· 숙 **get[go] bald** 머리가 벗겨지다
· **a bald mountain** 민둥산
· **a bald lie** 뻔한 거짓말
· **a bald man** 대머리

partly

[pάːrtli]

부 부분적으로/어느 정도는

▮ You're partly responsible for the problem.
당신도 그 문제에 일부 책임이 있어요.

▮ It'll be partly cloudy today with occasional showers.
오늘 가끔 흐리고 곳에 따라 소나기 오겠습니다.

· *cf.* 유 **partially, in part, to some extent, not all** 부분적으로, 얼마간
· 숙 **partly because of A, and partly because of B**
한편으로 A 때문에 또 한편으로 B 때문에

likewise

[lάikwàiz]

부 마찬가지로

▮ The students watched the teachers put up a tent and did likewise.
학생들은 선생님들이 텐트 치는 것을 보고 나서 똑같이 했다.

· *cf.* 유 **moreover, also, too, as ever, as usual, equally, ordinarily, alike, always, usually, similarly** 마찬가지로

merit

[mérit]

명 장점/가치/공로

▮ His merits have been overlooked.
그의 장점은 간과되어 왔다.

▮ We must inquire into the merits of the case.
우리는 그 사건의 시비를 조사해야 한다.

· 숙 **make a merit of** ~을 제 공로인 양하다, 자랑하다
(＝take merit to oneself for)
· 숙 **on one's merits** 진가에 의해서, 실력으로

channel

[tʃǽnəl]

명 채널/해협/경로/수순

▮ Would you mind if I turn to another channel?
다른 채널로 돌려도 될까요?

▮ If you want to get things done, you have to work through channels.
정말로 원한다면 정확한 수순을 밟아야 한다.

· **a reliable channel** 믿을 만한 소식통
· **through the regular channels** 적합한 경로를 거쳐

consumption 명 소비(량)/소모

[kənsʌ́mpʃən]

▮ Because the consumption tax was raised, individual consumption decreased.
소비세의 인상에 의해 개인 소비가 감소하였습니다.

· 동 consume 형 consumptive
· production and consumption 생산과 소비
· consumption goods 소비재
· consumption tax 소비세

appearance 명 모습/출현/외모

[əpíərəns]

▮ He looks like a good man in appearance.
그는 보기에는 좋은 사람처럼 보인다.

· 동 appear
· cf. 유 aspect, look 외관
· 숙 make a appearance 이채를 띠다, 두각을 나타내다
· 숙 know ~ by appearance only ~와 안면이 있다

bully 동 들볶다/위협하다 명 불량배/약자를 괴롭히는 사람

[búli]

▮ If you think your children are being bullied, be careful how you talk to them.
만일 당신의 아이가 왕따를 당하고 있다고 느끼시면, 그들과의 대화 방법에 주의하시기 바랍니다.

· 숙 play the bully 마구 뽑내다, 약한 사람들을 들볶다
· 숙 bully a person into doing ~를 들볶아서 ~시키다
· 숙 bully (a thing) out of a person
위협하여 아무에게서 (물건을) 빼앗다

forecast 동 예상하다 명 예상/일기 예보

[fɔ́ːkǽst]

▮ They forecast large -scale pay cuts.
그들은 대규모 급여 인하를 예측했다.

▮ Our actual results were better than the forecast.
실제 결과가 예상보다 좋았다.

· 숙 forecast the future of ~의 장래를 예측하다
· a weather forecast 일기 예보
· a business forecast 경기 예상

antipathy

명 반감/혐오

[æntípəθi]

▮ Cats are his greatest antipathy.
그는 고양이를 제일 싫어한다.

· *cf.* ㉭ **abhorrence, aversion, disinclination, reluctance, disgust, repulsion** 반감
· *cf.* ㉤ **sympathy** 동정
· ㉧ **have an antipathy to** ～에 반감을 갖다[질색이다]

hate

동 미워하다

[heit]

▮ I hate these flyers they put under the windshield wipers.
와이퍼 밑에 광고 전단지가 끼워져 있는 건 질색이야.

· ㉥ **hatred** ㉲ **hateful**
· *cf.* ㉭ **abhor, abominate, detest, dislike** 미워하다
· ㉧ **hate one's guts** 몹시 싫어하다
· **deep-rooted hatred** 뿌리 깊은 증오

omen

명 징조/전조

[óumən]

▮ Is it true that the call of a crow is a bad omen?
까마귀의 울음 소리는 불길하다는 게 사실이야?

▮ That's a good omen!
좋은 징조야!

· ㉲ **ominous**
· ㉧ **be of good omen** 조짐이 좋다
· **omens warning of danger** 위험을 경고하는 징조

weed

명 잡초 동 잡초를 뽑다

[wiːd]

▮ A man of words and not of deeds is like a garden full of weeds.
말뿐이고 행동이 없는 사람은 잡초가 무성한 정원과 같다.

▮ The boss is weeding out the worst workers.
사장은 실력 없는 직원들을 골라내려고 합니다.

· ㉧ **weed out** 불필요한 것을 제거하다(＝get rid of)
· ㉧ **run to weeds** 잡초가 우거지다

dread

동 두려워하다 명 공포

[dred]

- A burnt child dreads the fire.
  불에 덴 아이는 불을 무서워한다.
- I dread the thought of coming home late at night.
  밤늦게 집에 돌아온다는 생각을 하니 무섭다.

· 형 **dreadful**
· *cf.* 유 **horror, fear, fright, panic** 공포

protection

명 보호/후원

[prətékʃən]

- The government instituted a consumer protection agency.
  정부는 소비자 보호 협회를 설립했다.

· 동 **protect**
· 숙 **live under the protection of**
  ～의 보호를 받고 살다

· **protection of possession** 점유권
· **cradle-to-grave protection** 평생 보장제도

conservation

명 보존/보호

[kànsərvéiʃən]

- The organization plays a positive role in wildlife conservation.
  그 단체는 야생 동물 보호에 적극적인 역할을 다하고 있다.

· 동 **conserve** 형 **conservatory**
· *cf.* 유 **preservation** 보존, 보호
· **Nature conservation group** 자연 보호 단체

defense

명 방어/변호

[diféns]

- The best defense is a good offense.
  공격이 최선의 방어다.
- She spoke in defense of her religious beliefs.
  그녀는 자신의 종교적 신념을 변론했다.

· 명 **defend** 방어하다 형 **defensive** 방어적인
· *cf.* 반 **offense** 공격
· **legal defense** 정당방위

code

[koud] 몡 규범/부호/암호

▮ The recruit was reprimanded severely because he broke the military code.
그 신병은 군율을 어겨서 징계를 받았어.

▮ Please key in your code number.
비밀 번호를 누르세요.

· *cf.* ㊌ **rule, regulation, ordinance** 규정
· **the civil code** 민법
· **zip code** 우편 번호

effect

[ifékt] 몡 효과/영향/결과 동 (변화를) 초래하다

▮ The medicine had no effect.
그 약은 아무런 효과가 없다.

· ㊓ **efficient, effective**
· ㊍ **in effect** 사실상; 요컨대 유효한
There's a storm warning in effect for all of LA.
LA 전 지역에 폭풍 경보가 발효중입니다.

· ㊍ **to the effect that** ～이라는 취지의[로]
This letter is to the effect that he will arrive tomorrow.
이 편지는 그가 내일 도착하겠다는 취지로 되어 있다.

· ㊍ **come into effect** 효력을 발생하다
When will it come into effect?
그게 언제 실시되죠?

· ㊍ **take A into effect** A를 시행하다
· **greenhouse effect** 온실 효과
· **side effect** 부작용

confidence

[kánfidəns] 몡 자신(감)/신뢰

▮ Your confidence was impressive.
자신 만만하구나.

· 동 **confide** ㊓ **confident, confidential**
· ㊍ **have confidence in** ～를 믿다, 신뢰하다
(=put confidence in, give one's confidence to,
have confidence in, show confidence in)
· **self-confidence** 자신감

sin

[sin]

명 (도덕적/종교적) 죄

▮ Children usually have no sense of sin.
아이들은 보통 죄의식이 없다.

· *cf.* ㊊ **crime, offence** 죄
· ㊍ **commit a sin** 죄를 범하다
· ㊍ **visit a sin upon a person** 아무에게 벌을 내리다
· **original sin** 원죄

congress

[káŋgres]

명 의회/국회

▮ There will soon be an election to our Congress.
곧 의회 의원 선거가 있을 것이다.

· 명 **Congressman** 국회 의원
· *cf.* ㊊ **Parliament**(영국), **Assembly**(한국),
  Diet(일본, 독일) 의회
· ㊍ **in Congress** 국회 개회중

religion

[rilídʒən]

명 종교

▮ We seek for solace in religion.
우리는 종교에서 위안을 찾습니다.

▮ The tenets of his religion forbid divorce.
그가 믿는 종교의 교리는 이혼을 금하고 있다.

· 명 **religionism** 광신, 사이비 신앙 형 **religious**
· **the freedom of religion** 종교의 자유

salary

[rǽləri]

명 봉급/급료

▮ What salary do you get?
봉급을 얼마 받고 있습니까?

▮ Commuting allowance is included in the salary.
통근 수당은 봉급에 포함되어 있습니다.

· ㊍ **draw one's salary** 봉급을 타다
· **salary raise** 봉급 인상
· **salaried man** 샐러리맨

barometer 명 기압계/지표

[bərámitər]

■ Newspapers are often barometers of public opinion.
신문은 종종 여론의 지표가 된다.

· 형 **barometric**
· **a reliable barometer of political trends**
정치적 동향의 신뢰할 만한 지표
· **a barometer stock** 표준주[증권]

slip 동 미끄러지다 명 실수/전표

[slip]

■ It slipped my mind.
깜박 잊은 거 있지.

· *cf.* 유 **glide, skid, slide** 미끄러지다
· 숙 **slip out** 무심코 말하다
· 숙 **slip one's mind** 잊어버리다
· 숙 **slip away** 몰래 가버리다, 빠져 나가다
· **pink slip** 해고 통지서

apparatus 명 장치/기계/기구

[æpəréitəs]

■ This building needs a heating apparatus.
이 건물에는 난방 설치가 필요하다.

■ This apparatus can purify a hundred kilograms of water per minute.
이 기구는 분당 백킬로의 물을 정화할 수 있다.

· **Self-Contained Underwater Breathing Apparatus** 스쿠버(SCUBA)

exploration 명 탐사/탐험/조사/연구/탐구

[èkspləréiʃən]

■ Exploration of the solar system is still continuing.
태양계의 탐험은 아직도 계속되고 있다.

· 동 **explore** 형 **exploratory**
· 숙 **under exploration** 조사중인
· **detailed exploration of a subject**
한 가지 주제에 대한 상세한 탐구
· **the exploration of space** 우주 탐사

0857

multitude

명 군중/다수

[mʌ́ltitjuːd]

▮ The multitude awaited the champion's arrival.
군중은 챔피언이 도착하기를 기다렸다.

▮ A multitude of problems delayed the project.
많은 문제점들로 인해 그 계획이 지연되었다.

· *cf.* 유 **crowd, mob, throng** 군중
· 숙 **a multitude of** 다수의 ~, 많은 ~
· **the multitude** 대중, 서민

0858

beast

명 짐승/야수

[biːst]

▮ He is worse than a beast.
짐승만도 못한 놈이다.

▮ It's beast of a day.
아주 고약한 날씨군요.
· 형 부 **beastly**
· 숙 **make a beast of oneself**
야수처럼 되다. 지독한 짓을 하다
· **a wild beast** 야수

0859

perfume

명 향기/향수

[pə́ːrfjuːm]

▮ This perfume is a complex of many scents.
이 향수는 여러 향을 합쳐서 만든 것이다.

▮ She sprayed perfume over her dress.
그녀는 드레스에 향수를 뿌렸다.

· 숙 **wear a perfume** 향수를 뿌리다
· **the rich perfume of lilacs** 라일락의 강한 향기

0860

extent

명 넓이/크기/범위/정도

[ekstént]

▮ Your English has advanced to an applauding extent.
당신의 영어 실력은 놀랄만큼 발전했어요.

· 명 **extension** 형 **extensive**
· 숙 **to a great extent** 대부분은
· 숙 **to some extent** 어느 정도까지
· 숙 **to the extent of** ~의 한도까지

reach 〔동〕 도착하다/팔을 뻗다 〔명〕 미치는 범위

[riːtʃ]

▌ Finally we reached the top of the mountain.
마침내 우리는 산꼭대기에 도착했다.

▌ How can I reach you?
당신에게 어떻게 연락을 해야 합니까?

· 〔숙〕 **reach for the moon** 엉뚱한 야심을 품다
· 〔숙〕 **reach (out) for** ~을 잡으려고 (손이나 몸을) 뻗다
· 〔숙〕 **reach one's heart** ~을 뼈저리게 느끼다(명심시키다)

mankind 〔명〕 인류/인간

[mænkáind]

▌ The future of mankind depends on children.
인류의 미래는 어린이들에게 달렸다.

▌ Mankind retains contact with the past through books.
인류는 책을 통해 과거와 계속 접촉한다.

· cf. 〔유〕 **humanity, the human race** 인류
· **love for all mankind** 인류애

resort 〔명〕 휴양지/의지 〔동〕 의지하다/자주 가다

[rizɔ́ːrt]

▌ It's a very modern resort.
그 곳은 아주 현대식 휴양지예요.

▌ I resort to a hot spring.
나는 온천에 자주 간다.

· 〔숙〕 **resort to** (수단 등)에 호소하다, ~에 의지하다
· 〔숙〕 **in the last resort** 결국, 드디어
· **the last resort** 최후의 수단

synthetic 〔형〕 종합적인/합성의 〔명〕 합성물/합성 섬유

[sinθétik]

▌ Synthetic suede is more durable than the real thing.
인조 가죽은 진짜보다 더 내구력이 있다.

· 〔동〕 **synthesize** 〔형〕 **synthesis**
· cf. 〔유〕 **artificial, man-made** 인공의
· **synthetic dye** 합성 물감

0865

pattern

[pǽtərn]

📖 명 도안/무늬/견본

▎ I'll take three in this flower pattern.
이 꽃무늬로 석 장 주세요.

▎ I don't like the color nor the pattern.
색깔이나 모양이 마음에 들지 않습니다.

· 숙 **an elaborate pattern**
· **the behavior patterns** 행동 양식

0866

additional

[ədíʃənəl]

📖 형 추가의/부가적인

▎ Is there any additional charge?
따로 비용이 추가됩니까?

▎ I apologize for the additional trouble caused.
거듭 번거롭게 해드려서 죄송합니다.

· 형 **addition**
· **an additional charge** 할증 요금
· **make an additional remark** 덧붙여 말하다

0867

alien

[éiljən]

📖 명 외국인/외계인 형 외국의/외계의

▎ He's an illegal alien.
그는 불법으로 입국한 외국인이다.

▎ It is alien to my tastes.
그것은 내 취미에 맞지 않는다.

· cf. 유 **foreigner, stranger** 외국인
· cf. 유 **exterior, external, extrinsic, foreign, extraneous** 외부의
· 숙 **be alien to** ~에 적합하지 않다

0868

atomic

[ətámik]

📖 형 원자의

▎ This book deals with the uses of atomic power.
이 책은 원자력의 이용법을 다루고 있다.

▎ Atomic bombs put an end to World War Ⅱ.
원자 폭탄이 제2차 세계 대전을 끝냈다.

· 명 **atom**
· **atomic bomb** 원자 폭탄
· **atomic energy** 원자력

alternate

동 번갈아 하다/교체하다   형 교대의

[ɔ́:ltərnit]

▌ I alternate between joy and grief.
기쁨과 슬픔이 엇갈리는군요.

▌ We should find an alternate route.
다른 길을 찾아야겠어요.

· 명 **alternation**   형 **alternative**
· *cf.* 유 **change, interchange** 번갈아 하다
· 숙 **alternate A and B** A와 B를 교대하다

proper

형 알맞은/고유의/본래의

[prápər]

▌ The use of this word is not proper in this context.
이 문맥에서 이 단어를 사용하는 것은 적절하지 않다.

· 명 **property** 성질, 재산
· *cf.* 유 **suitable, appropriate** 알맞은
· 숙 **think proper to** ~하는 것이 좋다고 생각하다
· 숙 **in the right or proper** 적소에
· **China proper** 중국 본토

imperial

형 제국의/황제의/당당한   명 제국/황제

[impíəriəl]

▌ The Imperial Senate was convened palace.
제국의 상원회의가 궁전에 소집되었다.

· *cf.* **empire** 제국
· 숙 **imperialism** 제국주의
· **imperial power** 황제의 권력, 제국주의 강국
· **the imperial palace** 황궁

funeral

명 장례식   형 장례의

[fjú:nərəl]

▌ The funeral took place on Tuesday.
장례식은 화요일에 있었다.

· 숙 **attend a funeral** 장례식에 참석하다
· 숙 **none of my funeral** 내 알 바 아니다
· **funeral ceremony** 장례식
· **funeral garments** 상복

0873

courtesy

명 예의/정중/호의

[kə́ːrtəsi]

▎ There should be courtesy even among intimates.
친한 사이에도 예의가 있어야 해요.

· 형 **courteous**
· 숙 **by courtesy** 관례상
· 숙 **to return the courtesy** 답례를 위하여, 답례로
· **courtesy airport shuttle** 무료 공항 셔틀버스
· **courtesy telephone** 무료 전화

0874

official

명 공무원 형 공식적인/공무의

[əfíʃəl]

▎ The official cause was an act of God.
공식 원인은 천재 지변이었습니다.

· 명 **office**
· **an official price** 공정 가격
· **official language** 공식 언어, 공용어
· **government official** 정부 관료

0875

senior

명 연장자/상급생 형 손위의

[síːnjər]

▎ Seniors should set an example for their juniors.
선배들은 후배들에게 모범을 보여야 합니다.

▎ Supporting the senior citizens has become a social issue.
노인 부양이 사회문제가 됐다.

· *cf.* 반 **junior** 손아래의, 후배
· 숙 **senior to** 손위의

0876

private

형 사적인/사유의

[práivit]

▎ Don't interfere in private concerns.
개인적인 일에 간섭하지 마라.

▎ The school is a private institution.
그 학교는 사립이다.

· 명 **privacy** *cf.* 반 **public** 공공의
· 숙 **in private** 비공식적으로, 몰래, 은밀하게
· **one's private life** 사생활

dumb

[dʌm]

형 말을 못하는/벙어리의

▌ I was struck dumb with astonishment.
나는 너무 놀라서 말도 나오지 않았다.

▌ She was struck dumb with grief.
그녀는 슬픔으로 갑자기 말문이 막혔다.

· cf. ㉤ **absurd, foolish, silly, stupid** 어리석은
· cf. ㉤ **mute** 벙어리의
· ㉖ **as dumb as an oyster[a fish]** 매우 과묵한

timely

[táimli]

형 시의 적절한/적시의

▌ He supported staff in a timely manner.
그는 적절한 시기에 직원을 지원해 주었다.

· ㉑ **time**
· cf. ㉫ **untimely** 때가 아닌,시기 상조의
· ㉖ **in a timely manner** 적절한 시기에
· **timely hit** 적시 안타

temporary

[témpərèri]

형 일시적인/임시의

▌ She is a temporary resident.
그녀는 임시 거주자다.

· ㉢ **temporize**
· cf. ㉤ **momentary, transient** 일시적인
· cf. ㉫ **permanent** 영구적인
· **temporary employment** 임시 고용

overnight

[óuvərnàit]

형 하룻밤 동안/1박의 부 밤새도록

▌ From a penniless man he became a millionaire overnight.
그는 갑자기 무일푼에서 일약 백만장자가 되었어요.

▌ Stars are not made overnight.
스타는 하루아침에 만들어지는 게 아니에요.

· **overnight mail** (하루 걸리는) 속달 우편
· **an overnight millionaire** 벼락 부자

0881
nuclear

[njúːkliəːr]

[형] 핵의/원자력의

▮ The issue of building the nuclear power plant is a real hot potato.
핵무기 발전소 세우는 문제는 정말 뜨거운 감자야.

- [명] **nucleus**
- **nuclear fission** 핵분열 / **nuclear fusion** 핵융합
- **nuclear family** 핵가족
- **nuclear waste** 핵폐기물

0882
vertical

[vɔ́ːrtikəl]

[형] 수직의

▮ Draw two vertical lines.
수직선을 두 개 그어라.

- [명] **vertex**
- *cf.* [유] **plumb, perpendicular** 수직의
- [숙] **horizontal** 수평의
- **a vertical line** 수직선

0883
medium

[míːdiəm]

[명] 매개(물)/매체 [형] 중간의

▮ Fish live in an aqueous medium.
물고기는 물이 있는 환경에서 산다.

▮ I think a medium would be just right.
중간 사이즈의 것이 맞을 겁니다.

▮ I'll have my steak medium rare, please.
난 스테이크를 중간보다 약간 덜 익혀 주세요.

- [숙] **by the medium of** ~의 매개로

0884
personal

[pɔ́ːrsənəl]

[형] 개인의/본인의

▮ I want to discuss something personal with you.
개인적인 문제를 당신과 상의하고 싶어요.

▮ It's for my personal use.
제가 쓰는 물건입니다.

- [명] **person, personality**
- **personal belongings** 개인 소지품
- **a personal favor** 개인적인 호의

zealous
[zéləs]

형 열심인/열광적인

▮ He is zealous for success in the project.
그는 그 사업의 성공을 열망하고 있다.

· 명 **zeal**
· *cf.* 유 **anxious, ardent, eager, earnest** 열심인
· 숙 **be zealous for** ~을 갈망하다
· 숙 **make a zealous efforts** 열심히 노력하다

royal
[rɔ́iəl]

형 왕의/왕실의

▮ There is no royal road to learning.
학문에는 왕도가 없다.

▮ The crown stands for royal dignity.
왕관은 왕의 존엄을 상징한다.

· 명 **royalty**
· 숙 **have a royal time** 즐거운 시간을 보내다
· **in royal spirits** 아주 기운차게

mortal
[mɔ́ːrtəl]

형 죽을 운명의/치명적인

▮ All men are mortal.
사람은 모두 죽게 마련이다.

· 명 **mortality** 형 **mortally**
· *cf.* 반 **immortal**
· 숙 **in an mortal funk** 완전히 겁에 질려
· **mortal fear** 죽음의 공포

barren
[fɜ́ːrtail]

형 불모의/불임의

▮ He used to spend barren days in idleness during
the summer vacation.
그는 여름 휴가 동안 빈둥거리며 무익한 날들을 보내곤 했다.

▮ Cold winds sweep over the barren, treeless plains.
차가운 바람이 나무 한 그루 없는 메마른 대지를 휩쓸고 있다.

· *cf.* 반 **fertile** 비옥한
· **the barren ground** 불모의 땅

prestige

[préstidʒ]

명 위신/명성 형 고급의/명문의

▮ The old universities of Oxford and Cambridge still have a lot of prestige.
옥스포드와 케임브리지 같은 오래된 대학은 아직도 명성이 높다.

· ㉖ **raise national prestige** 국위를 선양하다
· **loss of prestige** 위신 손상
· **a prestige school** 명문 학교

neutral

[njúːtrəl]

형 중립의/중성의/공평한

▮ Switzerland prides itself on being a neutral country.
스위스는 중립국임을 자랑스럽게 여긴다.

▮ I think you are always neutral!
당신은 항상 중립적이군요!

· ㉂ **neuter, neutrality** ㉭ **neutralize**
· ㉖ **remain neutral** 중립을 지키다

elementary

[èliméntəri]

형 기본의/초등의

▮ We've known each other since elementary school.
우린 초등학교 시절부터 친구였어.

▮ I still keep in touch with a lot of my friends from elementary school.
나는 초등학교때 친구들과 아직도 연락을 하고 지냅니다.

· ㉂ **element**
· *cf.* ㉸ **basic, fundamental, primary** 기본이 되는
· **elementary school** 초등학교

garbage

[gáːbidʒ]

명 쓰레기

▮ Put the garbage in the trash can.
쓰레기는 쓰레기통에 버려 주세요.

▮ I'm tired of carrying out garbage day after day.
날마다 시시콜콜한 일만 하는 것에 지쳤어요.

· *cf.* ㉸ **trash, waste, refuse, debris, litter** 쓰레기
· **garbage disposal** 쓰레기 처리

0893
waste 　동 낭비하다　명 쓰레기/낭비

[weist]

▮ It's a sin to waste so much food.
그렇게 많은 식량을 낭비하는 것은 죄악이다.

▮ There will soon be no place to dispose waste.
곧 쓰레기를 버릴 장소가 없어질 것이다.

· 숙 **waste one's words** 소용없는 말을 하다
· 숙 **waste one's breath** 쓸데없는 짓을 하다
· **industrial waste** 산업 폐기물

0894
weapon 　명 무기

[wépən]

▮ A good tongue is a good weapon
말 한 마디로 천냥 빚을 갚는다.

· **ABC weapon** 방사능, 생물, 화학 무기
(Atomic, Biological & Chemical weapon)
· **demonstrate against nuclear weapons**
핵무기 반대 시위를 하다

0895
crisis 　명 위기/(병의) 고비

[kráisis]

▮ The crisis has passed.
위기는 지나갔다.

▮ I was over the crisis.
위험한 고비를 넘겼다.

· 형 **critical**
· 숙 **come to a crisis** 위기에 달하다
· **financial crisis** 금융 위기

0896
adolescence 　명 청년기/사춘기

[ǽdolésəns]

▮ She was very shy throughout her adolescence.
그녀는 사춘기 내내 수줍어했다.

▮ The years of adolescence make the transition
from children to adulthood.
사춘기는 어린이에서 어른으로 넘어가는 과도기가 된다.

· 동 **adolesce** 청년기에 이르다
· 형 **adolescent** 청춘기의, 미숙한

0897

scent

[sent]

명 냄새/향기

▪ She has a scent of a rose.
그녀는 장미꽃 향기가 난다.

▪ The scent of flowers filled the hall.
꽃내음이 홀에 가득했다.

· *cf.* ㊀ **fragrance, odor, redolence** 냄새
· ㊂ **lose the scent** 단서를 놓치다
· **cold[hot] scent** 희미한[강한] 냄새

0898

riddle

[ríːdl]

명 수수께끼

▪ Let me ask a riddle.
수수께끼 하나 낼게요.

▪ I stumbled upon the answer to the riddle.
아주 우연하게 수수께끼를 풀었다.

· *cf.* ㊀ **mystery, puzzle** 수수께끼
· ㊂ **solve a riddle** 수수께끼를 풀다

0899

puzzle

[pʌzl]

동 당황하게 하다 명 당황/수수께끼

▪ I was puzzled what to answer.
뭐라고 대답해야 할지 난처했다.

▪ There are many different approaches to this puzzle.
이 퍼즐을 푸는 방법은 다양합니다.

· *cf.* ㊀ **baffle, bewilder, confound, embarrass, confuse, perplex** 당황하게 하다
· ㊂ **be puzzled with** 당황하다, ～에 난처하다

0900

link

[liŋk]

명 연관/연결 고리 동 연결시키다

▪ This highway links all the big cities on the eastern coast.
이 도로는 동해안의 모든 대도시를 연결한다.

· *cf.* ㊀ **combine, connect, join** 연결시키다
· ㊂ **be linked with[to]** ～와 관계가 있다
· ㊂ **link up with** ～와 동맹하다

mystery

[místəri]

명 신비/추리

▮ The murder case is now veiled in mystery.
그 살인 사건은 현재 수수께끼로 남아 있어요.

▮ I write a mystery story and post it on the Internet.
나는 추리소설을 써서 그걸 인터넷에 올리죠.

· 형 **mysterious**
· 숙 **make a mystery of** ~을 비밀로 하다

management

[mǽnidʒmənt]

명 경영/관리/취급

▮ His foor management caused the eventual failure.
그의 잘못된 경영이 결국 실패를 초래했다.

▮ I have three years experience in management.
저는 3년의 관리 경력이 있습니다.

· 동 **manage**
· 숙 **beyond one's management** 손을 쓸 수 없는
· **management accounting** 원가 계산

utility

[juːtíləti]

명 유용성/활용/공공 설비

▮ Does that include the change of public utilities?
공과금이 포함된 겁니까?

· 동 **utilize**　형 **utilitarian**
· 숙 **of no utility** 소용없는, 무익한
· **utility room** 다용도실

instruction

[instrʌ́kʃən]

명 가르침/지시

▮ The doctor left instructions for the patient to come again the next day.
의사는 환자에게 내일 다시 오도록 지시했다.

· 명 **instruct**　형 **instructive**
· **an instruction manual** 안내 교본
· **detailed instructions** 상세한 설명

0905

further

[fə́ːrðər] **부** 게다가/더욱이　**형** 그 위의/그 이상의

▌ I don't want to drag out this argument any further.
나는 이 논의를 더 이상 오래 끌고 싶지 않습니다.

· ㉪ **further on** 더 앞에
· ㉪ **further to** ~에 덧붙여 말하자면
· ㉪ **for further details** 그 이상 상세한 것은
· ㉪ **on the further side** 저쪽에
· ㉪ **till further notice** 추후 알려줄 때까지

0906

altitude

[ǽltətjùːd] **명** 고도/높이

▌ The noise diminished as we reached lower altitudes.
고도가 낮아짐에 따라 소음은 약해졌다.

▌ It is difficult to breathe at a high altitude.
높은 고도에서 호흡하는 것은 어렵다.

· ㉪ **at an[the] altitude of** ~의 고도로
· **altitude sickness** 고공병

0907

suburb

[sʌ́bəːrb] **명** 교외/시외

▌ How about driving out to the suburb?
교외로 드라이브 가는 것 어때요?

▌ You moved to the suburbs only last year.
교외로 이사 간 게 작년이잖아.

· 형 **suburban**
· ㉪ **in the suburbs of** ~의 외곽에

0908

jar

[dʒaːr] **명** 항아리/단지/충격

▌ Can you loosen the lid of this jar?
이 항아리 뚜껑 좀 열어 주겠니?

▌ The news gave me a jar.
그 소식이 내게 충격을 주었다.

· **a jar of jam** 한 단지의 잼
· **a honey jar** 꿀단지

prevention
몡 예방/저지/방해

[privénʃən]

▮ Prevention is better than cure.
예방이 치료보다 낫다.

▮ Is the prevention of tooth decay impossible?
충치의 예방은 불가능한가?

· 동 **prevent** 형 **preventive**
· 숙 **by way of prevention** 방지하기 위하여
· **fire prevention equipment** 방화 시설

worth
형 가치가 있는 몡 가치

[wəːrθ]

▮ This movie is worth watching twice.
이 영화는 두 번 볼 가치가 있어요.

· 형 **worthy** 가치 있는, 훌륭한
· 숙 **be worth ~ing** ～할 가치가 있다(＝be worthy of,
be worth while to, deserve to)
· 숙 **worth while** 가치가 있는
· 숙 **worth one's salt** 밥값을 하는

height
몡 높이/신장/절정

[hait]

▮ What is the height of the mountain?
저 산의 높이는 얼마냐?

▮ I'm the average weight for my height.
저는 키에 비해 체중이 적당합니다.

· 몡 **heighten** 형 **high**
· 숙 **at the height of** 한창인 때에(＝in the midst of,
in the thick of, in full swing, in full operation)
· **height above sea level** 해발

frequently
몡 자주/빈번히

[fríːkwəntli]

▮ I'll try to write e-mail to you frequently.
앞으로는 이메일을 자주 자주 보내주마.

· 몡 **frequency** 형 **frequent**
· cf. 유 **back and forth, more often than not,
often** 자주; 흔히
· cf. 반 **infrequently** 드물게

248

sole

[soul]

▌ The sole equality on earth is death.
세상의 유일한 평등은 죽음이다.

· **sole of the running shoes** 운동화 밑창
· **Dover Sole** 넙치
· **the sole living relative** 살아 있는 유일한 친척
· **sole right of use** 독점 사용권

colony

[kάləni]

▌ The United States and Canada were once British colonies.
미국과 캐나다는 예전에 영국의 식민지였다.

· 명 **colonialism** 식민주의
· 명 **colonialist** 식민주의자
· 형 **colonial** 동 **colonize**
· **the Korean colony in LA** LA의 한국인 거류지

germ

[dʒəːrm]

▌ You might spread germs.
세균에 감염될지도 몰라요.

▌ Harmful germs invade the body.
해로운 세균이 몸 속에 침입한다.

· 숙 **in germ** 미발달(상태)로
· **germ carrier** 보균자

genetic

[dʒinétik]

▌ Mutation caused genetic changes in the animal.
돌연변이는 동물에게 유전변이를 가져왔다.

· 부 **genetically** 유전적으로
· 명 **gene** 유전자 명 **genetics** 유전학
· **genetic map** 유전자 지도
· **a genetic disorder** 유전병

chemistry

[kémistri]

명 화학

▌ I flunked chemistry many times.
나는 여러 차례 화학에 낙제했다.

▌ The chemistry with him isn't right.
그와는 생리적으로 맞지 않아.

· 명 **chemist** 화학자 형 **chemical**
· **applied chemistry** 응용 화학

sociology

[sòusiáləʤi]

명 사회학

▌ Sociology is the study of society.
사회학은 사회에 대한 연구이다.

▌ In college Steve majored in sociology.
대학에서 스티브는 사회학을 전공했다.

· 명 **sociologist** 사회학자 명 **socialism** 사회주의
· 명 **society** 사회 형 **social** 사회의/**sociable** 사교적인
· **urban sociology** 도시 사회학

ethics

[éθiks]

명 윤리/윤리학

▌ His ethics are abominable.
그의 도덕 관념은 형편없다.

▌ His ethics are abnormal.
그의 도덕 관념은 정상이 아니다.

· 형 **ethical, ethic** 윤리적인
· **vocational ethics** 직업 윤리
· **Traditional Ethics** 전통 윤리

physics

[fíziks]

명 물리학/물리적 특성

▌ He's a bear for physics.
그는 물리학에 뛰어난 사람이에요.

▌ I'm having trouble with my physics studies.
나는 물리 공부를 하느라 고생하고 있다.

· 명 **physicist** 물리학자 형 **physical** 물리적으로
· **nuclear physics** 핵물리학

literature 　명 문학

[lítərətʃər]

┃ I am planning to study English literature with a concentration on Shakespeare.
영문학 특히 셰익스피어를 공부하려고 계획하고 있습니다.

· 형 **literary** 문학의 　형 **literal** 문자 그대로의
· 형 **literate** 읽고 쓸 수 있는
· *cf.* 유 **brochure, literature, catalogue** 인쇄물
· **English literature** 영문학

astronomy 　명 천문학

[əstránəmi]

┃ He knows everything about astronomy.
그는 천문학에 정통하다.

┃ Navigation is an application of astronomy.
항해기술은 천문학을 응용한 것이다.

· 명 **astronomer** 천문학자 　명 **astronaut** 우주비행사
· 명 **astrometry** 천체 측정학 　형 **astronomical**
· *cf.* **astrology** 점성학 / **astrologer** 점성가

philosophy 　명 철학/원리

[filásəfi]

┃ I have a Doctor of Philosophy degree.
저는 철학박사 학위가 있지요.

┃ She has her own philosophy.
그녀는 뚜렷한 철학[인생관]을 가지고 있어요.

· 명 **philosopher** 철학자 　형 **philosophic**
· **metaphysical philosophy** 형이상학

treaty 　명 조약/협정

[trí:ti]

┃ Before the treaty could go into effect, it had to be ratified by the president.
조약이 효력을 갖기 위해 대통령의 비준이 있어야만 했다.

· 동 **treat**
· *cf.* 유 **agreement, contract** 계약
· 숙 **make up a treaty** 조약을 맺다
· **the terms of a treaty** 조약의 조건

breakdown 　명 고장/쇠약/몰락/방전

[bréikdʒàun]

▎ All these breakdowns are getting a little bit out of hand.
이렇게 자꾸 고장이 나다니 정도가 지나치다.

· 명 **break**
They broke down the wall.
그들은 벽을 허물었다.
· **a nervous breakdown** 신경 쇠약

economy 　명 경제/절약

[ikánəmi]

▎ The economy is picking up after all, isn't it?
경제가 결국 회복되고 있긴 있잖니?

▎ I'd like to rent an economy car.
비용이 덜 드는 차를 빌리고 싶은데요.
· 명 **economist** 경제인　동 **economize** 절약하다
· 형 **economical** 절약하는　형 **economic** 경제의
· **economy class** 비행기 일반석
· **domestic[household] economy** 가정 경제

thrift 　명 검소/절약

[θrift]

▎ Thrift is great revenue.
절약이 최대의 수입이다.(아끼는 것이 버는 것이다.)

▎ She had to practice thrift.
그 여자는 검소한 생활을 해야만 했다.

· 동 **thrive**　형 **thrifty**
· *cf.* **spendthrift** 돈을 헤프게 쓰는 (사람)

monument 　명 기념물/기념비/유적

[mánjəmənt]

▎ This monument was built in honor of the founder.
이 기념비는 설립자를 기념하여 세워졌다.

▎ That statue is a monument for our war dead.
저 동상은 전몰자 위령비이다.

· 형 **monumental**
· **a natural monument** 천연 기념물

0929

remain

[riméin]

동 남아 있다   명 나머지/유적

❚ Sediment remains at the bottom of the coffeepot.
찌꺼기는 커피 주전자의 밑바닥에 남는다.

· 명 **remainder** 나머지, 잔여
· 숙 **remain silent** 침묵을 지키다(=fall into silence, keep quiet, hold one's tongue)
· 숙 **remains to be seen~** ~는 두고 볼 일이다
· 숙 **remain in force** 유효하다(=hold good, be effective)

0930

destination

[dèstinéiʃən]

명 목적지/행선지

❚ It's six-hours to your destination.
목적지까지는 6시간 걸립니다.

❚ Do you have an air-ticket to your destination?
목적지까지의 비행기표는 가지고 계십니까?

· 동 **destine** 운명 지우다, 목적지로 정하다
· 명 **destiny** 운명

0931

trace

[treis]

동 추적하다   명 자취/흔적

❚ There is no trace of the missing jewels.
분실한 보석들은 흔적도 없다.

· *cf.* 유 **chase** 추적하다
· 숙 **leave no trace** 흔적을 남기지 않다
· **the trace of ski in the snow** 눈 위의 스키 자국
· **traces of an old civilization** 문명의 발자취
· **a trace of fear** 약간의 두려움

0932

blow

[blou]

동 불다/불어서 날리다   명 타격

❚ It is blowing hard.
바람이 세게 불고 있다.

· 숙 **blow hot and cold** 이랬다 저랬다 하다
· 숙 **blow up** 폭발하다(=explode)
· 숙 **at a blow** 일격에, 한방에
· 숙 **at blow** 당장, 즉시(=at once)

impact · 동 격돌하다/충돌하다 명 영향/충돌

[ímpækt]

▌ Was the impact of the car accident severe?
자동차 사고의 영향이 심각했습니까?

- · 명 **impaction**
- · cf. 유 **collision, effect** 충돌, 충격
- · 숙 **have an impact on** ~에 영향을 미치다
  (=have an effect on, have an influence on, affect)
- · **on impact** 부딪친 순간에

finance · 명 재정/융자 동 ~에게 자금을 대주다

[finǽns]

▌ Are you in trouble with your finances?
네 재정에 문제가 있니?

- · 명 **financier** 재정가 형 **financial**
- · cf. 유 **money, fund** 재정, 재무
- · **municipal finance** 도시 재정
- · **family finances** 가계(=a family budget)

effort · 명 노력/수고

[éfərt]

▌ We will make every effort to accommodate the
needs of our clients.
우리는 고객들의 요구에 맞추도록 최선을 다할 것이다.

▌ Every effort you make will be rewarded.
쓸데없는 일에 힘쓰지 마라.

- · cf. 유 **endeavor, exertion, pains** 수고
- · 숙 **make an effort** 노력하다(=try to, endeavor,
  exert oneself, make an endeavor to, take pains)

conscience · 명 양심/의식/자각

[kánʃəns]

▌ Conscience makes cowards of us all.
양심은 사람을 비겁하게 한다.

▌ A guilty conscience needs no accuser.
양심 이상의 고발자는 없다.

- · 형 **conscientious**
  conscientious objector 양심적 병역 거부자
- · 숙 **for conscience' sake** 양심에 걸려, 양심 때문에
  (=to satisfy one's conscience)

vigor

명 활력/힘

[vígər]

▎ He presented his ideas with vigor.
그는 활기차게 자기 생각을 개진했다.

- 형 **vigorous**
- *cf.* 유 **energy, force, might, potency, power, strength** 힘
- 숙 **lose one's vigor** 활기를 잃다
- **the vigor of a person's body[mind]** 체력[정신력]

gravity

명 중대성/중력

[grǽvəti]

▎ Newton discovered the law of gravity.
뉴턴은 중력의 법칙을 발견했다.

- 형 **grave** 중대한, 무거운
- **specific gravity** 비중
- **the force of gravity** 중력
- **the gravity of the situation** 상황의 중대성

capability

명 가능성/능력/재능/장래성

[kèipəbíləti]

▎ She thinks nothing is beyond her capabilities.
그녀는 자기가 할 수 없는 것은 아무것도 없다고 생각한다.

- 형 **capable**
- *cf.* **capacity** (잠재) 능력, 수용 능력
- 숙 **have the capability of** 능히 ～하다
  (＝ be capable of ～ing, be able to)
- **a man of great capabilities** 장래가 유망한 사람

literacy

명 읽고 쓰는 능력

[lítərəsi]

▎ Every adult should have the literacy.
모든 성인은 글을 읽고 쓸 줄 알아야 한다.

- 형 **literate** 문학적 소양이 있는, 읽고 쓸 줄 아는
- 형 **literal** 문자의, 글자 그대로의
- *cf.* **literature** 문학 / **literary** 문학의
- *cf.* 반 **illiteracy** 무식
- **the information literacy** 정보를 다룰 수 있는 능력

dawn

명 새벽　**동** 날이 새다/어렴풋이 깨닫다

[dɔːn]

▌ I was awake till dawn.
새벽까지 깨어 있었습니다.

▌ The truth began to dawn on me.
나는 진실을 어렴풋이 알기 시작했다.

· *cf.* 반 **dusk** 황혼
· 숙 **at dawn** 새벽에
· 숙 **dawn on** 문득 생각나다, 분명해지다

cliff

명 낭떠러지/절벽

[klif]

▌ Didn't you have any mercy for someone at the edge of a cliff?
벼랑까지 몰린 사람이 불쌍하지도 않았어?

· **cliffhanger** 끝까지 결과가 불확실한 스포츠나 영화 등
· **the walls of a cliff** 절벽의 벽면
· **the sheer cliff** 가파른 절벽

district

명 지구/지역/구역

[dístrikt]

▌ This district is under our jurisdiction.
이 지역은 우리 관할 구역입니다.

▌ You're in the wrong district.
동네를 잘못 찾아오셨습니다.

· *cf.* 유 **area, parts, province, region** 지역
· **a district court** 지방 법원
· **red-light district** 환락가, 밤거리

location

명 위치/지역/야외 촬영

[loukéiʃən]

▌ It was too expensive to film in foreign location.
외국 현지에서 이 야외 촬영은 비용이 너무 많이 들었다.

▌ There are several good locations not far from here.
여기서 멀지 않은 곳에 좋은 곳이 여러 군데 있습니다.

· 동 **locate**　형 **local**
· **a good location for a new school**
학교 시설에 알맞는 장소
· **shoot location scene** 야외 촬영하다

territory 〔명〕 영토/영역

[térətɔ̀ːri]

┃ The mountainous territory was impassable in winter.
그 산간 지역은 겨울에는 다닐 수 없었다.

· 〔형〕 **territorial** a territorial issue 영토 문제
· *cf.* 〔유〕 **sector, section** 영역
· 〔숙〕 **muscle in on one's territory**
  ~의 영역에 비집고 들어오다
· **the territory of social history** 사회사의 영역

tribe 〔명〕 부족/종족

[traib]

┃ Who's the chief of this tribe?
이 부족의 추장은 누구인가?

· 〔형〕 **tribal** 부족의 〔명〕 **tribesman** 원주민
· **tribal customs** 부족의 관습
· **nomadic tribes** 유목민
· **a cannibal tribe** 식인종

satisfaction 〔명〕 만족/소원 성취

[sǽtisfǽkʃən]

┃ Painting gives me great satisfaction.
그림을 그리는 것은 저에게 대단한 만족을 주지요.

· 〔명〕 **satisfy** 〔형〕 **satisfied** 만족한
· 〔형〕 **satisfactory** 만족스런
· *cf.* 〔유〕 **content, contentment** 만족
· *cf.* 〔반〕 **dissatisfaction** 불만
· 〔숙〕 **to one's satisfaction** 마음껏, 실컷

shame 〔명〕 부끄러움/치욕 〔동〕 창피를 주다

[ʃeim]

┃ To my shame, I made the same mistake again.
창피하게도 나는 똑같은 실수를 또 했다.

· 〔형〕 **shameful**
· *cf.* 〔유〕 **embarrass, humiliate** 당황하게 하다
· *cf.* 〔반〕 **glory** 영광
· 〔숙〕 **burn with shame** 부끄러워 얼굴이 달아오르다
· 〔숙〕 **Shame on you!** 창피한 줄 알아요!

spill

[spil]

동 엎지르다 명 엎지르기/엎질러진 자국

▌ I spilt my coffee on the rug.
양탄자에 커피를 흘렸습니다.

▌ The clumsy waiter spilled the soup.
그 서투른 남자 종업원이 스프를 엎질렀다.

· 숙 **spill the beans** 비밀을 누설하다
· 숙 **take a spill** 넘어지다, 쓰러지다(=fall down)
· **oil spill** 기름 유출

republic

[ripʌ́blik]

명 공화국/(공동 목적의) 사회

▌ Who's the President of the Republic?
그 공화국의 대통령은 누구입니까?

▌ Great Britain is a republic in fact.
대영 제국은 사실상 공화국이다.

· 명 **republican** 공화주의자
· **the republic of letters** 문단, 문학계

realm

[relm]

명 왕국/범위/영역

▌ That plan is beyond the realm of possibility.
그 계획은 가능성의 영역 밖에 있다.(불가능하다.)

· **the realm of science and technology**
과학 기술의 영역
· **the realm of dreams** 꿈의 영역
· **the realm of nature** 자연계

reserve

[rizə́ːrv]

동 예약하다/남겨두다 명 비축

▌ Let's reserve our energy for tomorrow's work.
내일의 작업을 위해서 에너지를 비축하자.

· 명 **reservation**
· 숙 **without reserve** 숨김없이, 털어놓고, 무조건
· 숙 **have in reserve** ~할 여유가 있다
· 숙 **reserve a seat** 좌석을 예약하다
· **All right reserved** 판권 소유

0953
stimulus

몡 자극(제)/흥분

[stímjulèit]

▌ Light is a stimulus to growth of plants.
빛은 식물의 성장에 자극제가 된다.

▌ Nerves respond to stimulus.
신경은 자극에 민감하다.

· 몡 **stimulation** 자극, 흥분 **stimulant** 자극제
· 형 **stimulative** 동 **stimulate**

0954
ritual

몡 의식/의례적 행사

[rítʃuəl]

▌ Each culture has a special ritual to initiate boys into manhood.
각 문화는 소년을 어른으로 만드는 독특한 의식을 가지고 있다.

· **rite ritual** 통과 의례
· **the ritual of passage to the adult world**
성인 세계로의 통과 의례
· **Confucian rituals** 유교 의식

0956
awareness

몡 의식/인식/자각

[əwɛ́ərnis]

▌ The student oath teaches students discipline and awareness.
수련생 선서는 학생들에게 규율과 자각을 가르친다.

· 형 **aware** 의식하고
· 숙 **raise awareness** 인식을 높이다
· 숙 **in awareness** 깨어서, 각성된 상태로
· **self-awareness** 자기인식, 자아에 눈뜸

0956
organization

몡 조직/기구/단체

[ɔ̀ːɡənizéiʃən]

▌ UNICEF is an international organization for improving child welfare.
유니세프는 아동 복지 향상을 위한 국제적인 기관이다.

· 동 **organize** 형 **organic**
· **World Trade Organization** 세계 무역 기구(WTO)
· **the organization of club** 클럽의 조직

portion 명 몫/운명 동 분할하다/~에게 운명을 지우다

[pɔ́ːrʃən]

▮ A portion of each school day is devoted to mathmatics.
매일 수업의 일부는 수학에 할당된다.

▮ she is portioned with misfortune.
그녀는 불행한 운명을 타고났다.

· *cf.* 유 **part, fragment, share, quota** 분배 몫
· 숙 **the major portion of** ~의 대부분
· **a portion of land** 약간의 토지

excellent 형 우수한/뛰어난

[éksələnt]

▮ The prospects for the future were excellent.
장래 전망이 아주 밝았다.

▮ He shows an excellent aptitude for languages.
그는 언어에 뛰어난 재능을 보인다.

· 명 **excellence** 동 **excel**
· *cf.* 유 **fantastic, marvelous, splendid, wonderful** 훌륭한
· 숙 **be excellent in** ~을 뛰어나게 잘하다

eminent 형 유명한/현저한

[éminənt]

▮ The most eminent doctor treated the king in his illness.
가장 저명한 의사가 왕의 병을 치료했다.

· 명 **eminence**
· *cf.* 유 **famed, famous, frominent, renowned, distinguished** 유명한
· **an eminent writer** 저명한 작가

hardship 명 고난/고통

[háːrdʃip]

▮ Such a hardship is unbearable.
그런 역경들은 참기가 어렵다.

· *cf.* 유 **adversity, difficulty** 고생
· 숙 **live through various hardships** 갖은 고통을 겪으며 살다
· **bear hardship** 고난에 견디다

criticism

[krítisizm]

명 비평/평론/비난

■ It's very difficult to give objective criticism.
객관적인 비평을 하기란 퍽 어렵다.

· 명 **critic** 비평가　형 **critical** 비판적인
· 동 **criticize** 비평하다
· *cf.* 유 **irony, sarcasm, satire** 냉소
· **literary criticism** 문학 비평

universal

[juːnivə́ːrsəl]

형 우주의/전세계의/보편적인/광범위한

■ The desire to look attractive is universal.
매력적으로 보이고 싶은 욕망은 일반적이다.

■ Lowering of interest rates is presented as a kind of universal cure-all.
일종의 보편적 해결책으로써 저이자율이 제기되고 있다.

· 명 **universe** 우주, 만물　형 **universality** 보편성
· *cf.* 유 **entire, total, whole** 전체의
· **universal gravitation** 만유 인력

tool

[tuːl]

명 연장/도구/수단　동 도구로 만들다

■ He is very handy with tools.
그는 도구를 다루는 손재주가 있어요.

■ Language is a tool for communication.
언어는 의사 전달의 수단이다.

· *cf.* 유 **appliance, implement, instrument, utensil** 도구
· **tool a metal rod** 금속 막대를 깎다

delivery

[dilívəri]

명 배달/연설/해방/분만

■ The delivery was not on time.
그 배달은 제 시간에 오지 않았다.

■ What was the exact time of her delivery?
정확한 출산 시간이 언제였지?

· 동 **deliver**
· **express delivery** 속달
· **delivery man** 상품 배달원

estate

[estéit]

명 소유지/재산

❚ They made a 20 percent profit by selling the estate.
그들은 그 토지를 팔아 20퍼센트의 이익을 얻었다.

· *cf.* ㊡ **assert, fortune, possessions, property** 재산
· ㊡ **leave an estate of** (∼액수의) 재산을 남기다
· **real estate** 부동산
· **personal estate** 동산

wealth

[welθ]

명 부/재산

❚ Our very best wishes for your health, wealth and happiness.
더욱 건강하시고 발전과 행복 가득하시기를 기원합니다.

❚ He gave away all his wealth to the needy.
그는 모든 재산을 가난한 사람들에게 기부했다.

· ㊡ **wealthy** 부유한
· ㊡ **earn great wealth** 큰 돈을 모으다

fortune

[fɔ́:rtʃən]

명 (행)운/부/재산

❚ Fortune seemed to be against me.
나에게는 운이 없는 것 같아요.

· *cf.* ㊢ **misfortune** 불운
· ㊡ **have the fortune of** 우연히 하다
· ㊡ **make a fortune** 큰돈을 벌다
· **a man of fortune** 재산가
· **bad fortune** 불운

heritage

[héritidʒ]

명 유산/전통

❚ Father's virtue is the best heritage for his child.
아버지의 덕행은 최상의 유산이다.

❚ The State shall strive to sustain and develop cultural heritages and to enhance national culture.
국가는 전통문화의 계승 발전과 민족문화의 창달에 노력해야 한다.

· ㊡ **heritable** 물려줄 수 있는
· **a cultural heritage** 문화적 유산

0969

spread

[spred]

동 퍼지다/퍼뜨리다 **명** 확산

- The fire spread really quickly.
  불길은 정말 빠르게 퍼져나갔지요.

- A wide panorama spreads out before me.
  넓은 전망이 눈앞에 전개된다.

- **숙** **spread over** 퍼지다, 전개되다
- **숙** **spread out** ~을 펴다, 펼치다
- **숙** **spread it on thick** 과장하다

0970

precious

[préʃəs]

형 귀중한/값비싼

- Thank you very much for sparing your precious time.
  귀중한 시간을 내주셔서 대단히 감사합니다.

- **명** **preciosity**
- *cf.* **유** **invaluable, priceless** 귀중한
- **숙** **a precious deal** 대단히

0971

bill

[bil]

명 계산서/지폐/법안

- I had a big phone bill because I called her by cell phone a lot.
  그녀에게 핸드폰을 많이 걸었더니 요금이 많이 나왔어.

- The Parliament passed the bill.
  의회가 그 법안을 통과시켰다.

- **숙** **collect a bill** 수금하다
- **숙** **pay the bill** 대가를 치르다, 대금을 지불하다
- **an original bill** 원안

0972

brisk

[brisk]

형 활기찬 **동** 활발하다

- Korea is expecting a 7 percent economic growth annually if brisk industrial activities continue.
  만일 활발한 산업 활동이 계속된다면, 한국 경제는 매년 7% 정도 계속 성장할 것으로 기대됩니다.

- **숙** **as brisk as a bee** 꿀벌처럼 활기찬[아주 기운찬]
- **숙** **at brisk pace** 불티나게
- **숙** **brisk about** 활발히 돌아다니다

humid

[hjú:mid]

형 습기 찬

▮ Summers are hot and humid.
여름은 덥고 습해요.

▮ Is it always this humid in the summer in Korea?
한국의 여름은 항상 이렇게 습기가 많은가?

· 명 **humidity** 습도, 습기
· *cf.* 유 **damp, moist, wet** 습기 찬
· **a hot and humid climate** 덥고 습기 찬 기후

huge

[hju:dʒ]

형 거대한/막대한

▮ A huge wave capsized the yacht.
거대한 파도가 그 요트를 뒤집어 버렸다.

· *cf.* 유 **enormous, gigantic, immense, titanic, tremendous, vast**
· *cf.* 반 **tiny** 작은
· 숙 **on a huge scale** 대규모로

immense

[iméns]

형 거대한/막대한/방대한

▮ The professor was reserved for his immense learning.
그 교수는 방대한 학식을 지녀서 존경을 받았다.

· 명 **immensity** 무한, 광대
· *cf.* 유 **enormous, huge, vast** 거대한, 막대한
· **an immense sum of money** 막대한 돈

vast

[væst]

형 거대한/막대한

▮ A vast amount of money was spent for the construction of the bridge.
막대한 돈이 저 다리를 건설하는 데 쓰여졌다.

▮ He has written vast amounts of music for solo piano.
그는 방대한 양의 피아노 독주곡을 썼다.

· **a vast continent** 광대한 대륙
· **a vast scheme** 거대한 계획

critical   형 비판적인/중대한/위기의

[krítikəl]

▮ I am nothing, if not critical.
입바른 것밖에는 보잘것없는 나다.

- 명 **critic** 비평가   명 **criticism** 비평, 평론
- *cf.* 유 **crucial, important, significant** 중요한
- 숙 **be in a critical condition** 중태이다
- **self-critical** 자기 비판적인

vacant   형 비어 있는/공허한

[véikənt]

▮ The important post is still vacant.
그 요직은 아직 공석이다.

- 명 **vacancy**   동 **vacate**
- *cf.* 유 **blank, empty** 빈
- *cf.* 유 **occupied** 사용중인
- 숙 **vacant hours** 한가한 시간
- **situation vacant columns** (신문의) 구인 광고란

stubborn   형 고집 센/완고한

[stʌ́bərn]

▮ Don't be so stubborn.
고집 좀 부리지 마.

▮ He is as stubborn as a mule.
그 사람은 황소고집이다.

- *cf.* 유 **dogged, obstinate** 완고한
- 숙 **as stubborn as a donkey** 당나귀만큼 고집 센
- **stubborn resistance** 완강한 저항

trivial   형 사소한/하찮은

[tríviəl]

▮ Don't let such trivial things upset you.
그런 하찮은 것들에 동요하지 마.

▮ Please don't brood over such a trivial matter.
그런 사소한 일로 상심하지 마세요.

- 명 **triviality**   동 **trivialize**
- *cf.* 유 **slight, trifling** 사소한
- **trivial round of daily life** 평범한 일상 생활

ambiguous 형 애매한/모호한

[æmbíguəs]

▎ I think you made an ambiguous statement.
당신은 애매한 진술을 했다고 생각합니다.

▎ It sounds ambiguous.
모호한 것 같다.

· 명 **ambiguity**
· *cf.* 유 **dim, obscure, unclear, vague** 모호한
· *cf.* 반 **clear** 명료한

pleasant 형 유쾌한/즐거운

[plézənt]

▎ My stay in your hotel has been very pleasant.
이 호텔에서의 체류는 매우 즐거웠습니다.

· 명 **pleasure** 동 **please**
· *cf.* 유 **agreeable, amusing, enjoyable** 유쾌한
· *cf.* 반 **unpleasant** 불쾌한
· **the pleasant season** 쾌적한 계절

fierce 형 사나운/격렬한/불쾌한

[fíərs]

▎ The bear, when cornered, is one of the fiercest of all animals.
곰은 궁지에 몰릴 때 가장 사나운 동물 중의 하나이다.

▎ The wind was so fierce we could hardly stand up.
바람이 너무 심해서 우린 서 있을 수가 없었다.

· 부 **fiercely**
· *cf.* 유 **violent, ferocious** 난폭한

queer 형 기묘한/이상한/수상한/가짜의

[qwiər]

▎ Let's break that queer jinx.
이상한 징크스를 깹시다.

· *cf.* 유 **eccentric, odd, singular, strange** 이상한
· **the queer feeling** 기묘한 느낌
· **a queer fish** 괴짜, 기인
· **be queer for** ~에 홀리다
· **queer money** 위조 화폐

subtle

[sʌ́tl]

형 미묘한/희미한

▌ There has been a subtle change in the way Americans view the Korean lately.
최근 미국인들이 한국인을 바라보는 관점에 미묘한 변화가 일어나고 있다.

· **a subtle observer** 예민한 관찰자
· **a subtle distinction** 미묘한 구별

superficial

[suːpərfíʃəl]

형 표면적인/피상적인

▌ He has a superficial mind.
그는 사물을 피상적으로 본다.

· 명 **superficies** 표면, 외관
· 부 **superficially** 외면적[피상적]으로
· *cf.* 반 **profound** 심오한, 뜻깊은
· **make a superficial judgment** 피상적인 판단을 하다

deadly

[dédli]

형 치명적인/죽음의

▌ Cancer is a deadly disease.
암은 치명적인 병이다.

▌ I feel deadly painful.
아파서 죽을 것 같아요.

· 명 **death** 형 **dead** 죽은 동 **die**
· **deadly silence** 쥐 죽은 듯이 조용한 상태
· **a deadly poison** 맹독

expression

[ekspréʃən]

명 표현/표정

▌ A feeling of hatred is one of the expression of concern and love.
얄미운 것도 관심과 애정 표현의 하나지.

· 동 **express** 형 **expressive**
· *cf.* 유 **word, term** 용어, 말투
· 숙 **beyond expression** 말할 수 없이, 형용할 수 없는
  (=beyond description, indescribable, incomparable)
· **facial expression** 얼굴의 표정

poverty

[pávərti]

명 가난/빈곤

▌ When poverty comes in at door, love flies out of window.
가난이 문으로 들어오면 사랑은 창문으로 날아가 버린다.

· 형 **poor**
· 숙 **in poverty** 빈곤한, 곤경에 처해 있는
  (＝in need, in misfortune)
· 숙 **fall into poverty** 가난해지다
· **poverty of blood** 빈혈

specimen

[spésəmən]

명 견본/표본

▌ Can you give me a specimen of your work?
당신의 작품 견본을 보여주겠습니까?

▌ Each specimen is carefully dissected.
각각의 견본은 세심하게 분석된다.

· **a fine specimen of ancient art**
고대 미술의 좋은 보기

temperature

[témpərətʃuər]

명 온도/기온/체온

▌ The temperature was still 23 degrees centigrade.
기온은 여전히 섭씨 23도였다.

▌ Have your temperature taken.
체온을 재 보도록 해.

· **atmospheric[air] temperature** 기온
· **temperature‑humidity index** 불쾌지수(THI)
· 숙 **run a temperature** 열이 나다

proposal

[prəpóuzəl]

명 제안/신청/청혼

▌ He laughed at my proposal.
그는 내 제안을 일소에 부쳤다.

▌ I heard that Sally refused his marriage proposal.
셀리가 결혼 신청을 거절했대요.

· 반 **propose**
· 숙 **make a proposal** 제안하다, 신청하다
  (＝propose, make an overture(offer), suggest)

spirit

[spírit]

명 정신/영혼

▌The spirit is willing, but the flesh is weak.
의욕은 있지만 몸이 말을 듣지 않는다.

· 형 **spiritual**
· **the spirit of tolerance** 관용의 정신
· **one's spiritual presence** 정신적 존재
· **a spirit of enterprise** 진취적인 기상

vessel

[vésl]

명 배/그릇/관

▌The vessels ship containers daily.
그 배들은 매일 컨테이너들을 나른다.

▌A woman is a weaker vessel.
여자는 깨지기 쉬운 그릇과 같다.

· *cf.* 유 **container, pot, receptacle** 항아리, 단지
· **a naval vessel** 해군 함정
· **a blood vessel** 혈관

delicate

[délikit]

형 섬세한/미묘한

▌You are delicate and beautiful like a rose.
장미처럼 우아하고 아름다워요.

· 명 **delicacy**
· *cf.* 유 **elegant, refined** 우아한
· 숙 **be in a delicate condition** 임신중이다
· **a delicate operation** 힘든 수술

main

[mein]

형 주요한

▌He listed the main events in chronological sequence.
그는 주요한 사건을 연대순으로 목록에 기입했다.

· *cf.* 유 **chief, major, prime, principal** 주된
· 숙 **in the main** 대체로(＝in general, in most cases, on the whole, for the most part)
· **main event** 주요 경기

effective

효 효과적인/유효한

[iféktiv]

▮ The pain reliever was effective.
그 진통제는 효과가 있었다.

▮ The law becomes effective on May Ist.
그 법은 5월 1일자로 발효된다.

- 명 **effect** 형 **efficient**
- *cf.* 반 **ineffective** 무효의 / **noneffective** 효과 없는
- **cost-effective** 비용 절감의 효과가 있는, 저렴한

tedious

형 진부한/지루한

[tíːdiəs]

▮ The teacher's tedious lecture put most of us to sleep.
그 선생님의 지루한 강의에 우리들 대부분이 졸았다.

▮ As usual, it was terribly tedious.
늘 그렇듯이 지독히도 지루했죠.

- 명 **tedium**
- *cf.* 유 **bored, boring, tiresome** 지루한

generous

형 관대한/아낌없는/풍부한

[dʒénərəs]

▮ He has a generous mind.
그는 아량이 있는 사람이다.

▮ I receive a rather generous salary.
나는 상당히 좋은 급료를 받고 있습니다.

- 명 **generosity**
- *cf.* 유 **hospitable, kind, unselfish** 관대한, 풍부한
- *cf.* 반 **mean** 인색한

modest

형 겸손한/적당한/수수한

[mádist]

▮ He was so modest that we thought he was shy.
그는 너무 겸손해서 우린 그가 수줍은 것으로 생각했다.

▮ He has a modest income.
그는 적당한 수입이 있다.

- 명 **modesty**
- *cf.* 유 **humble, moderate, courteous, fair** 겸손한
- *cf.* 반 **immodest** 겸손하지 않은 ·

widespread 　웹 널리 퍼진/광범위한/대폭적인

[wáidspréd]

▮ The strike caused widespread disruption to train services.
파업으로 기차 운행이 대폭적으로 중단되었다.

▮ The violence of the hurricane caused widespread damage.
허리케인의 격렬함으로 광범위한 피해가 났다.

· **a widespread superstition** 널리 퍼져 있는 미신

convenient 　웹 편리한

[kənvíːnjənt]

▮ The train is convenient ; the service is fairly quick.
기차는 편리해요. 운행이 아주 빠르거든요.

▮ If it is convenient, come and join us occasionally.
괜찮다면 이따금 우리와 함께 어울립시다.

· 뗑 **convenience** as a matter of convenience 편의상
· *cf.* 빤 **inconvenient** 불편한, 부자유스러운
· 쉽 **make it convenient to do** 형편을 보아 ～을 하다

terrible 　웹 무서운/지독한

[térəbl]

▮ The roar of a lion can be a terrible sound.
사자의 포효는 무서운 소리일 수도 있다.

· 뗑 **terror** 웹 **terrify**
· *cf.* 윤 **dreadful, horrible, frightful, terrific** 무서운
· 쉽 **in a terrible hurry** 몹시 서둘러서
· **terrible man to drink** 술고래
· **terrible heat** 지독한 더위

crucial 　웹 결정적인/중대한/어려운/혹독한

[krúːʃəl]

▮ I don't know about this kind of crucial problems.
이와 같은 어려운 문제는 잘 모르겠는데요.

▮ It is crucial that the report should be on time.
그 보고서를 제때에 준비하는 것이 중요하다.

· *cf.* 윤 **critical, important, significant, vital, essential** 중요한

swift

[swift] 　형 빠른/신속한

▌ He is swift with his judgments.
그는 판단이 빠르다.

▌ We're praying for your swift recovery.
빠른 회복을 빌겠습니다.

· 명 **swiftness**
· *cf.* 유 **prompt, quick, rapid** 신속한

violent

[váiələnt] 　형 격렬한/난폭한

▌ Violent films might have a negative impact on kids.
폭력적인 영화들은 아이들에게 나쁜 영향을 줄 수가 있다.

▌ People think gorillas are violent, but they are not.
사람들은 고릴라가 난폭하다고 생각하지만 실제로는 그렇지 않다.

· 명 **violence**
· 숙 **in a violent temper** 격노하여
· **violent fight** 격렬한 싸움

ruthless

[rú:θlis] 　형 무정한/냉혹한

▌ The escaped convict was a dangerous and
ruthless murderer.
탈옥한 죄수는 위험하고도 무자비한 살인마였다.

· 명 **ruthlessness**
· *cf.* 유 **brutal, cruel, inhuman, pitiless** 잔인한
· **ruthless tyrant** 무자비한 폭군

accurate

[ǽkjurit] 　형 정확한/용의 주도한

▌ My watch is perfectly accurate.
내 시계는 아주 정확하다.

▌ His description was reasonably accurate.
그의 묘사는 상당히 정확했다.

· 명 **accuracy**
· 숙 **to be accurate** 정확히 말해서

grave   명 무덤   형 중대한/엄숙한

[greiv]

▌ I'll take this to my grave.
무덤까지 가지고 가겠다.

▌ Their hasty action put the plan into grave jeopardy.
그들의 성급한 조치로 계획이 심각한 위험에 처했다.

· 명 **gravity**   · *cf.* 유 **cemetery, tomb** 무덤
· 숙 **dig one's own grave** 스스로 무덤을 파다, 자멸하다
· 숙 **to have one foot in the grave** 죽어가고 있다

frank   형 솔직한/정직한

[frǽŋk]

▌ Sometimes being frank is the best policy.
때로는 솔직하게 털어놓는 것이 최선의 길이지요.

▌ I appreciate your being frank.
솔직하게 답변해 주셔서 감사합니다.

· 부 **frankly** frankly speaking 솔직히 말해서
· *cf.* 유 **candid, honest, ingenuous, outspoken**
· 숙 **to be frank with you** 솔직히 말하면

solid   형 고체의/딱딱한   명 고체

[sάlid]

▌ It's very solid house.
아주 튼튼한 집입니다.

▌ He's so ill he can't eat solids.
그는 중병이라서 딱딱한 음식을 못 먹는다.

· *cf.* **liquid** 액체
· **solid hour** 꼬박 한 시간
· **solid fuel** 고체 연료

arrogant   형 거만한/오만한

[ǽrəgənt]

▌ He is arrogant toward everyone.
그는 누구에게나 거만하다.

▌ The boss' son was arrogant to all the employees.
사장의 아들은 모든 종업원들에게 오만하게 굴었다.

· 명 **arrogance, arrogancy**
· *cf.* 유 **proud** 거만한   *cf.* 반 **humble** 겸손한
· **arrogant boasts** 거만하게 뽐냄

notable 〔형〕 주목할 만한/현저한/유명한

[nóutəbl]

▮ There is a notable difference in their ages.
그들의 연령에는 현저한 차이가 있다.

· 〔동〕 **note**
· *cf.* 〔유〕 **distinguished, prominent, outstanding, exceptional** 뛰어난
· **a notable event** 주목할 만한 사건

noticeable 〔형〕 주목할 만한

[nóutisəbl]

▮ Envy is very noticeable in children before they are a year old.
시기나 질투는 한 살 이전의 아이들에게 두드러지게 나타난다.

· 〔동〕 **notice**
· *cf.* 〔유〕 **eminent, outstanding, prominent, marked, remarkable** 현저한

restless 〔형〕 불안한/침착하지 못한

[réstlis]

▮ She is always restless doing something.
그녀는 늘 무엇인가 하면서 쉬지 않는다.

▮ The boy is restless for a picnic.
소년이 소풍 때문에 들떠 있다.

· 〔명〕 **rest**
· 〔숙〕 **be restless and nervous** 안절부절 못하다
· **a man of restless energy** 활동가
· **a restless night** 잠 못 이루는 밤

infinite 〔형〕 무한한

[ínfənit]

▮ There is an infinite variety of colors.
색체의 다양함은 무한하다.

▮ The human mind has an infinite capacity.
인간은 무한한 가능성을 가지고 있다.

· *cf.* 〔유〕 **boundless, limitless**
· *cf.* 〔반〕 **finite** 유한한
· 〔숙〕 **an infinite of** 무한(량)의

complete

[kəmplíːt]

동 완성하다/끝마치다　형 완전한

▌I want to be a complete teacher like my science teacher.
우리 과학 선생님처럼 완벽한 선생님이 되고 싶다.

- · 명 completion　형 completive
- · 숙 have a complete knowledge of ～에 정통하다
  (＝be at home in, be well acquainted with)
- · 숙 to complete my misery 설상가상으로
- · 숙 complete with ～가 완비된, ～까지도 갖춘

entire

[entáiə]

형 전체[전부]의/완전한

▌I talked through the entire night.
밤새도록 얘기를 했어요.

▌This plague can wipe out the entire population.
이 전염병은 전체 인구를 몰살시킬 수 있습니다.

- · 동 entirely
- · cf. 유 total, universal, whole
- · 숙 the entire day 온 종일, 하루 종일

absolute

[ǽbsəlùːt]

형 절대의/완전한/틀림없는

▌He is a man of absolute honesty.
그는 그야말로 정직한 사람이다.

▌France had an absolute monarchy until the Revolution.
프랑스는 혁명 때까지 절대 군주국이었다.

- · cf. 반 relative 상대적인
- · an absolute principle 절대 원리

clumsy

[klʌ́mzi]

형 둔한/솜씨 없는/서투른

▌That was clumsy of me.
그건 제가 둔한 탓이었어요.

▌I'm clumsy when it comes to cooking.
전 요리에 서툽니다.

- · 부 clumsily 서투르게
- · clumsy as an ox (황소처럼) 솜씨없는, 서투른

1021

ample
혤 넓은/충분한/풍부한

[ǽmpl]

▌ He was given an ample opportunity to express his views.
그는 자기의 견해를 표현할 충분한 기회가 주어졌다.

· *cf.* 혤 **scanty, meager** 불충분한, 빈약한
· 숙 **have ample** ～이 풍부하다
· **ample opportunity[time]** 충분한 기회[시간]

1022

tough
혤 질긴/힘든/강인한/튼튼한

[tʌf]

▌ It's tough to kick a habit.
습관을 버리기란 힘든 일이에요.

▌ Have you ever hesitated about a tough decision?
단호한 결심에 대해 주저한 적이 있나요?

· *cf.* 혤 **gentle** 온화한
· **a tough racket** 곤란한 일
· **tough nut to crack** 까다로운 사람, 어려운 문제

1023

relevant
혤 관련된/적절한/타당한

[réləvənt]

▌ This is not relevant to our discussion.
이것은 우리 토론과 관련이 없다.

▌ Pass me all the relevant documents.
관련 있는 문서는 모두 나에게 건네 주세요.

· 명 **relevance, relevancy** 관련(성), 적합성
· 숙 **relevant to ~** ～에 관련 있는
· *cf.* 혤 **irrelevant** 관련 없는, 부적절한

1024

particular
혤 독특한/특별한

[pətíkjulər]

▌ Do you have any particular reason why you have to go there?
그 곳에 가야만 하는 특별한 이유라도 있나요?

▌ Each season has its own particular charm.
각 계절들은 각각 독특한 매력을 가지고 있습니다.

· 부 **particularly**
· 숙 **be particular about** ～에 까다롭게 굴다
· **in particular** 특히, 상세히

276

familiar 〔형〕 친숙한/친밀한/잘 알고 있는

[fəmíljər]

▮ A dog is a familiar animal to humans.
개는 인간에게 친숙한 동물이다.

▮ I'm not familiar with cameras.
저는 카메라를 잘 다루지 못해요.

· 〔명〕 **familiarity** 〔동〕 **familiarize**
· 〔숙〕 **be familiar with** ~을 잘 알고 있다
  sound familiar to ~을 연상시키다, 상기시키다

exact 〔형〕 정확한/정밀[엄밀]한/엄격한

[igzǽkt]

▮ The exact locations are being kept secret for security reasons .
정확한 위치는 보안상의 이유로 비밀이다.

▮ I want to know the exact time.
저는 정확한 시간을 알고 싶어요.

· 〔명〕 **exaction**
· 〔숙〕 **the exact time** 정확한 시간
· *cf.* 〔유〕 **accurate, correct, exact, precise**

independent 〔형〕 독립된/자립의/독립한

[ìndipéndənt]

▮ He's known as an independent man.
그는 소신있는 사람으로 알려져 있다.

▮ He is old enough to be independent of his parents.
그는 부모로부터 독립할 수 있을 만큼 나이가 들었다.

· 〔명〕 **independence, independency**
· 〔숙〕 **be independent of** ~에서 독립해 있다
· *cf.* 〔반〕 **be dependent on[upon]** 의지하다

sincere 〔형〕 성실한/진실한

[sinsíər]

▮ Try to be sincere when you're lying.
입술에 침이나 바르고 가짓말을 해라.

▮ I'd like to express my sincere thanks to you.
나는 당신에게 진심으로 감사의 마음을 표합니다.

· 〔명〕 **sincerity**
· 〔숙〕 **sincere conviction** 진지한 확신

우선 순위 필수 영단어 **277**

loyal

형 충성스러운/충실한

[lɔ́iəl]

▪ A good friend is always loyal.
좋은 친구는 언제나 믿을 수 있다.

▪ He is loyal to his duty.
그는 그의 의무에 충실하다.

· *cf.* 유 **faithful**
· 숙 **be loyal to** ~에 충성하다

identical

형 동일한/동등한/똑같은

[aidéntikəl]

▪ My opinion is identical with his.
내 의견은 그의 의견과 동일합니다.

▪ You and your mother look identical.
당신은 당신 어머니와 똑같이 생겼어요.

· 명 **identity** 동 **identify** 동일시하다
· 숙 **be identical with[to]** ~과 동일하다
· **identical twin** 일란성 쌍둥이

bold

형 대담한

[bould]

▪ He became bold in action.
그의 행동이 매우 대담해졌다.

▪ Fortune favors the bold.
행운의 여신은 용감한 자의 편이다.

· **a bold explorer** 대담한 탐험가
· 숙 **make bold to** 감히 ~하다
· 숙 **make bold with** ~을 마음대로 쓰다

wretched

형 비참한/불쌍한

[rǽtʃid]

▪ This aching tooth makes me feel wretched.
치통 때문에 아주 괴롭습니다.

▪ What a wretched weather!
정말 지독한 날씨로군!

· 명 **wretch** *cf.* 유 **miserable, shabby**
· 숙 **lead a wretched existence** 비참한 생활을 하다

rigid

[rídʒid]

형 단단한/경직된/엄격한

▮ Old people are often rigid in their views.
나이 든 사람들은 종종 사고방식이 완고하다.

▮ His face was rigid with pain.
그의 얼굴은 고통으로 경직돼 있었다.

· 명 **rigidity**
· **a rigid piece of metal** 단단한 쇳조각
· **rigid rules** 엄격한 규칙

majestic

[mədʒéstik]

형 위엄이 있는/장엄한/웅대한

▮ In the distance rose the majestic Halla mountain.
멀리 웅대한 한라산이 모습을 드러냈다.

▮ He made his majestic appearance.
그가 위엄있는 모습을 드러냈다.

· 명 **majesty**
· *cf.* 유 **august, impressive**
· **majestic music** 장엄한 음악

timid

[tímid]

형 겁많은/소심한

▮ Don't be too timid about your actions.
어떤 행동을 하는 데 너무 겁내지 마라.

▮ The student is timid as a mouse.
그 학생은 생쥐처럼 겁이 많다.

· 명 **timidity**
· 숙 **as timid as a rabbit** 벌벌 떨며, 몹시 겁많은
· **be shy and timid in another** 남 앞에서 수줍음을 타다

indifferent

[indífərənt]

형 무관심한/중요치 않은

▮ Her eyes assumed a strange and indifferent look.
그녀의 눈은 이상하고 무관심한 빛을 띠었다.

▮ Never be rude or indifferent to them.
무례하게 대하거나 무관심해서는 안 된다.

· 명 **indifference**
· 숙 **(be) indifferent to** ~에 무관심하다
· **a matter of indifferent** 아무래도 좋은 일

strict

[strikt]

형 엄격한/엄밀한

▮ He is very strict with his children.
그는 자녀에게는 매우 엄격하다.

▮ My father is very strict.
우리 아버지는 매우 엄격하시다.

· **부** **strictly** *cf.* **반** **lenient** 관대한
· *cf.* **유** **severe, cruel**
· **숙** **be strict with one's pupils** 학생에게 엄격하다

dim

[dim]

형 어둑한/흐릿한/어렴풋한/모호한

▮ Our sight grows dim with age.
나이를 먹으면 눈이 흐려진다.

▮ The light bulb in this lamp is too dim.
이 등에 있는 전구는 너무 희미하다.

· *cf.* **유** **ambiguous, obscure, unclear** 모호한
· **숙** **take a dim view of** ~을 회의적으로 보다
· **숙** **become dim** 점차 희미해지다

vain

[vein]

형 헛된/허영심이 강한

▮ I would like to know my efforts were not in vain.
나의 노력이 헛된 일이 아니길 바랍니다.

▮ He tried to open the door, but in vain.
그는 문을 열려고 노력했으나 헛일이었다.

· **명** **vanity** 허영심, 자만심   *cf.* **유** **futile, useless**
· **숙** **in vain** 헛되이, 소용없이
· **숙** **be vain of (about)** ~을 자랑하다

reasonable

[ríːznəbl]

형 합리적인/온당한/과하지 않은

▮ I bought a new house at a reasonable price.
나는 적당한 가격으로 새 집을 샀다.

· **명** **reason** 이성
· **숙** **with reasonable regularity** 상당히 규칙적으로
· **숙** **be reasonable** 이치에 닿다, 말이 되다
· **숙** **at a reasonable price** 적당한 가격으로
· **a reasonable excuse** 이치에 맞는 변명

graceful

형 멋진/우아한/정중한/적절한

[gréisfəl]

▮ That graceful dancing and charming figure!
참으로 우아한 춤이고, 매력적인 자태로다!

▮ She moves in a graceful fashion.
그녀는 움직임이 우아합니다.

· 명 **grace** 부 **gracfully**
· **a gracrful apology** 적절한 사과

crude

형 천연 그대로의/조잡한

[kruːd]

▮ He is noisy, inconsiderate, and crude.
그는 시끄럽고, 분별력도 없고, 퉁명스럽습니다.

▮ The crude typewriter is the prototype of the elaborate machines in use tiday.
이 조잡한 타자기가 오늘날 사용되고 있는 정교한 타자기의 원형이다.

· *cf.* 유 **coarse, gross, vulgar** 조잡한
· **crude material[rubber, oil]** 원료[생고무, 원유]

sacred

형 신성한/성스러운

[séikrid]

▮ In India, cows are regarded as sacred animals.
인도에서, 소는 신성한 동물이다.

· **a social practice much more sacred than any law** 어떤 법보다 신성한 사회적 관행
· 숙 **be sacred stiff** 질겁하다
· *cf.* 유 **godlike, divine, holy**

divine

형 신의/신성한　동 점치다/예측하다/간파하다

[diváin]

▮ We trust in divine providence.
우리는 신의 섭리를 믿습니다.

· 명 **divinity** 신성
· 숙 **divine one's intention** ~의 의도를 간파하다
· **seek divine assistance** 신의 도움을 구하다
· **by divine providence** 신의 섭리로
· **divine grace** 신의 은총

vivid 형 밝은/발랄한/생생한

[vívid]

▌ His image is still vivid in my mind.
그의 모습이 아직도 눈에 선합니다.

· 부 **vividly** *cf.* 유 **graphic, picturesque** 생생한
· 숙 **vivid in one's memory** 기억에 생생한
· **a vivid picture** 생생한 묘사
· **a vivid imagination** 발랄한 상상력

obvious 형 명백한/분명한/속이 들여다보이는/빤한

[á(ɔ́)bviəs]

▌ It is obvious that he is lying.
그가 거짓말을 하고 있는 것이 분명하다.

▌ Isn't that so obvious?
그거 정말 빤한 거 아니야?

· 부 **obviously** *cf.* 반 **obscure** 애매한
· 숙 **one's obvious joke** 조심성 없는 농담
· **an obvious mistake** 명백한 실수

keen 형 예리한/예민한/열중한/절실한

[ki:n]

▌ His eyes are very keen.
그의 눈매가 예리하다.

▌ I am not keen on classical music.
나는 클래식 음악에는 끌리지 않는다.

· *cf.* 유 **acute, sharp** 날카로운
· 숙 **be keen to** ~에 열심이다, ~을 좋아하다
· 숙 **(be) keen on** ~을 몹시 하고 싶어하다

elegant 형 우아한/기품있는/훌륭한

[éligənt]

▌ She is poised and elegant.
그녀는 균형이 잘 잡혀 우아합니다.

▌ The theater had an elegant auditorium.
그 극장에는 훌륭한 관람석이 있습니다.

· 명 **elegance** 부 **elegantly**
· *cf.* 유 **refined, delicate**
· **the life of elegant ease** 우아하고 안락한 생활

1049

efficient

형 유능한/효과적인/유효한

[ifíʃənt]

▮ Doing it my way is much more efficient.
내 방식으로 하는 것이 훨씬 더 효율적이다.

▮ My offer is efficient in a day.
내 제안에 대한 수락 여부를 오늘 안으로 해주기 바랍니다.

· **명** **efficiency** *cf.* **유** **effective** 효과적인
· *cf.* **반** **inefficient** 비능률적인, 효과 없는
· **a fuel efficient** 연비가 좋은 엔진

1050

incident

명 (부수적인)사건 **형** 흔히 있는/일어나기 쉬운

[insidént]

▮ That incident made me change my dream.
그 사고로 내 꿈을 바꾸게 되었다.

▮ We experience lots of incidents every day.
우리는 매일 많은 사건들을 경험한다.

· *cf.* **유** **accident, occurrence** 사고, 우연한 일
· **부** **incidentally** 우연히, 부수적으로
· **a daily incident** 일상사

1051

option

명 조건/선택/선택권

[á(ɔ)pʃən]

▮ You have an option to take it or leave it.
받아들이냐 아니냐는 당신에게 선택권이 있습니다.

▮ We should consider all the options.
우리는 모든 조건을 고려해 봐야 합니다.

· **형** **optional** 임의의, 선택의 **유** **optionally** 마음대로
· **숙** **have no option but to do** ~하는 수밖에 없다
· **숙** **make one's option** 선택하다

1052

abrupt

형 갑작스런/돌연한/퉁명스러운

[əbrʌ́pt]

▮ The car came to an abrupt stop on the way.
차가 길 위에서 갑자기 서 버렸다.

▮ His abrupt reply hurt our feelings.
그의 퉁명스러운 답변에 우리는 마음이 상했다.

· **부** **abruptly** 갑자기
· **숙** **come to an abrupt stop** 갑자기 서다
· **숙** **in an abrupt manner** 퉁명스레

ray

[rei]

명 광선/방사선/빛/서광

▌ There is still a ray of hope for his recovery.
그가 회복될 한 가닥의 희망은 아직 있습니다.

▌ There is not a ray of hope.
한 가닥의 희망도 없습니다.

· *cf.* 유 **beam, flash**
· **a ray of sunlight** 한 줄기의 빛
· **the danger of ultraviolet rays** 자외선의 위험

route

[ruːt]

명 길/노선/행로

▌ He dropped in Tokyo en route home.
그는 귀국하는 길에 도쿄에 들렀다.

▌ How often do the buses run on this route?
이 노선 버스들은 얼마 간격으로 운행됩니까?

· 숙 **en route to** 도중에
· 숙 **take a different route** 다른 경로를 취하다
· 숙 **settle one's route** 진로를 결정하다

dialect

[dáiəlèkt]

명 방언/사투리

▌ My friend speaks a Southem dialect.
내 친구는 남부지방 사투리를 씁니다.

▌ The linguist is fluent in several Chinese dialects.
그 언어학자는 여러 중국어 방언을 유창하게 구사한다.

· 형 **dialectal** 부 **dialectally**
· **a local dialect** 지역 방언

otherwise

[ʌ́ðərwaiz]

부 만약 그렇지 않으면/다른 방법으로

▌ Dress warmly Otherwise, you'll catch a cold.
따뜻하게 입어라, 그렇지 많으면 감기에 걸릴 것이다.

▌ I can't do otherwise.
다른 방법으로 할 수가 없다.

· *cf.* 유 **if not** 그렇지 않으면
· 숙 **and otherwise** 기타
· 숙 **or otherwise** ~인지 아닌지, 또는 그 반대

security

[sikjúːrəti]

명 안전/안심/방심/담보물/유가증권

▮ Security was reinforced before the Olympic Games.
올림픽 경기에 앞서 보안이 강화되었다.

▮ The farmers want security of tenure.
농부들은 토지 소유권의 보장을 원한다.

- 안전 **security guaed** 안전요원, 경호원
- 방심 **Security is the greatest enemy.** 방심은 금물.
- 방위 **security against burglars**
  도둑 방지를 위한 방위 수단
- 담보 **security for a loan**
  대부를 받기 위해 필요한 담보물
- 증권 **securities company** 증권회사

· 형 **secure** 안전한 *cf.* 반 **insecure** 불안전한
· 숙 **in security of** ~을 보장[담보로]하여
· 숙 **in security** 무사히
· 숙 **go security** 신원을 보증하다

phase

[feiz]

명 상/면/양상

▮ Examine every phase of the problem.
문제의 모든 양상을 조사하라.

· 형 **phasic** 안전한
· 숙 **phase out[in]** 단계적으로 제거[이용]하다
· 숙 **phase down** ~을 단계적으로 축소하다
· 숙 **enter in a new phase** 신국면으로 들어가다
· **a problem with many phase** 많은 면을 가진 문제

aspect

[æspekt]

명 (사물의) 면/국면/외관/관점

▮ All of its aspects should be considered.
그것은 여러 모로 고찰해 볼 필요가 있다.

· 숙 **were an aspect of groom** 우울한 얼굴을 하다
· 숙 **have a good aspect** 전망이 좋다
· **consider a question in all its aspect**
  문제를 모든 각도에서 고찰하다

industry

[índəstri]

명 산업/근면

▌ He has made a fortune by means of industry.
그는 근면함으로 돈을 모았습니다.

▌ The tourist industry is booming in this country.
이 나라에서는 관광산업이 붐입니다.

· 형 **industrious** 근면한 형 **industrial** 산업의
· 동 **industrialize** 산업화하다
· 명 **industrialization** 산업화

navigate

[nǽvigèit]

동 항해하다/비행하다/통과시키다

▌ Sailors used to navigate by the stars.
예전에는 선원들이 별을 보고 항해를 했다.

· 명 **navigation** 항해
· **navigate a river** 강을 항해하다
· **navigate a bill through Congress**
의회에서 법안을 통과시키다

fragment

[frǽgmənt]

명 조각/파편

▌ He was hit on the legs by fragments from a bomb.
그는 다리에 폭탄 파편을 맞았다.

▌ The archaeologists examined the fragments of ancient pottery.
고고학자들은 고대 도자기의 파편을 조사했습니다.

· 형 **fragmentary** 파편의, 단편의
· 숙 **in fragment** 단편적으로
· 숙 **burst into fragments** 산산조각으로 부서지다

exotic

[igzátik]

형 이국적인/외래의/색다른

▌ I'd like to go to an exotic island like Saipan.
사이판같은 이국적인 섬에 가고 싶다.

▌ The flower right in front of us looks exotic.
바로 우리 앞에 있는 저 꽃 굉장히 독특하다.

· **an exotic mood** 이국 정서
· 명 **exoticism** 외래어 명 **exotica** 이국적인 것

aggressive　〔형〕 공격적인/적극적인/진취적인

[əgrésiv]

- Some children are much more aggressive than others.
  일부 아이들은 다른 아이들보다 훨씬 더 적극적이다.
- An aggressive young man goes far in this firm.
  진취적인 젊은이라면 이 회사에서 성공한다.

· 〔동〕 **aggress** 〔명〕 **aggression**
· 〔숙〕 **in aggressive way** 공세적으로
· **an aggressive tone of voice** 시비조의 말투

informal　〔형〕 비공식의/격식이 없는

[infɔ́ːməl]

- Do not address me so informal!
  나를 그렇게 친근하게 부르지 마라!
- As an informal gathering, you won't have to dress up.
  비공식 모임이니 정장을 할 필요는 없다.

· 〔명〕 **informality** *cf.* 〔반〕 **formality**
· *cf.* 〔유〕 **careless, casual, irregular** 격식 없는

voluntary　〔형〕 자발적인/자원한

[váləntèri]

- Attendance is purely voluntary.
  참석은 순전히 자의에 의한 것입니다.
- He does voluntary social work.
  그는 사회 자원 봉사 활동을 합니다.

· 〔부〕 **voluntarily** 자발적으로　〔명〕 **volunteer** 지원자
· *cf.* 〔유〕 **spontaneous, willing** 자발적인
· **voluntary retirement** 명예 퇴직

exclusive　〔형〕 배타적인/독점적인/유일한/고급의

[iksklúːsiv]

- The interview is exclusive to this magazine.
  그 인터뷰는 이 잡지에만 실려 있습니다.

· 〔부〕 **exclusively** 〔동〕 **exclude** 〔명〕 **exclusion**
· 〔숙〕 **give one's exclusive attention to** ~에 전념하다
· 〔숙〕 **from 3 to 9 exclusive** 3에서 9까지(단, 3과 9는 제외)
· 〔숙〕 **exclusive of** ~을 제외하고
· **mutually exclusive ideas** 상호 배타적인 생각
· **the exclusive means of transport** 유일한 교통수단

internal

[intə́:nəl]

형 내부의/내면적인/심적인

▌I think it's an internal problem.
내부적인 문제인 것 같습니다.

· *cf.* 반 **external** 외부의, 외적인　명 **internality**
· **intervene in the internal affairs of another nation**
내정 간섭을 하다
· **internal troubles** 내분
· **internal medicine** 내과

ideal

[aidíəl]

형 이상적인　명 이상/이념

▌He's trying to live up to his ideals.
그는 자기 이상에 충실하려고 노력하고 있습니다.

▌What's your ideal type?
당신의 이상형은 무엇입니까?

· 부 **ideally** 이상적으로　명 **idea** 생각
· *cf.* 유 **model, supreme** 이상적인
· **the ideal and the real** 이상과 현실

minister

[mínistər]

명 성직자/장관

▌The university bestowed an honorary doctor's degree on the Minister of Justice.
그 대학교는 법무장관에게 명예 박사 학위를 수여했습니다.

· **a minister of religion** 목사
· **Prime Minister** 수상, 국무총리
· **Minister of Foreign Affairs** 외무장관
· **Conference of Ministers of Group Seven** G7

stiff

[stif]

형 뻣뻣한/경직된/고지식한/엄한

▌I felt a little stiff after an intense workout.
운동을 심하게 했더니 몸이 좀 뻐근합니다.

▌I was scared stiff during most of the movie.
영화 상영 동안 나는 꼼짝 못할 만큼 무서웠습니다.

· 숙 **keep a stiff upper lip**
용감하게 맞서다, 이를 악물다
· 명 **make a stiff bow** 경직되게 절을 하다

1072

sophisticated 　형 세련된/정교한/약아빠진

[səfístəkèitid]

It's true she's pretty, but she isn't very sophisticated.
그녀가 아름답긴 하지만, 그다지 세련되지는 않다.

· 동 **sophisticate** 정교하게 하다
· *cf.* 유 **elaborate** 정교한, 공들인
· **a sophisticated communication network**
복잡한[정교한] 커뮤니케이션 네트워크

1073

exquisite 　형 정교한/절묘한/매우 아름다운

[ékskwizit]

Those violets are exquisite flowers.
저 제비꽃들은 매우 아름다운 꽃이다.

The ring was made with exquisite workmanship.
그 반지는 정교한 세공으로 만들어졌다.

· *cf.* 유 **elaborate and excellent** 극히 뛰어난, 아름다운
· **a man of exquisite taste** 섬세한 취미를 가진 사람

1074

reaction 　명 반응/반동/반작용

[riǽkʃən]

The initial reaction to the news was negative.
그 뉴스에 대한 첫 반응은 부정적이었다.

· 동 **react** 반응하다　형 **reactionary** 반동의
· 숙 **gauge the reaction** 반응을 측정하다, 평가하다
· **an allergic reaction** 알레르기 반응
· **action and reaction** 작용과 반작용
· **a chain reaction** 연쇄 반응

1075

rumor 　명 소문/풍문　동 소문을 내다

[rúːmər]

The rumor is circulating every day.
그 소문이 날로 퍼지고 있다.

The rumor proved to be true.
그 소문은 사실임이 판명되었다.

· 숙 **the rumor runs that ~** ~라는 소문이 나다
· 숙 **by rumor** 소문을 통해
· **a vague rumor** 막연한 소문

category

[kǽtigəri]

몡 범주/부류/부문

■ You don't fit in the category.
너는 그 부류에 어울리지 않는다.

■ We classify books into three main categories.
우리는 책을 3가지의 중요 범주로 분류한다.

· 혱 **categorial** 범주의
· 동 **categorize** 분류하다
· **a grammatical category** 문법적 범주

composition

[kàmpəzíʃən]

몡 구성/구조/작곡/작문

■ Each student must write a composition once a week.
모든 학생들은 일주일에 한 번 작문을 제출해야 한다.

· 혱 **composite** 합성의, 여러 가지 요소를 함유하는
· **composition book** 작문 연습장
· **music composition** 작곡
· **the composition of the atom** 원자의 구조
· **composition a poem** 시를 짓다

fold

[fould]

동 접다/끼다/포개다

■ He looked on the fire with folded arms.
그는 팔짱을 낀 채 화재를 방관했다.

■ He folded his newspaper into a neat rectangle.
그는 신문을 접어서 단정하게 정사각형으로 만들었다.

· 숙 **fold one's arms** 팔짱을 끼다
· 숙 **fold down** ~을 접다
· 숙 **fold or slant inwards** 안쪽으로 굽히다

stern

[stəːrn]

혱 엄격한/단호한 몡 고물/배의 뒷부분

■ They pledged their loyalty to the stern general.
그들은 엄격한 그 장군에게 충성을 맹세했다.

■ It's a very scary word to a stern banker.
그건 엄격한 은행원이 딱 질색하는 말입니다.

· 붑 **sternly** 엄하게
· *cf.* 윶 **severe, strict, rigid** 엄격한
· **stern discipline** 엄격한 규율

moisture 명 수분/습기

[mɔ́istʃər]

▌ Humidity is a measure of moisture in the atmosphere.
습도는 대기의 습기를 측정한 것이다.

· 형 **moist** 습한, 젖은, 축축한
· 동 **moisten** 축축하게 하다, 축축해지다
· **remove moisture** 수분을 없애다

element 명 요소/성분/원소/원리/기본

[élimənt]

▌ Letters are the elements out of which all our words are formed.
문자는 모든 말을 구성하는 데 필수적인 요소이다.

· 형 **elementary** 기본의, 초보의
· 형 **elemental** 요소의, 원소의, 원리의
· *cf.* 유 **component, constituent, factor** 요소
· **the elements of grammer** 문법의 기본

slight 형 약간의/가벼운/대단치 않은

[slait]

▌ I have a slight acquaintance with him.
그 사람과는 조금 아는 사이입니다.

▌ We have a slight difference in opinion.
우리는 약간의 견해 차이가 있습니다.

· 부 **slightly** 다소, 약간, 조금
· *cf.* 유 **trifling, trivial** 사소한
· **a slight ailment** 가벼운 병

luxurious 형 사치스러운/호화스러운

[lʌgʃúːriəs]

▌ He lives in luxurious surroundings.
그는 호화스러운 환경에서 살고 있다.

▌ The hotel has luxurious accommodations.
그 호텔은 호화로운 시설들을 갖추고 있다.

· 명 **luxury** 사치, 호화
· 부 **luxuriously** 사치스럽게, 호화스럽게
· **a luxurious harvest** 풍작

subject

[sʌ́bdʒikt]

동 복종시키다/(싫은 일을) 겪게 하다

▌ He subjected the nation to his rule.
그는 국민을 그에게 복종하게 했다.

▌ She subject to colds.
그녀는 감기에 잘 걸린다.

· 명 **subjection** 정복, 복종
· 숙 **be subject to** ～하기 쉽다, ～에 복종해야 한다

standard

[stǽndəːrd]

명 표준/기준

▌ Don't measure other by your own standard.
자신의 기준으로 남을 평가하지 마라.

· 형 **standardize** 표준[규격]화하다
· 숙 **below standard** 표준[기준] 이하인
· **join the standard of** ～의 깃발 아래 모여들다
· **a standard of assessment** 과표, 과세 표준
· **moral standards** 도덕적 기준

priority

[praiɑ́(ɔ́)rəti]

명 우선 순위/우선권

▌ Ambulances have priority over other vehicles.
구급차는 다른 차들보다 우선 순위다.

▌ I'm sure my home is the first priority.
나는 가정이 제일 중요하다고 생각합니다.

· 동 **prioritize** 우선 순위를 매기다
· 숙 **according to priority** 순서에 따라
· 숙 **take priority of** ～의 우선권을 얻다

resource

[risɔ́ːs]

명 원천/자원/재원

▌ We must preserve our natural resources.
우리는 천연 자원을 보존해야 한다.

▌ The province is relatively rich in mineral resources.
그 지방은 광물 자원이 비교적 풍부하다.

· 형 **resourceful** 재능이 많은
· **exploit the resources of the oceans** 해양자원을 개발하다
· **resource division** 인사 부서

1088

origin

명 기원/출처/발단/가문/태생

[ɔ́ridʒin]

▎What was the origin of this argument?
이 논쟁의 발단은 무엇입니까?

· 형 **originality** 독창성, 진품, 원형
· 형 **original** 최초의, 독창적인
· 동 **originate** 시작하다, 비롯되다
· **the origin of civilization** 문명의 기원
· **Dane by origin** 덴마크 태생

1089

staff

명 직원/지팡이

[stæ(ɑ:)f]

▎How many of your staffs are women?
직원 중에 여성이 얼마나 됩니까?

▎The old man needed his staff to climb the hill.
노인은 언덕을 오르는 데 지팡이가 필요했다.

· *cf.* **staffs** 직원의 복수형, **staves** 지팡이의 복수형
· 숙 **staff up** 직원을 늘리다
· **the teacher staff** 교수진

1090

famine

명 굶주림/기아/기근

[fǽmin]

▎The drought caused famine throughout the country.
가뭄은 전국적으로 기아를 초래했다.

▎They endured the famine.
그들은 기근을 견디어 냈다.

· *cf.* 유 **starvation** 기아
· **die of famine** 굶어죽다
· **a famine of fuel** 연료 부족

1091

literate

형 글을 읽고 쓸 줄 아는/교양 있는

[lítərit]

▎Every adult should be literate.
모든 성인은 글을 읽고 쓸 줄 알아야 한다.

· *cf.* 반 **illiterate** 문맹의, 학식이 없는
· **computer-literate** 컴퓨터 사용 능력이 있는
· **Nobel laureate in literate** 노벨문학상 수상자
· **literate person** 학식있는 사람

pupil

[pjúːpəl]

명 학생/눈동자[동공]

▌ He manages his pupil gently.
그는 학생을 매우 부드럽게 다룬다.

▌ Pupil grows wide in the dark.
어둠 속에서는 동공이 커진다.

· 형 **pupil(l)ary** 학생의, 동공의
· *cf.* 유 **eyeball** 눈동자

shy

[ʃai]

형 수줍어하는/부끄럼타는

▌ I feel a bit shy to speak in front of people.
사람들 앞에서 말하는 게 좀 쑥스러워요.

▌ Others would say that I'm a shy person.
다른 사람들이 저를 내성적인 사람이라고 합니다.

· 명 **shyness** 수줍음   부 **shyly** 수줍게
· 숙 **be shy of** ~로 부끄러워하다
· 숙 **shy away from** ~으로부터 몸을 피하다

grateful

[gréitfəl]

형 감사하는/사의를 표하는

▌ I can't express how grateful I am.
내가 얼마나 고마워하고 있는지 말로 다 표현할 수 없다.

▌ I am grateful for your help.
당신의 도움에 감사하고 있습니다.

· 부 **gratefully** 명 **gratitude** 감사
· 숙 **feel grateful for** ~에 대하여 고맙게 여기다
· **a grateful letter** 감사의 편지

opponent

[əpóunənt]

형 적대하는/반대의   명 적수/반대자

▌ Do not attempt to increase your stature by decrying the efforts of your opponents.
상대편의 노력을 깎아내림으로써 너를 높이려고 하지 마라.

· 동 **oppose** 반대하다
· *cf.* 유 **antagonist, competitor, enemy** 적수
· **a political opponent** 정적(政敵)

emigrant

图 (타국으로의) 이주자/이민

[émigrənt]

- The emigrants have endured physical and mental pain.
  이민 간 사람들은 육체적, 정신적 고통을 견디어 왔다.
- The emigrants scattered to many countries.
  이주민들은 많은 나라로 흩어졌다.

· *cf.* 빤 **immigrant** 이민 온 사람

ashamed

형 부끄러워하는/수치스러운

[əʃéimd]

- I was ashamed to say such things.
  부끄러워서 그런 말을 할 수가 없었다.
- You made me feel ashamed of myself.
  당신 때문에 나까지 창피했었다.

· *cf.* 빤 **proud** 자랑스러운
· 숙 **be ashamed of** ~로 부끄러워하다
· 숙 **be ashamed + to** 부끄러워서 ~하고 싶지 않다

enthusiastic

형 열광적인/열중하는

[enθjùːziǽstik]

- His lectures are very enthusiastic.
  그분의 강의는 정말 열성이 대단합니다.
- They gave us an enthusiastic welcome.
  그들은 우리를 열렬하게 환영을 해주었어요.

· 명 **enthusiast** 광, 팬
· 명 **enthusiasm** 열정, 열성　부 **enthusiastically**
· 숙 **be enthusiastic about** ~에 열성이다

polite

형 공손한/예의바른

[pəláit]

- He took off his hat and made a polite bow.
  그는 모자를 벗고 공손하게 절을 했다.
- Try to be polite in front of my parents.
  우리 부모님 앞에서는 예의를 지키도록 하세요.

· 부 **politely** *cf.* 빤 **impolite, rude** 불손한
· *cf.* 유 **civil, courteous, respectful** 공손한
· **a polite man** 예의 바른 사람

1100

fitness

[fitnis]

명 적합성/양호함/건강(상태)

▌ I joined the fitness club so as to get into shape.
몸매를 가꾸기 위해 헬스 클럽에 등록했다.

· **special fitness** 적합성
· **physical fitness program** 건강 유지 프로그램
· **an adequate level of physical fitness**
적당한 수준의 건강 상태

1101

upright

[ʌ́pràit]

형 똑바른/똑바로 선/서서

▌ She is past 70, yet upright in her carriage.
그녀는 70세가 넘었는데도 아직 자세는 꼿꼿하다.

▌ Empty sacks will never stand upright.
빈 자루는 똑바로 서지 못한다.

· **부 uprightly** 똑바로, 정직하게
· *cf.* **유 erect** 꼿꼿이 선, 세우다
· **숙 out of upright** 기울어진

1102

jealous

[dʒéləs]

형 샘이 많은/질투가 많은

▌ He is jealous of his friend's success.
그는 친구의 성공을 시샘하고 있다.

· **명 jealousy**
· **숙 be jealous of** ~을 질투하다
· **숙 keep a jealous eye on** ~을 방심하지않고 경계하다
· **a jealous of a winner** 승자를 시기하다
· **a jealous disposition** 샘이 많은 기질

1103

campaign

[kæmpéin]

명 사회운동/유세/군사 행동/종군

▌ He helped us promote our campaign.
그는 우리 캠페인을 촉진시키는 데 도움을 주었습니다.

▌ The speech was an important one in the campaign.
그 연설은 유세에서 중대한 것이었다.

· **an election campaign** 선거운동
· **an energetic campaign against smoking**
강력한 금연운동

slave

[sleiv]

명 노예/종속 장치　동 노예처럼 일하다

▌ Africans were sent to distant countries as slaves.
아프리카인들은 노예로 먼 나라들로 보내졌다.

▌ In Korea, many students become slaves of grades.
한국에선 많은 학생들이 성적의 노예가 되고 있다.

· 명 **slavery** 노예 제도, 노예 신분
· 동 **enslave** 노예로 만들다
· 숙 **make a slave of** ～을 혹사하다

landscape

[lǽndskèip]

명 경치/풍경(화)/전망/조경

▌ I marveled at the beauty of the landscape.
나는 그 풍경의 아름다움에 감탄했다.

▌ The region is noted for its beautiful landscape.
그 지역은 아름다운 경치로 유명하다.

· *cf.* 유 **prospect, scenes, sight, view, vista** 경치
· **view the landscape** 풍경을 바라보다

surplus

[sə́:pləs]

형 남아 도는/잉여의　명 나머지/잉여

▌ The korean trade surplus is increasing.
한국의 무역 흑자는 증가하고 있습니다.

▌ The surplus of food is wasted.
잉여 식량이 버려진다.

· 부 **a surplus coffee** 남아 도는 커피
· **a surplus population** 과잉 인구

male

[meil]

명 남성/수컷　형 남성의/수컷의

▌ The male ape is intelligent by nature.
수컷 원숭이는 선천적으로 지능이 높다.

▌ She disguised herself in male attire.
그녀는 남자로 변장했다.

· *cf.* 반 **female** 여성(의), 암컷(의)
· **male-dominated** 남성 지배의
· **male chauvinism** 남존여비 사상

vacuum
명 진공/공백 형 진공의/공백의

[vǽkjuəm]

▌ The death of the President left a vacuum in the political world.
대통령의 사망으로 정계에 공백기가 생겼다.

▌ The loss left a vacuum in his heart.
상실감으로 그의 마음에 구멍이 생겼다.

· 형 **vacuous** 텅빈,얼이 빠진,우둔한,일이 없는
· **vacuum cleaner** 진공 청소기

proof
명 증거/증명

[pruːf]

▌ I think i know who did it, but i don't have the proof.
심증은 가는데, 물증이 없다.

▌ The existence of evilis the proof of the existence of good.
악이 존재한다는 것은 선이 존재한다는 증거이다.

· 동 **prove** 증명하다 *cf.* 유 **evidence** 증거
· 숙 **in proof of** ~의 증거로
· **capable of proof** 사실을 증명할 수 있는

disgrace
명 불명예/치욕/망신

[disgréis]

▌ Poverty is no disgace, but it is a great inconvenience.
가난은 불편하지만 부끄러운 것은 아니다.

· 형 **disgraceful** *cf.* 유 **dishonor** 불명예
· 숙 **be a disgrace to** ~의 망신이다
· 숙 **bring disgrace on** ~에게 불명예를 가져오다
· 숙 **in disgrace** 비위를 거슬러, 면목을 잃어
· 숙 **fall into disgrace** 망신당하다, 총애를 잃다

suitable
형 적당한/알맞은/어울리는

[súːtəbl]

▌ I'm afraid that's not suitable for me.
그건 저한테 안 어울리는군요.

▌ My present job is not suitable for my major and aptitude.
현재 직업이 제 전공과 적성에 적합하지 않습니다.

· *cf.* 반 **unsuitable** 부적당한
· 숙 **be suitable for** ~에 알맞다, 어울리다
· **suitable to the occasion** 시기에 적합한

architecture

명 건축/건축술/건축학

[áːrkətektʃər]

He went abroad to study architecture during his senior year.
그는 건축학과 4학년 때 유학 갔다.

· 명 **architect** 건축가   형 **architectural** 건축의
· **domestic architecture** 주택 건축
· **the classical style of architecture** 고전적 건축양식
· **the architecture of a novel** 소설의 구성

casual

형 우연한/무관심한/격식이 없는

[kǽʒuəl]

She was dressed in a casual way.
그녀는 평소대로 옷을 입었다.

He earns a living by doing casual labor.
그는 임시직으로 생계를 이어간다.

· *cf.* 유 **careless, informal, irregular** 격식 없는
· 숙 **in casual clothes** 평상복으로
· **a casual remark** 무심코 한 말

reluctant

형 꺼리는/마음 내키지 않는

[rilʌ́ktənt]

Romeo and Juliet were reluctant to part.
로미오와 줄리엣은 정말 헤어지기 싫었다.

She seemed very reluctant to go with him.
그녀는 그와 함께 가고 싶은 마음이 없는 것 같다.

· 명 **reluctantly** 마지못해, 싫어하면서
· 명 **reluctance** 마지못해 함   명 **reluctancy** 꺼리낌
· 숙 **be reluctant to do** 마지못해 ~하다

unbearable

형 견딜 수 없는

[ʌnbɛ́ərəbl]

This heat is unbearable.
이 더위는 견딜 수가 없어요.

The traffic jam in Seoul is unbearable.
서울의 교통 체증은 짜증난다.

· 부 **unbearably** 명 **unbearableness**
· *cf.* 반 **bearable** 견딜 수 있는

steep

[stiːp]

형 가파른/ 경사가 급한

- They climbed up the steep mountain gasping for breath.
  그들은 숨을 헐떡거리며 가파른 산을 올라갔다.
- They climbed up the steep slope little by little.
  그들은 가파른 경사를 조금씩 올라갔다.

- · 동 **steepen** 가파르게 하다
- · **a steep slope** 가파른 언덕

incessant

[insésənt]

형 끊임없는/계속되는

- The crickets kept up an incessant chirping which disturbed our attempts to fall asleep.
  귀뚜라미가 계속 울어대서 우리는 잠들 수가 없었다.
- His incessant complaining is tiresome to us.
  그의 끊임없는 불평이 우리를 피곤하게 한다.

- · 부 **incessantly** 계속하여
- · *cf.* 유 **constant, endless, unceasing** 끊임없는
- · **an incessant noise** 끊임없는 소음

worthwhile

[wə́ːrðhwáil]

형 가치가 있는/할 보람이 있는

- It is worthwhile to learn English as a means of communication.
  의사 전달 수단으로서 영어를 배우는 것은 가치있는 일이다.
- I'd like to spend my winter vacation worthwhile.
  겨울방학은 알차게 보내고 싶다.

- · 명 **worth** 가치
- · 숙 **be worthwhile to** ~할 만한 가치가 있다
- · **a worthwhile book** 읽을 만한 책

available

[əvéiləbl]

형 쓸 수 있는/주어진/유효한

- It's economical and readily available.
  그것은 경제적이고 쉽게 이용할 수 있습니다.

- · 동 **avail** 쓸모가 있다, 가치가 있다
- · 숙 **available for** ~에 유용한
- · 숙 **be available to** ~ 이용할 수 있는, 쓸모있는
- · **not available at this time** 철이 지난
- · **normally available** 제철인, 한창인, 알맞은 때의
- · **ticket available on the day** 당일에만 유효한 표

comprehensive ᠃형 포괄적인/이해력 있는

[kɑ̀(ɔ)mprihésiv]

▌ The book is a comprehensive study of the 1930's.
그 책은 1930년대에 대한 포괄적인 연구서다.

· 동 **comprehend** 이해하다　명 **comprehension** 이해
· 숙 **be comprehensive of** ~을 포함하다
· **the comprehensive faculty** 이해력
· **a comprehensive knowledge** 광범위한 지식
· **a comprehensive mind** 넓은 마음

delicious 형 맛있는/유쾌한

[dilíʃəs]

▌ I had Bulgogi and rice for lunch and it was really delicious.
오늘 점심 때 불고기 백반을 먹었는데 정말 맛있었어요.

▌ Kimchi is a bit spicy, but it's really delicious.
김치는 좀 맵긴 하지만 아주 맛있습니다.

· **~ looks delicious** ~이 맛있어 보인다
· **a delicious moment** 통쾌한 순간

fertile 형 비옥한/다산의/창조력이 풍부한

[fə́ːrtail]

▌ Fertile soil is indispensable for agriculture.
농사에는 비옥한 토지가 꼭 필요하다.

· 동 **fertilize** 비옥하게 하다　명 **fertilizer** 비료
· *cf.* 반 **barren** 불모의
· **fertile showers** 단비 / **fertile ground** 비옥한 땅
· **a fertile year** 풍년 / **a fertile egg** 수정란
· **a fertile mind** 창의력이 풍부한 마음

tiny 형 아주 작은/사소한

[táini]

▌ The human body consists of billions of tiny cells.
인간의 신체는 수십 억 개의 자그마한 세포로 이루어져 있다.

▌ The mountains protect the tiny village.
산이 그 작은 마을을 보호한다.

· *cf.* 반 **huge** 거대한
· *cf.* 유 **minute, slight, small, wee** 작은
· **a tiny cottage** 작은 오두막

우선 순위 필수 영단어　**301**

absurd

형 불합리한/모순된/우스꽝스러운

[æbsə́:rd]

▌ The plan is absurd from a practical point of view.
그 계획은 실제적인 관점에서 볼 때 불합리하다.

▌ The clown wore an absurd costume.
광대는 우스꽝스러운 옷을 입었다.

· 명 **absurdity** 불합리, 우스꽝스러움　부 **absurdly**
· *cf.* 유 **dumb, foolish, ridiculous, silly** 어리석은
· **absurd remarks** 망언

numerous

형 수많은/다수의

[njú:mərəs]

▌ Mail solicitations become more numerous with time.
우편물 광고는 시간이 지나면서 그 숫자가 점점 증가하고 있다.

▌ The bride and groom received numerous gifts.
신부와 신랑은 많은 선물을 받았다.

· 동 **numerate** 세다, 계산하다　명 **numeral** 숫자
· 형 **numerical** 수를 나타내는, 수를 가진
· **the numerous voice of the people** 여론

raw

형 날것의/가공하지 않은/조악한

[rɔ:]

▌ The raw materials arrived at the factory at noon.
원료들이 정오에 공장에 도착했다.

· *cf.* 반 **ripe** 익은
· 숙 **in the raw** 자연 상태 그대로의
· 숙 **get a raw deal** 부당한 대우를 받다
· **raw spirits** 물타지 않은 술
· **raw material** 원료

intact

형 손상되지 않은/원상 그대로인

[intǽkt]

▌ The vase he dropped remained intact.
그가 떨어뜨린 꽃병은 손상되지 않았다.

▌ Few buildings survived the bombing raids intact.
그 폭격에 피해없이 무사한 건물은 거의 없었다.

· 숙 **keep a thing intact** 무엇을 그대로 두다
· *cf.* 유 **untouched, unimpaired** 본래대로의
· **the intact mummy** 손상되지 않은 미라

wicked 〔형〕 사악한/심술궂은

[wíkid]

- A wicked snake tempted Eve into eating the apple.
  사악한 뱀이 이브를 유혹해 사과를 따먹게 했다.
- Wicked men should be punished.
  심술궂은 사람은 벌을 받아야 한다.

- · 〔부〕 **wickedly** 〔명〕 **wickedness** 사악함
- · *cf.* 〔유〕 **evil, malicious, vicious** 사악한
- · **wicked habits** 나쁜 습관

superstition 〔명〕 미신/맹신

[sù:(sju:)pərstíʃən]

- Knowledge is the best remedy for superstition.
  지식은 미신에 대한 최선의 치료책이다.
- Prejudice and superstition are born of ignorance.
  편견과 미신은 무지에서 생긴다.

- · 〔형〕 **superstitious** 미신에 사로잡힌, 미신적인
- · **break down superstitions** 미신을 타파하다
- · **superstitious tail** 미신적 이야기

conviction 〔명〕 유죄 판결/신념/확신

[kənvíkʃən]

- It's difficult to hold firm to one's convictions these days.
  요즘은 자신의 신념을 지켜 나가기가 어렵다.

- · 〔동〕 **convince** 납득시키다, 확신시키다
- · 〔형〕 **convincing** 설득력 있는
- · 〔동〕 〔명〕 **convict** 유죄를 선고하다, 기결수
- · **carry conviction** 설득력이 있다
- · **sincere conviction** 진지한 확신

soul 〔명〕 영혼/정신

[soul]

- He gave himself to the work body and soul.
  그는 몸과 마음을 다해 그 일에 전념했다.

- · 〔숙〕 **upon my soul** 맹세코, 진정으로
- · 〔숙〕 **to save my soul = for my soul = for the soul of me**
  아무리 해도, 도무지
- · 〔숙〕 **in my soul of souls** 마음 속에서는
- · 〔숙〕 **search one's soul** 반성하다
- · 〔숙〕 **throw one's soul into** ~에 전력을 기울이다

1132

unanimous   형 만장일치의/합의의

[juːnǽniməs]

▮ We are unanimous for reform.
우리는 개혁에 대해 찬성이다.

▮ It was a unanimous decision.
그것은 만장일치로 결정되었습니다.

· 명 **unanimity**   부 **unanimously** 만장일치로
· 숙 **by unanimous consent** 만장일치로

1133

inner   형 안쪽의/내적인

[ínər]

▮ She commuted between the outer city and the inner city.
그녀는 교외와 도심 사이를 통근한다.

· cf. 반 **outer** 외적인
· 숙 **with the inner side out**
뒤집어서(안쪽이 밖으로 나오도록)
· **one's inner thoughts** 마음 속의 생각

1134

relative   형 상대적인/비교적인   명 친척

[rélətiv]

▮ They are living in relative comfort.
그들은 비교적 편하게 살고 있습니다.

▮ Do you have any relatives living in the U.S.A?
당신은 미국에 살고 있는 친척이 있습니까?

· 부 **relatively** 상대적 cf. 반 **absolute** 절대적인
· 명 **relationship** 관계
· 숙 **relative to** ～에 비례하여

1135

mechanical   형 기계의/기계적인

[mikǽnikəl]

▮ Mechanical power took the place of manual labor.
기계적인 힘이 육체 노동을 대신했다.

· 명 **mechanic** 기계공, 정비사
· 동 **mechanize** 기계화하다   명 **mechanism** 체계
· **mechanical pressure** 물리적 압력
· **mechanical products** 기계제품
· **mechanical pencil** 샤프펜슬

friendly

[fréndli]

형 친한/친절한/우호적인

▮ My friends say that I'm very friendly.
친구들은 나를 친근한 성격이라고 합니다.

▮ English people are very friendly in general.
영국인들은 대체로 매우 친절했다.

· 명 **friend** *cf.* 반 **hostile** 적대적인
· 숙 **have friendly relations with** ~와 친하다
· 숙 **on friendly terms** 사이가 좋은

perpetual

[pəpétʃuəl]

형 영속하는/끊임없는

▮ A perpetual-motion machine could not run without violating the laws of thermodynamics.
영구 작동 기계는 열역학 법칙을 위배하지 않고 작동할 수 없다.

· 부 **perpetually** 영원히
· 동 **perpetuate** 영속시키다, 불멸하게 하다
· *cf.* 유 **continual, incessant** 끊임없는, 영구적인
· **the perpetual snow of the Arctic** 북극의 만년설

selfish

[sélfiʃ]

형 이기적인/자기 본위의

▮ She does everything for selfish reasons.
그녀가 하는 일은 모두 이기적인 동기에서 비롯된 것이다.

▮ I am fed up with his selfishness.
나는 그의 이기주의에 넌더리가 난다.

· 부 **selfishly** 명 **selfness**
· *cf.* 반 **unselfish, hospitable, kind** 관대한
· **the selfish theory of morals** 이기설, 자애설

ethical

[éθikəl]

형 도덕상의/윤리적인

▮ It is not ethical to give or take a bribe.
뇌물을 주고받는 것은 윤리적이지 못하다.

· 부 **ethically** 명 **ethicality** 윤리성
· 명 **ethics** 윤리학 명 **ethicist, ethician** 도덕가
· *cf.* 유 **moral, righteous, virtuous** 도덕적인
· **Ethics and Thought** 윤리와 사상

primitive 형 원시의/원시적인/초기의

[prímətiv]

▮ Primitive artists often paint without perspective.
초기 미술가들은 종종 원근법 없이 그림을 그린다.

▮ Primitive man made tools from sharp stones.
원시인은 날카로운 돌로 도구를 만들었다.

· *cf.* 유 **uncultured** 원시의, 원시적인
· **primitive chord** 기초 화음
· **a primitive society** 원시 사회

digestion 명 소화(작용)/이해

[dadʒéstʃən]

▮ These pills will help digestion.
이 알약은 소화를 도울 겁니다.

▮ I have troubles with my digestion.
나는 소화에 문제가 있다.

· 동 **digest** 소화하다, 이해하다　형 **digestive**
· *cf.* 반 **indigestion** 소화 불량
· **food easy of digestion** 소화가 잘되는 음식

fatal 형 치명적인/운명의

[féitəl]

▮ He was in a fatal accident.
그는 치명적인 사고를 당했다.

▮ Without immediate treatment, the illness will be fatal.
즉각적인 치료를 하지 않으면 그 병은 치명적인 것이 될 것이다.

· 명 **fate, fatality** 운명, 숙명, 죽음, 재난, 참사
· 부 **fatally** 치명적으로　명 **fatalism** 숙명론, 운명론
· 숙 **a fatal disease** 불치의 병

practical 형 실제의/실용적인

[præktikəl]

▮ From a practical point of view, we have no defence.
실질적인 관점에서, 우리는 변명의 여지가 없다.

· 명 **practice** 실행, 연습, 관행　*cf.* 유 **impractical**
· 부 **practically** 사실과 같은, ～나 마찬가지
· 형 **practicable** 실행 가능한
· 숙 **be of practical use** 실용적이다
· 숙 **for(all) practical purpose** 실제(적으)로

1144 minority

[mainá(ɔ́)rəti]

명 소수/소수민족/미성년

> They are a minority group with a particular point of view.
> 그들은 나름대로의 독특한 견해를 지난 소수집단이다.

- *cf.* **반** **majority** 다수
- **명** **형** **minor** 미성년자, 부전공, 소수의
- **minority group** (한 나라의) 소수민족
- **minority party** 소수당

1145 intellect

[íntəlèkt]

명 지적능력/지성/사고력

> Intellect is invisible to the man who has known.
> 지성이라는 것은 그것을 갖고 있지 않은 사람에게는 보이지 않는다.

- *cf.* **반** **majority** 다수
- **명** **형** **intellectual** 지식인, 지성적인
- **the intellect of the age** 당대의 지식인들
- **intellectual property** 지적 재산권
- **a man of intellect** 지성있는 사람

1146 transportation

[trǽnspə(ɔ́ː)téiʃən]

명 운송/수송/운송수단

> Taking public transportation is the smart way to go.
> 대중 교통을 이용하는 게 현명해요.

> Subway is an important means of transportation in big cities.
> 대도시에서 지하철은 중요한 교통 기관이다.

- **동** **명** **transport** 운송하다, 운송
- **the railroad transportation** 철도 수송

1147 tight

[tait]

형 단단한/꽉 끼는/빈틈이 없는

> This watch feels tight on my wrist.
> 이 손목시계는 팔목에 꽉 조입니다.

- **동** **tighten** 꽉 죄다 **부** **tightly** 꽉 조이게, 빈틈없이
- *cf.* **반** **loose** 느슨한 **명** **tightwad** 구두쇠
- **숙** **get tight** 술 취하다
- **숙** **be in a tight place** 궁지에 빠지다, 꼼짝 할 수 없다
- **숙** **keep tight rein on** ~을 엄격히 다루다

1148
bond
[bɔnd]

명 유대/결속/채권(증서)

■ The bonds of trust between you and me are firm.
당신과 나는 신뢰감으로 맺어진 관계예요.

■ I invested my savings in stocks and bonds.
나의 저금을 증권과 주식에 투자하였다.

· 명 **bondage** 속박, 노예가 되어 있음
· **break one's bonds** 속박을 끊어 버리다
· **family bond** 가족의 유대

1149
lean
[liːn]

동 기대다/의지하다

■ Don't lean your body against the door.
문에 기대지 마세요.

■ His family's gone belly up and ain't got no place to lean on.
그는 집이 망해서 어디 의지할 데도 없습니다.

· 숙 **lean on person's arm** ~의 팔에 기대다
· 숙 **lean against** ~에 기대다
· 숙 **lean on** 의지하다, 믿다

1150
affirmative
[əfə́ːmətiv]

형 긍정의/찬성하는/단정적인   명 긍정

■ He has received an affirmative letter.
그는 긍정적인 회답을 받았다.

■ The answer to my request was a strong affirmative.
내 질문에 대한 답변은 강한 긍정이었다.

· *cf.* 반 **negative** 부정의, 부정적인
· 숙 **in the affirmative** 긍정적으로
· **an affirmative vote** 찬성 투표

1151
fundamental
[fʌndəméntəl]

형 근본적인/기본적인/중요한

■ Freedom of speech is fundamental to democracy.
언론의 자유는 민주주의의 기본이다.

· 부 **fundamentally** 기본적으로, 기초적으로
· *cf.* 유 **basic, elementary, primary** 기본적인
· **the fundamental form** 기본형
· **fundamental human rights** 기본적 인권
· **fundamental changes** 근본적 변화

earnest ㆍ 형 진지한/열심인

[ə́ːnist]

▌ He then began to study in earnest.
그는 그때부터 진지하게 공부하기 시작했다.

▌ It began raining in earnest.
본격적으로 비가 내리기 시작했다.

· 숙 **make a earnest request** 호소하다, 간청하다
· 숙 **in earnest** 진지하게, 단호하게
· 숙 **in sober earnest** 엄숙히, 진지하게

intent ㆍ 명 의도/의향/의지

[intént]

▌ Write a letter of intent to admissions.
입학을 원한다는 편지를 입학 관리처로 보내세요.

· 명 **intention** 의도　부 **intentionally** 의도적으로
· 형 **intentional** 의도적인　동 **intend** 의도하다
· 숙 **with intent to** ~할 목적으로
· 숙 **to all intent and purposes** 어느 점으로 보아도
· 숙 **with evil[good] intent** 악의[선의]로

corporation ㆍ 명 회사/법인/기업/조합

[kɔːrəréiʃən]

▌ A corporation and B Inc. announced 'strategic alliance'.
A사와 B사는 '전략적 제휴'를 발표했다.

▌ The corporation has enough capital to build another factory.
그 회사는 또 다른 공장을 지을 충분한 자본을 가지고 있다.

· **alien corporation** 외국기업
· **Broadcasting Corporation** 방송국

magnificent ㆍ 형 웅장한/장엄한/멋진/훌륭한

[mægnífəsnt]

▌ A sacred ritual took place in the magnificent temple.
신성한 의식이 그 장엄한 사원에서 거행되었다.

▌ St. Paul's is a magnificent cathedral.
성바오로 성당은 장대한 대성당이다.

· 명 **magnificence** _cf._ 유 **grand, stately** 장대한
· **a magnificent opportunity** 절호의 기회
· **a magnificent human being** 숭고한 인간

splendid

형 화려한/훌륭한/멋진/눈부신

[spléndid]

▮ I can show you the world shinning, splendid.
나는 당신에게 빛나고 멋있는 세상을 보여줄 수 있어요.

▮ We had a splendid holiday.
우리는 아주 멋진 휴일을 보냈다.

· **명** **splendor** 화려함, 훌륭함
· **숙** **have a splendid time** 퍽 즐거운 시간을 보내다
· **a splendid view[technique]** 화려한 광경[기술]

excessive

형 과도한/지나친

[iksésiv]

▮ Excessive diet is bad for your health.
과도한 다이어트는 당신의 건강에 해롭습니다.

▮ You should refrain from excessive drinking.
술을 마셔도 도를 지나쳐서는 안 돼요.

· **명** **excess** 초과, 과잉 **동** **exceed** 초과하다
· **부** **excessively** 과도하게
· **excessive charges** 과도한 요금

coarse

형 조잡한/(결이) 거친/천한/야비한

[kɔːrs]

▮ His coarse manners irritated her.
그의 거친 매너가 그녀를 짜증나게 했다.

▮ This fabric is too coarse for a winter jacket.
이 직물은 겨울 재킷을 만들기에는 너무 올이 거칠다.

· **동** **coarsen** 거칠게 되다[하다]
· *cf.* **유** **crude, gross, vulgar** 조잡한
· **coarse skin[manners]** 거친 피부[매너]

rude

형 버릇없는/무례한/거친

[ruːd]

▮ I felt bad about his rude behavior.
그의 무례한 행동에 대해서 매우 기분이 나빴다.

· *cf.* **반** **polite** 정중한
· **숙** **be rude to** ~을 모욕하다. ~에 결례가 되다
· **say rude things** 무례한 말을 하다
· **haughty and rude** 오만방자한
· **a rude awakening** 충격적인 자각

paw

명 (발톱있는 동물의)발　동 (앞발로)차다[할퀴다]

[pɔː]

▌ My puppy can put his paws on my hands.
나의 강아지는 내 손에 발을 올려 놓을 수 있다.

▌ The dog licked its paws.
개가 자기 발을 핥았다.

· 숙 **paw about[around]** 마구 주물러대다
· **fox paw** 과오

grain

명 곡물/낱알/알갱이/미량/결/기질

[grein]

▌ Soju is a distilled liquor from various kinds of grains.
소주는 여러 종류의 곡류를 증류시킨 일종의 술입니다.

▌ Take what he says with a grain of salt.
그가 하는 말은 잘 걸러서 들어야 해.

- 곡물　**grain belt** 곡창지대
- 낱알　**a grain of rice** 쌀 한 알
- 알갱이 **a grain of sand** 모래 알갱이
- 미량　**a grain of love** 티끌만큼의 애정
- 결　　**marble of fine grain** 결이 고운 대리석
- 기질　**against the grain** 성질에 안 맞는

· 숙 **to take (it) with a grain of salt**
이야기를 에누리해서 듣다

· 숙 **against the grain** 뜻에 반하여[거슬러]
· 숙 **in grain** 본질적으로, 철저한, 타고난
· **rub a person against the grain**
아무를 화나게 하다

role

명 역할/배역

[roul]

▌ The hero of the play performed his role very well.
그 연극의 주인공이 연기를 아주 잘 했다.

· 숙 **play an important role in**
～에서 중요한 역할을 담당하다

· 숙 **fill the role of** ～의 임무를 완수하다
· **a leading role** 주역, 지도적 역할
· **role model** 본보기가 될 만한 사람, 모범이 되는 사람

hypothesis 명 가설/가정

[haipάθəsis]

■ My hypothesis is based on thorough experiments.
나의 가설은 철저한 실험에 기초를 두고 있다.

■ The experiment confirmed his hypothesis.
그 실험이 그의 가설을 확증해 주었다.

· 형 **hypothetical** 가설의, 가정의
· 숙 **form a hypothesis** 가설을 세우다
· **Avogadro's hypothesis** 아보가드로의 가설

shelter 명 피난처/보호시설/주거

[ʃéltər]

■ They helped needy people by providing of food.
그들은 의식주를 제공하여 빈곤한 사람들을 도왔다.

■ I took shelter from the rain under a tree.
나무 밑에서 비를 피했다.

· 숙 **take shelter from the rain** 비를 피하다
· 숙 **give shelter to** ~을 피하게 하다
· 숙 **shelter oneself** 제 몸을 지키다

infancy 명 유아/유아기

[ífənsi]

■ He spent his infancy in a small village in the country.
그는 유년기를 시골의 어느 작은 마을에서 보냈다.

■ The company is still only in its infancy.
그 회사는 아직 초창기에 있을 뿐이다.

· 형 **infant** 유아의, 초기의
· 숙 **in one's infancy** 어릴적에, 초기에
· 숙 **from infancy to death** 어릴 때부터 죽을 때까지

burst 동 터지다/파열하다/폭발하다

[bəːst]

■ She burst into passionate sobbing.
그녀는 갑자기 격렬하게 흐느껴 울었다.

· 숙 **burst into** 갑자기 ~하다
  cf. burst into laughter[tears] 갑자기 웃음[울음]을 터뜨리다
  burst out laughing[crying] 갑자기 웃음[울음]을 터뜨리다
· 숙 **at a burst** 단번에, 단숨에
· 숙 **to burst a bubble** (누군가의)희망을 깨다
· **burst a blood vessel** 몹시 흥분하다

haste

[heist]

명 서두름/급함/조급/경솔

❚ Make haste lest you should be late.
늦지 않도록 서둘러라.

❚ Haste makes waste.
서두르면 일을 망친다.

· 동 **hasten** 촉진하다, 서둘러 가다
· 숙 **in haste** 서둘러, 급히, 허둥지둥
· 숙 **make haste** 서두르다

privacy

[práivəsi]

명 사생활/사적 자유

❚ Can privacy be protected online?
온라인 상에서 개인 정보를 보호할 수 있을까요?

❚ Inspecting private letters is an invasion of individual privacy.
개인의 편지를 검열하는 것은 개인 사생활의 침해다.

· 형 **private** 사적인
· 숙 **in the privacy of one's thoughts** 마음 속으로
· 숙 **in privacy** 비밀리에, 숨어서

frown

[fraun]

동 얼굴을 찡그리다/눈살을 찌푸리다

❚ The teacher frowned at the noisy children.
선생님은 소란을 피우는 아이들에게 눈살을 찌푸렸다.

❚ He frowned at me for laughing at him.
그를 보고 웃었기 때문에 그는 불쾌한 얼굴을 했다.

· 숙 **frown on[upon]** 언짢은 표정을 짓다
· 숙 **wear a frown** 얼굴을 찡그리다

sacrifice

[sǽkrəfàis]

명 희생/제물 동 희생하다

❚ He succeeded in business at the sacrifice of his health.
그는 건강을 희생하면서 사업에 성공했다.

❚ They sacrificed two goats and a bullock every day.
그들은 매일 염소 두 마리와 송아지 한 마리를 제물로 바쳤다.

· 형 **sacrificial** 희생적인
· 숙 **at the sacrifice of** ~을 희생하여
· 숙 **be sacrificed** ~의 희생이 되다, ~에 사로잡히다

possession 명 소유물/재산

[pəzéʃən]

▌ Possession in nine point of the law.
손에 쥔 사람이 임자나 다름없다.

▌ He was a poor man with few possessions.
그는 재산이 별로 없는 가난한 사람이었다.

· 동 **possess** 소유하다　형 **possessive** 소유의
· *cf.* 유 **assert, estate, fortune, property** 재산
· 숙 **be in possession of** ~을 소유하고 있다
· 숙 **be in the possession of A**
　~는 A에게 소유되고 있다
· 숙 **get[take] possession of** ~을 입수하다, 점유하다
· 숙 **come into one's possession** ~의 소유가 되다
· 숙 **in the possession of** ~에 소유되어
· 숙 **rejoice in the possession of**
　다행히도 ~을 소유하다
· 숙 **with the full possession of** ~을 독점하여
· 숙 **be in possession of** ~을 소유하고 있다

crop 명 수확/농작물/떼/무리

[krɑ(ɔ)p]

▌ This rain will do much good to the crops.
이 비는 농작물에 대단히 이로울 것이다.

▌ We're looking to hire only the cream of the crop.
우리는 인재 중의 인재만을 골라 고용하려 하고 있다.

· 숙 **in crop** 심어져　숙 **out of crop** 심지 않고
· 숙 **cream of the crop** 곡식의 최상품, 제일 좋은 것
· 숙 **a crop of** (떼, 무리가) 많은

nurture 동 기르다/양육하다/교육하다　명 양육/교육

[nə́ːrtʃər]

▌ My grandmother stays at our home and nurtures me.
할머니는 우리 집에 계시면서 나를 돌보아 주신다.

▌ The school is responsible for nurturing the child's mind.
학교는 어린이의 심성을 계발할 책임이 있다.

· 형 **nutritional** 영양의　명 **nutriment** 영양물
· **nature and nurture** 천성과 교육

structure

[strʌ́ktʃər]

명 구조/기구/건축물

▌ This protein's structure is particularly complex.
이 단백질 구조는 특히 복잡하다.

▌ The structure of a brain is complicated.
뇌의 구조는 복잡하다.

· 형 **structural** 구조상의
· 동 **restructure** 재구축하다
· **structural defects** 구조적 결함

depression

[dipréʃən]

명 의기소침/우울(증)/불황/침체

▌ The threat of an economic depression hangs over the world.
경제 불황의 위협이 전세계에 드리워져 있다.

· 동 **depress** 내리누르다, 낙심시키다
· 숙 **in a state of deep depression** 의기 소침하여
· 숙 **in the grip of a severe depression**
심각한 불황에 빠져 있는

· **nervous depression** 신경 쇠약

presentation

[prèzəntéiʃən]

명 발표/제출/증정/수여

▌ They are preparing for the presentation of a new musical.
그들은 새로운 뮤지컬 공연을 준비하고 있다.

▌ I'm not prepared well enough for my presentation.
발표 준비가 아직 충분하지 않습니다.

· 동 **present** 형 **presentational**
· 숙 **make a presentation** 발표하다
· 숙 **on presentation** 제시하는 대로

election

[ilékʃən]

명 선거/선임/선출

▌ The Internet is playing a larger role in the election.
인터넷이 선거에서 더 큰 역할을 하고 있어요.

· 동 **elect** 형 **electoral** 선거의
· 형 **elective** 선거권이 있는, (학과목이) 선택의
· 명 **electorate** (집합적) 유권자, 선거민
· 숙 **win an election** 당선되다(= be elected)
· **general election** 총선거

release

§ 해방하다/공개하다 명 해방/방출/발표

[rilíːs]

▮ The French film is scheduled for release in March.
그 프랑스 영화는 3월에 개봉할 예정이다.

▮ She released the rabbit from the trap.
그녀는 덫에서 토끼를 풀어주었다.

· 명 **release A from B** A를 B에서 해방하다
· 숙 **release a person from a debt** 누구의 빚을 면제하다
· **the newest releases** ~의 빚을 면제하다

shadow

명 그림자/그늘

[ʃǽdou]

▮ Coming events cast their shadows before.
일은 일어나기 전에 그 전조가 온다.

▮ During an eclipse of the Sun, The Earth lies in the shadow of the Moon.
일식 동안에는 지구는 달의 그림자에 놓인다.

· 숙 **be afraid of one's own shadow**
제 그림자에 놀라다, 몹시 겁을 내다

· 숙 **be worn to a shadow** 몹시 수척하다
· 숙 **beyonder shadow of a doubt** 아무 의심도 없이
· 숙 **catch at shadows, run after a shadow**
구름을 잡으려 들다, 헛수고하다

· 숙 **in the shadow** 어두운 곳에, 그늘에
· 숙 **in the shadow of**
~의 아주 가까이에, 방금이라도~이 되려고 하여

· 숙 **within the shadow of** ~의 바로 곁에
· 숙 **cast a long shadow** 중요하다
· 숙 **have only the shadow of freedom**
명목뿐인 자유를 얻다

loss

명 분실/손실/감소

[lɔːs]

▮ Neglect of one's health will naturally result in its loss.
건강을 돌보지 않으면 그것을 잃게 마련이다.

· 동 **lose** 줄다, 잃다
· 숙 **at a loss** 어리둥절하여, 당황하여
· 숙 **to one's loss** 손해를 입고, 괴로움을 당하고
· 숙 **be no loss** 아무런 손해도 되지 않았다
· 숙 **without loss of time** 지체없이, 당장
· 숙 **cut one's losses** (원인을 밝혀) 손실을 줄이다

task

[tæ(ɑ:)sk]

명 직무/일/힘든 일

▌ I have so many vacation tasks, so I think I can not do all of them.
방학 숙제가 너무 많아 다 할 수 없을 것 같다.

· 숙 **task one's energies** 전력을 기울이다
· 숙 **task a person's brain** 아무의 머리를 썩이다
· 숙 **set a person a task** 아무에게 일을 과시하다
· 숙 **take one to task, call one to task, bring one to task** 꾸짖다, 비난하다

trim

[trim]

동 다듬다/손질하다/장식하다

▌ I just need a trim and I'd like my hair the way I have it now.
다듬어만 주시고, 모양은 지금 그대로 해주세요.

▌ Trim off more around the ears, please.
귀 주변을 좀더 깎아 주세요.

▌ Could you trim the ends a bit?
머리 끝을 좀더 다듬어 주시겠어요?

· 숙 **get one's hair trimmed** 머리를 다듬다
· 숙 **trim one's course** (배의 돛을) 조절하며 나아가다
· 숙 **trim oneself up** 몸 치장을 하다
· 숙 **be in no trim for** (몸 상태가) ~하게 되어 있지 않다
· 숙 **get into trim** (~할) 몸상태가 되다
· 숙 **into trim** 적절한 상태에
· 숙 **trim in** (목재를) 다듬어 맞추다
· 숙 **in trim** 잘 정돈되어, 컨디션이 좋아
· 숙 **out of trim** 정돈 안 되어, 상태가 나빠

quality

[kwá(ɔ́)ləti]

명 질/품질/특성/재능

▌ Quality matters more than quantity.
양보다는 질이 중요하다.

▌ He has every quality for the job.
그 업무에 필요한 모든 자질을 다 갖추고 있습니다.

· 숙 **lose good quality** 상하다, 썩다
· **qualities of a leader** 지도자로서의 자질
· **quality of love** 사랑의 본질

hospitality　명 환대/후한 대접

[hɑ(ɔ)spitǽləti]

▮ I very much appreciate your hospitality and friendship.
당신의 호의와 우정에 정말 깊은 감사를 드립니다.

▮ We would like to express our thanks for your hospitality.
우리는 당신으로부터 받은 환대에 감사의 뜻을 표합니다.

· 형 **hospitable** 환대하는
· **give a person hospitality** ~를 후대하다

pity　명 연민/동정　동 동정하다/불쌍히 여기다

[píti]

▮ It is a pity to give up the plan.
그 계획을 포기한다는 것은 애석한 일이다.

· 형 **piteous, pitiful, pitiable** 불쌍한, 가련한
· 숙 **feel pity for, take pity on, have pity on**
　~을 불쌍히 여기다, ~을 동정하다
· 숙 **for pity's sake** 제발, 아무쪼록
· **self-pity** 자기 연민

sympathy　명 동정/공감

[símpəθi]

▮ I have no sympathy with him.
나는 그와 공감대를 형성할 수가 없다.

▮ These people need our help and sympathy.
이 사람들은 우리의 도움과 동정을 필요로 한다.

▮ I felt sympathy for the poor old woman.
나는 그 가난한 할머니에게 동정심을 느꼈다.

· 형 **sympathetic** 동정[공감]하는
· 동 **sympathize** 동정[공감]하다
· *cf.* 반 **antipathy** 반감
· *cf.* 유 **compassion, condolence, pity** 동정
· 숙 **have sympathy with, feel sympathy for**
　동정하다
· 숙 **in sympathy with** ~에 공감하여, ~에 찬성하여
· 숙 **out of sympathy with**
　~에 동정하지 않고, ~와 일치하지 않고
· **a letter of sympathy** 조의의 편지

departure 명 출발/떠남/이탈

[dipá:tʃər]

I promise you to give a call again before departure.
떠나기 전에 다시 전화드리겠습니다.

- 동 **depart** (열차 등이) 출발하다, 떠나다
- *cf.* 반 **arrival** 도착
- 숙 **on one's departure** 출발에 즈음해서
- 숙 **take one's departure** 출발하다. 떠나다
- 숙 **departure from** ~에서의 일탈, ~와의 결별
- **ETD (Estimated Time of Departure)** 출발 예정시간

foam 명 거품/비지땀 동 거품이 일다

[foum]

The torrent roared and foamed along.
급류는 요란한 소리를 내고 거품을 일으키며 흘렀다.

Would you stop by the beer house for some foam?
간단하게 술 한잔하러 술집에 들르는 게 어때?

- 숙 **in a foam** 거품 덩어리가 되어
- 숙 **foam with rage** 격노하다
- 숙 **foam at the mouth** 많이 화가 나다

peasant 명 농부/소작농/시골사람

[pézənt]

As usual the peasants are busy scattering grain seeds.
언제나처럼 농부들은 곡식 씨앗 뿌리기에 바쁘다.

He is by pedigree a peasant.
그는 농민 출신이다.

- *cf.* 유 **farmer** 농부
- **a peasant girl** 시골 처녀
- **an uprising of the peasants** 농민 봉기

inferior 형 열등한/하위의/아랫사람

[infíəriər]

I am inferior to him in common sense.
나는 상식에 있어서 그보다 못하다.

Never make light of your inferiors.
아랫사람들을 업신여기지 마라.

- *cf.* 반 **superior** 우등한
- 숙 **(be) inferior to** ~보다 못하다, 열등하다
- **inferior class** 하층 계급

우선 순위 필수 영단어 **319**

superior

[su(sju)píəriər]

형 우월한/우위의/뛰어난

▌ Korean ginseng is exported all over the world and is noted for its superior quality.
한국 인삼은 세계 도처에 수출되어 그 품질의 우수성을 인정받고 있습니다.

- · 명 **superiority** *cf.* 반 **inferior** 열등한
- · 숙 **(be) superior to** ~보다 낫다
- · 숙 **be superior in skill to** ~보다 뛰어 나다
- · 숙 **with a superior air** 거만하게

cradle

[kréidl]

명 요람/어린 시절

▌ What is learned in the cradle is carried to the tomb.
세 살 적 버릇 여든까지 간다.

- · 숙 **from the cradle** 어린 시절부터
- · 숙 **in the cradle** 유년 시절에, 초기에
- · 숙 **watch over the cradle** 성장을 지켜보다
- · **from the cradle to the grave** 요람에서 무덤까지
- · **rob the cradle** 나이 차이가 많은 결혼을 하다

cancer

[kǽnsər]

명 암/(천문학의)게자리

▌ They say that fermented foods like kimchi are good for preventing cancer.
김치와 같이 발효시킨 음식이 암 예방에 좋다고 합니다.

- · 형 **cancered** 암에 걸린
- · 숙 **get cancer** 암에 걸리다
- · **the Trppic of Cancer** 북회귀선
- · **treat cancer** 암을 치료하다
- · **the detection of cancer** 암의 발견

vice

[vais]

명 악덕/비행/결점/결함

▌ He was too upset to distinguish vice from virtue.
그는 너무나 화가 나서 선악을 구별할 수 없었다.

▌ Her one small vice was smoking.
그녀의 한 가지 사소한 나쁜 버릇은 담배를 피우는 것이었다.

- · 형 **vicious** 사악한　형 **viceless** 악덕[결함]없는
- · *cf.* 반 **virtue** 덕, 고결
- · 숙 **have a vice of doing** ~하는 나쁜 버릇이 있다

comfort

동 위안하다/편안하게 하다 명 위로/편안함

[kʌ́mfərt]

▌ They comforted me for my failure.
그들은 나의 실패를 위로해 주었다.

▌ The mother comforted the crying child.
어머니는 우는 아이를 달랬다.

— 안락 **live in comfort**
안락하게 살다

— 위로 **The country life gives much comfort.**
시골생활은 많은 위안을 준다.

— 편리 **The city life gives much comfort.**
도시생활은 많은 편리한 생활용품을 제공한다.

· 형 **comfortable** 위안의, 편한, 기분 좋은
· 부 **comfortably** 기분 좋게, 마음 놓고, 안락하게
· cf. 유 **console, relieve, soothe** 위안하다, 달래다
· cf. 반 **discomfort** 불편(하게 하다)
· 숙 **be a comfort to** ~의 위안이 되다
· 숙 **give comfort to** ~을 위로하다
· 숙 **take[find] comfort in** ~으로 낙을 삼다

warmth

명 따뜻함/온기/온정

[wɔːrmθ]

▌ The warmth of the blanket helped her relax.
담요의 온기는 그녀를 편하게 하는 데 도움이 되었다.

▌ Wisdom without use is fire without warmth.
(속담) 부뚜막의 소금도 집어넣어야 짜다.

· 형 **warm** 따뜻한, 열렬한 부 **warmly** 따뜻하게
· 숙 **with warmth** 흥분하여, 감격하여
· **the warmth of the sun** 태양의 따뜻함

tomb

명 무덤/능

[túːm]

▌ The discovery of such a well-preserved tomb is
a very exciting event for field archaeologists.
그대로 보존이 된 무덤의 발견은 유적 발굴팀에게 아주 고무적인
사건이다.

· 동 **entomb** 매장하다
· 숙 **beyond the tomb** 저승에
· **excavation of a royal tomb** 왕릉 발굴 작업
· **a sabbath of the tomb** 무덤 속의 고요한 안식

dignity

[dígnəti]

명 위엄/존엄/품위

▌ I have tried to live with dignity and I want to die the same way.
나는 품위있게 살고자 노력해 왔고 또 같은 방법으로 죽기를 원한다.

▌ Only a truly free person has human dignity.
오직 진정으로 자유로운 사람만이 인간의 존엄성을 가진다.

- 동 **dignify** 위엄있게 하다
- cf. 반 **indignity, insult** 경멸, 모욕, 무례
- 숙 **keep up one's dignity, maintain one's dignity**
  체면을 세우다
- 숙 **be beneath one's dignity**
  위엄을 손상시키다, 품위를 떨어뜨리다
- 숙 **stand upon one's dignity** 점잔을 빼다
- 숙 **with dignity** 위엄있게, 점잔빼고
- 숙 **loose one's dignity** 체면을 잃다
- **a man of dignity** 관록이 있는 사람
- **a place of highest dignity** 초고위의 지위
- **the dignity of labor** 노동의 존귀함
- **basic human dignity** 기본적 인간의 존엄성

viewpoint

[vjú:pɔ̀int]

명 견해/관점/관찰하는 지점

▌ From an objective viewpoint, his argument was far from being rational.
객관적으로 볼 때 그의 주장은 전혀 이치에 맞지 않았다.

▌ Our viewpoints are completely opposite.
우린 관점이 완전히 달라.

- 숙 **from the viewpoint of** ~의 견지에서는
- **from the adolescent's viewpoint** 청소년의 관점에서

monopoly

[mənápəli]

명 독점

▌ The company had a virtual monopoly over internal commerce.
그 기업이 국내 상업을 사실상 독점하고 있었다.

- 동 **monopolize** 독점하다
- 숙 **have a monopoly on[over]** ~을 독점하다
- 숙 **make a monopoly of** ~을 독점[판매]하다
- 숙 **hold a monopoly for** ~의 전매권을 보유하다
- **the monopoly prohibition law** 독점 금지법

shortcoming 명 단점/결함

[ʃɔ́ːtkʌ̀miŋ]

▌ She was fully aware of her own shortcomings.
그녀는 자신의 단점을 충분히 알고 있었다.

▌ It does have some shortcomings.
그것에는 몇 가지 결점이 있습니다.

· *cf.* 유 **drawback, defect, flaw, fault** 단점, 결함
· 숙 **correct one's shortcomings** 단점을 고치다

diameter 명 지름/직경/(렌즈의)배율

[daiǽmətər]

▌ The radius of a circle is half the diameter.
원의 반지름은 지름의 반이다.

▌ I measured the diameter of the pipe.
나는 파이프의 직경을 쟀다.

· 숙 **in diameter** 직경은
· **3 inches in diameter** 지름이 3인치
· **a lens magnifying 10 diameters** 배율 10배의 렌즈

vocation 명 직업/천직/소명

[voukéiʃən]

▌ Nursing is a vocation as well as a profession.
간호직은 전문직일 뿐 아니라 천직이기도 하다.

· 형 **vocational** 직업상의
· *cf.* 유 **calling, job, occupation, profession** 직업
· 숙 **mistake one's vocation** 직업을 잘못 택하다
· 숙 **prepare for one's vocation** 직업을 위해 준비하다
· 숙 **find one's vocation** 천직을 발견하다

civilization 명 문명

[sìvəlizéiʃən]

▌ The myth offers insights into the ancient civilization.
신화를 읽으면 고대 문명을 깊이있게 이해할 수 있다.

· 동 **civilize** 문명화[교화]하다
· 형 **civilized** 교화된, 교양 있는   형 **civil** 시민의
· 숙 **with the process of civilization** 문명의 발달에 따라
· **the origin of civilization** 문명의 기원
· **traces of an old civilization** 문명의 발자취

doom

명 운명/숙명 동 운명짓다/형을 선고하다

[duːm]

▌ The plan was doomed to failure.
그 계획은 결국 실패하게 돼 있었다.

· 형 **doomed** 운이 다한
· 숙 **be doomed to** ~할 운명이다(=destined to)
· 숙 **spell doom for** 망하다
· 숙 **meet one's doom** 죽다, 망하다
· 숙 **till the krack of doom** 세상의 종말까지

destiny

명 운명/숙명/하늘의 뜻

[déstəni]

▌ Our meeting was not by chance, but destiny.
우리의 만남은 우연이 아니라 인연이다.

▌ Every man's destiny is in his own hands.
각자의 운명은 자신에 달렸다.

· 형 **destined** 운명지어진
· 숙 **by destiny** 운명으로
· 숙 **mold one's own destiny** 자기 운명을 스스로 만들다

plague

명 전염병/재앙 동 괴롭히다/귀찮게 하다

[pleig]

▌ This plague can wipe out the entire population.
이 전염병은 전체 인구를 몰살시킬 수 있습니다.

▌ She was plagued with arthritis.
그녀는 관절염에 시달렸다.

· **the (black) plague** 흑사병, 페스트
· **be plagued to death** 괴로워서 죽을 지경이다
· **What a plague!** 도대체!, 저런!, 왠 난리람!

volunteer

명 지원자 동 자원하다 형 자발적인

[vàləntíər]

▌ She is working at the charity as a volunteer.
그녀는 자원 봉사자로서 한 자선 단체에서 일하고 있다.

▌ My grandmother volunteered much for the poor.
할머니는 가난한 사람들을 위해 봉사를 많이 하셨다.

· 숙 **volunteer for** ~을 지원하다(=apply for)
· 숙 **volunteer to** 자원해서 ~하다
· **volunteer plant** 자생식물

fever
명 (평소보다 높은) **열/열광/열기**

[fíːvər]

▌ I have a little fever but it's not serious.
열이 좀 있지만 심하지는 않습니다.

▌ I always get spring fever.
저는 항상 봄을 탑니다.

· 숙 **at fever speed** 초스피드로
· 숙 **in a fever** 열이 올라, 열광하여, 정신없이
· 숙 **run a fever** 발열하다, 열이 있다

prosperity
명 **번영/번창/융성/행운**

[prɑ(ɔ)spérəti]

▌ I wish you prosperity and happiness.
당신의 발전과 행운을 기도합니다.

▌ Advertsity makes men, but prosperity makes monsters.
고생은 사람을 만들고 안일은 괴물을 만든다.

· 동 **prosper** 번영하다   형 **prosperous** 번영하는
· 숙 **in prosperity** 유복하게
· 숙 **in one's days of prosperity** 행복하게 지내어

side
명 **쪽/측/편/진영**

[said]

▌ If you were on the other side of the face, you'd understand it.
상대방의 입장에서 보면, 그것을 이해할 겁니다.

· 숙 **side by side** 나란히   숙 **at one's side** ～곁에
· 숙 **look on the bright side** 낙관적으로 생각하다
· 숙 **on the side** 추가로, 덤으로
· 숙 **to side with** ～의 편을 들다, 동의하다
· 숙 **to take (one's) side** ～에 편들다, 가담하다

movement
명 **움직임/운동/이동/활동**

[múːvmənt]

▌ She was a powerful force in the women's movement.
그녀는 여성 운동에 강력한 영향력을 지난 사람이었다.

▌ Traffic lights control the movement of cars at intersection.
교통 신호등은 교차로에서 차의 움직임을 통제한다.

· 동 **move** 움직이다, 이동하다
· 형 **in the movement** 시류[풍조]를 타고
· **the mevement of heavenly bodies** 천체의 운행

shot 뗑 발사/탄환/치기/주사/사진 촬영

[ʃɑ(ɔ)t]

▌ That's just the shot in the arm we need.
정말이지 우리에게 필요한 활력소다.

▌ It's going to be a long shot.
그건 가능성이 희박한 일입니다.

· 똥 **shoot** 발사하다, 향하다
· 숙 **have a shot for** ~을 시도하다
· 숙 **make a shot at** ~을 어림으로 짐작하다
· 숙 **not by a long shot** 조금도 ~ 아니다
· 숙 **take a shot at** ~을 저격하다, 겨누다
· 숙 **give it a shot** 노력하다(=give it a try)
· 숙 **call the shots** 명령을 내리다(=give orders)
· 숙 **a shot in the dark** 막연한 추측
· 숙 **a shot in the arm**
　　자극, 경기를 촉진하는 것, 기운을 내게하는 한 잔 술
· 숙 **a long shot** 승산이 별로 없는 찬스, 대담한 생각
· 숙 **a hot shot** 유능한[높은] 사람
· 숙 **get a shot (an injection)** 주사 맞다
· 숙 **out of shot** 사정 밖에

pulse 뗑 맥박/고동/파동 똥 맥이 뛰다

[pʌls]

▌ His pulse is not very regular.
그의 맥박이 별로 고르지 못하다.

· 똉 **pulseless** 맥박 없는, 활기 없는
· 숙 **feel[take] one's pulse**
　　~의 맥을 짚어보다, ~의 의중을 떠보다
· 숙 **stir a person's pulses** (누구를) 흥분시키다
· 숙 **pulse through** (혈액,생명이) 고동쳐 ~을 흐르다

nightmare 뗑 악몽/가위눌림

[náitmɛ̀əːr]

▌ I have nightmares every night.
매일 밤 악몽을 꿉니다.

▌ In fact, it's my worst nightmare.
사실 그것은 저로서는 최악의 악몽입니다.

· 똉 **nightmarish** 악몽같은, 불유쾌한
· 숙 **be troubled with nightmares** 악몽에 시달리다
· 숙 **have (a) nightmare** 가위 눌리다

agony

[ǽgəni]

명 심한 고통/고뇌/고민

▮ I went to sleep early to forget my agony.
고통을 잊어 보려고 일찍 잠에 들었다.

▮ He laid in agony until the doctor arrived.
그는 의사가 도착할 때까지 고통 속에 누워 있었다.

· 동 **agonize** 번민하다, 괴로워하다
· 형 **agonizing** 괴롭히는, 고민하는
· cf. 유 **anguish, distress, version** 고통
· 숙 **in agonies of pain** 고통으로 몸부림치며
· 숙 **in agony** 번민하여
· 숙 **in an agony of joy** 미칠 듯이 기뻐서
· 숙 **put on the agony** 괴로움을 과장하여 말하다
· **mental agony** 번민
· **a tragic scene of agony and destruction**
고통과 파괴의 비극적 현장

anguish

[ǽŋgwiʃ]

명 고통/괴로움 동 몹시 괴로워하다

▮ His heart was torn with anguish.
그의 마음은 심한 고통으로 찢어졌다.

▮ I didn't do anything in anguish.
고민하느라 아무 일도 못했다.

· 형 **in anguished** 괴로워하는, 고민의
· 숙 **in[for] anguish ~** 괴로워서, 괴로운 나머지
· **the anguish of despair** 절망의 괴로움

tradition

[trədíʃən]

명 전통/전설

▮ We must have respect for Confucian tradition.
우리는 유교적 전통을 존중해야 합니다.

· 형 **traditional** 전통적인 부 **traditionally** 전통적으로
· 숙 **pass by tradition** ~를 전하다, 후대에 물려주다
· 숙 **become one's own tradition** 전통에 집착하다
· 숙 **be handed down by tradition** 말로 전해 내려오다
· 숙 **by tradition** 전통적으로, 구전에 의하여
· 숙 **true to tradition** 전설대로, 전통대로

sculpture

명 조각/조소　동 조각하다

[skʌ́lptʃər]

- A museum exhibits paintings or sculptures.
  미술관에서는 회화나 조각품을 전시한다.
- This is just a replica of a famous sculpture.
  이것은 유명한 조각상의 복제품일 뿐이다.

· 형 **sculptural** 조각한, 조각된　명 **sculptor** 조각가
· 숙 **sculpture the statue in stone** 석상을 조각하다
· **a sculpture of Venus** 비너스 조각상

export

명 수출(품)　동 수출하다

[ikspɔ́ːrt]

- India exports tea and cotton to different countries.
  인도는 다른 국가들에 차와 면직물을 수출합니다.
- There has been a decrease in our exports this year.
  올해 우리의 수출은 감소했습니다.

· 명 **exportation** 수출　*cf.* 반 **import** 수입하다, 수입
· **invisible exports** 무형 수출
· **balance of imports and exports** 수출입의 균형

chemical

형 화학의　명 화학약품

[kémikəl]

- These foodstuffs do not contain chemical additives.
  이 식품들에는 화학 첨가물이 없다.
- The sale of this chemical is prohibited by law.
  이 화학약품의 판매는 법으로 금지되어 있다.

· 형 **chemistry** 화학, 화학작용
· **a chemical reaction** 화학반응
· **pioneers in chemical research** 화학 연구의 선구자들

insurance

명 보험/보험금

[inʃúrəns]

- I filed a theft report to the police and to my insurance company.
  경찰과 보험 회사에 도난 신고를 했다.

· 동 **insure** 보험에 들다
· **carry insurance** 보험에 들다
· **insurance fo life** 종신보험
· **insurance agent** 보험 대리점

1223

cooperation　图 협력/협동

[kouàpəréiʃən]

▌ I need your cooperation in this matter.
나는 이 문제에 있어서 당신의 협조를 필요로 합니다.

· 图 **cooperate** 협력하다　图 **cooperative** 협동적인
· 图 **in cooperation with** ~와 협력[협동]하여
· 图 **give one's cooperation** 협력하다
· 图 **obtain cooperation from** ~으로 협력을 얻다
· **cooperation and contribution** 협조와 공헌

1224

concept　图 개념/생각

[kánsept]

▌ He doesn't have any concept of time.
그는 시간 개념이 좀 희박하다.

▌ Metaphysics is full of elusive concepts.
형이상학은 알기 어려운 개념으로 가득하다.

· 图 **conceptive** 개념 작용의　图 **conceptual** 개념상의
· *cf.* 图 **conception, idea, notion** 개념
· **the concept of democracy** 민주주의라는 개념

1225

myth　图 신화/(근거없는) 사회 통념

[miθ]

▌ The myth offers insights into the ancient civilization.
신화를 읽으면 고대 문명을 가치 있게 이해할 수 있다.

▌ The rich uncle he boasts about is only a myth.
그가 자랑해대는 부자 삼촌은 가공 인물일 뿐이다.

· 图 **mythic, mythical** 신화의, 신화적인
· *cf.* 图 **mythos, mythology** 신화
· **ancient Greek myths** 고대 그리스 신화

1226

refrain　图 삼가다/그만두다/억제하다

[rifréin]

▌ Please refrain from omitting any information.
어떤 정보도 빠뜨리지 않도록 조심하십시오.

▌ You must refrain from drinking too much at the party.
파티에서 너무 술을 마시지 말아야 합니다.

· 图 **refrain from** ~을 삼가다
· 图 **refain oneself** 자제하다
· **abstain, ban, bar, forbid, keep, prevent** 금하다

beard

동 대담히 맞서다   명 턱수염

[biərd]

▌ Beard the lion in his den.
호랑이를 잡으려면 호랑이 굴로 들어가라.

· 숙 **inspite of a person's beard** ~의 뜻에 거슬러
· 숙 **laugh in one's beard** 비웃다
· 숙 **speak in one's beard** 중얼거리다
· 숙 **to a person's beard** 맞대 놓고

mustache

명 콧수염

[mʌ́stæʃ]

▌ That long mustache surely doesn't become you.
그 긴 수염은 정말 너에게 어울리지 않는다.

▌ I had my mustache trimmed.
나는 수염을 깎았다.

· 형 **mustached** 콧수염의   *cf.* 동 **moustache** 콧수염
· 숙 **wear[have] a mustache** 콧수염을 기르고 있다
· 숙 **grow a mustache** 콧수염을 기르다

bear

동 낳다/참다/운반하다/새기다   명 곰

[bɛər]

▌ Listen to what I say and bear it in your mind.
내 말을 새겨 듣고 명심해라.

– 곰 **polar bear** 북극곰

– 낳다 **wants to bear a son** 아들 낳기를 원하다

– 열매 맺다 **bear a fruit** 열매 맺다

– 참다 **bear and forbear** 꾹 참다

– 운반하다 **has to bear baggage** 수화물을 운반하다

– 새기다 **bear in mind** 명심하다, ~을 잊지 않고 있다

– 지니다 **bear you grudge** 너에게 원한을 지니다

· 숙 **bear with, bear up** 지탱하다, 견디다, 버티다
· 숙 **bear down** ~을 끌어내리다, 제압하다, 압박하다
· 숙 **bear no relation to** ~와 관계가 없다
· 숙 **bear on** ~와 관계가 있다, ~에 영향을 미치다
· 숙 **bear oneself** 행동하다, 처신하다
· 숙 **bear out** ~를 확증하다, ~을 지지하다
· 숙 **beat around[about] the bush** 요점을 피하다

nerve

명 신경/용기/뻔뻔스러움/신경 과민

[nəːv]

▌ His chain smoking gets on my nerves.
그의 줄담배는 나의 신경을 거슬린다.

▌ Her advise nerved him to go his own way.
그는 그녀의 충고로 용기를 얻어 자기가 뜻한 일을 실행했다.

· 숙 **get on one's nerves** ~의 신경을 건드리다
· 숙 **be all nerves** 몹시 신경과민이다
· 숙 **have a fit of nerves** 신경과민이 되다, 무서워하다
· 숙 **a fit of nerves** (발작적인) 신경의 흥분, 짜증
· 숙 **have the nerve to** 뻔뻔스럽게 ~하다
· 숙 **get up the nerve** 용기를 내다
· 숙 **nerve oneself to do** 분발하여 ~하다
· 숙 **lose one's nerve** 기가 죽다
· 숙 **strain every nerve** 모든 노력을 다하다
· 숙 **have iron nerves, have nerves of steel**
담력이 있다. 대담하다
· 숙 **have no nerves, not know what nerves are**
(신경이 없는 것같이) 태연자약하다, 대담하다

invention

명 창안/발명/발명품

[invénʃən]

▌ Before the invention of Hangeul, Koreans used the Chinese characters.
한글이 발명되기 이전에 한국인은 한자를 사용했습니다.

· 동 **invent** 발명하다　형 **inventive** 발명의 재능있는
· 숙 **make an invention** 발명하다
· 숙 **invent to deceive** 조작하다(＝fabricate, forge)

valuable

형 가치있는/귀중한　명 귀중품

[væljuəbl]

▌ The money we've earned through effort is valuable for use.
노력을 통해 번 돈은 가치가 있다.

· 명 동 **value** 가치, (가치를) 평가하다
· 부 **valuably** 가치있게　cf. 유 **invaluable** 큰 가치의
· **valuable advice** 유익한 조언
· **valuable papers** 유가증권

slightly

[sláitli]

부 다소/약간/경미하게

▮ I like a cloudy and a slightly windy day.
나는 구름이 많이 끼고 바람이 약간 부는 날씨가 좋다.

▮ She is slightly built.
그녀는 가냘픈 체격입니다.

· 형 **slight** 약간의, 대단치 않은, 가벼운
· 숙 **be slightly sick** 몸이 약간 불편하다
· **a slightly-built boy** 가냘픈 소년

donation

[dounéiʃən]

명 기부(금)/기증

▮ Volunteers collected donations for the benefit of the handicapped.
자원 봉사자들이 장애우 복지를 위한 기부금을 모았다.

· 동 **donate** 기부[기증]하다 동 **donor** 기증자
· 숙 **make a donation** 기증[기부]하다
· **a blood donation** 헌혈
· **organ donation** 장기 기증

twilight

[twáilàit]

명 어스름/황혼

▮ I couldn't see their faces clearly in the twilight.
나는 땅거미가 질 때라서 그들의 얼굴을 똑똑히 보지 못했다.

▮ Driving at twilight is dangerous.
어스름한 때의 운전은 위험하다.

· **the twilight of life** 인생의 황혼
· **the twilight of ages** 역사의 여명기
· **twilight zone** 경계영역, 도시의 노후화 지역

dislike

[disláik]

동 싫어하다/미워하다 명 싫음/반감

▮ He is disliked for his arrogance.
그는 오만하기 때문에 다른 사람들이 싫어한다.

▮ I dislike this kind of food.
나는 이런 음식은 싫어한다.

· 숙 **have a dislike for** ~을 싫어하다
· 숙 **get oneself disliked** 남에게 미움을 사다
· 숙 **take a dislike to** ~을 싫어하다, ~이 싫다

grin

[grin]

명 씽긋 웃음 동 씽긋 웃다

▌ They were grining from ear to ear.
그들은 (입이 귀에 닿도록) 활짝 웃고 있었다.

- ⓢ **grin from ear to ear** 입이 찢어지게 활짝 웃다
- ⓢ **grin and bear it** (고통 등을) 억지로 웃으며 참다
- ⓢ **on the grin** 싱글거리며
- ⓢ **grin in the other side of one's face** 후회하다
- ⓢ **grin at a person** 아무를 보고 씩 웃다

grief

[griːf]

명 큰 슬픔/비탄/고통/재난/불행

▌ She was driven almost insane by grief over his death.
그녀는 그의 죽음에 대한 비통함으로 거의 제 정신이 아니었다.

▌ My grief is too deep for tears.
내 슬픔은 너무나 깊어서 눈물로 표현할 수 없습니다.

- ⓥ **grieve** 슬프게 하다, 몹시 슬퍼하다
- ⓢ **bring to grief** 불행하게 만들다. 파멸시키다
- ⓢ **come to grief** 재난을 당하다, (계획이) 실패하다

pride

[praid]

명 자랑/자존심/긍지 동 자랑하다

▌ His wanton pride cost him many friends.
그의 지나친 오만이 많은 친구들을 잃게 했다.

▌ She prides herself on her cooking.
그녀는 요리 솜씨가 자랑이다.

- ⓐ **proud** 자랑스러운
- ⓢ **keep one's prid** 자존심을 잃지 않다
- ⓢ **take pride in** ~을 자랑하다, ~을 자랑으로 여기다
- ⓢ **pride oneself in**
    ~을 자랑하다, ~을 자랑으로 여기다
- ⓢ **be inflated with pride** 의기 양양해 하다
- ⓢ **in the pride of one's years** 전성시대에
- ⓢ **a person's pride of joy** ~의 자랑거리
- ⓢ **swallow one's pride** 자존심을 억누르다
- **the pride of the desert** 낙타
- **self-pride** 자만심
- **the pride of the morning** 새벽녘의 안개
- **pride of place** 교만

1240

curiosity 명 호기심/진지함

[kjuːriá(ɔ́)səti]

▮ Her curiosity knows no bounds.
그녀의 호기심은 한계를 모른다.

· 형 **curious** 호기심 많은 부 **curiously**
· 숙 **out of curiosity** 호기심에서
· 숙 **satisfy one's curiosity** 호기심을 만족시키다
· 숙 **in curiosity** 호기심으로
· 숙 **arouse a curiosity** 호기심을 불러일으키다

1241

enterprise 명 사업/기업/모험심/진취성

[éntərpràiz]

▮ For lack of funds he failed in his enterprise.
그는 자금이 부족하여 사업에 실패했다.

▮ We need a spirit of enterprise.
우리에게는 진취적 기상이 필요하다.

· **a spirit[man] of enterprise** 진취적인 기상[사람]
· **small-to-medium-size enterprises** 중소기업
· **a goverment enterprise** 공기업

1242

wage 명 임금/급료 동 (전쟁 등을) 수행하다

[weidʒ]

▮ Some countries have a minimum wage set by law.
몇몇 나라에서는 법으로 정해진 최저 임금이 있다.

· 숙 **by daily wages** 일당으로
· 숙 **earn a good wage** 많은 봉급을 벌다
· 숙 **wage-earning** 돈벌이하는, 돈을 벌 수 있는
· 숙 **wage the peace** 평화를 유지하다
· 숙 **wage war against** ~와 전쟁하다

1243

society 명 사회/사교/교제/협회

[səsáiəti]

▮ The rising rate of crime is a reflection of an unstable society.
범죄율의 증가는 불안정한 사회를 반영하는 것이다.

· 숙 **in society** 사람 가운데에서[앞에서]
· 숙 **go into society** 사회에 나가다
· 숙 **for the good of society** 사회의 공익을 위하여
· 숙 **move in society** 사교계에 출입하다

responsibility　명 책임/의무

[rispɑnsəbíləti]

He cannot hold a position of responsibility because he lacks decision.
그는 결단력이 없기 때문에 책임있는 자리를 맡지 못한다.

- 형 **responsible** 책임있는
- 숙 **take the responsibility upon** 책임을 떠맡다
- 숙 **take responsibility for** ~의 책임을 지다
- 숙 **resting on one as a responsibility** ~의 책임으로
- 숙 **accept responsibility for** ~에 책임을 지다

nod　동 끄덕이다　명 끄덕임

[nɑ(ɔ)d]

Don't nod off to sleep like that.
그렇게 꾸벅꾸벅 졸지 말아라.

He nodded his head in approval.
그는 찬성한다고 고개를 끄덕였다.

- 형 **nodding** 고개를 숙인, 아래로 처진
- 숙 **knock a nod** 꾸벅꾸벅 졸다
- 숙 **nod assent** 끄덕여 승낙의 뜻을 나타내다
- 숙 **nod one's head** 끄덕여 찬성[승인]하다

union　명 결합/연합/조합

[júːnjən]

A wedding ring symbolizes the union of husband and wife.
결혼 반지는 부부 결합의 상징이다.

Union is strength.
단결은 힘이다.

- 숙 **in union** 공동으로, 협조하여
- **spiritual union** 정신적 결합
- **the union of two political parties** 두 정당의 통합

perspective　명 원근법/조망/전망/시각

[pəːrspéktiv]

Primitive artists often paint without perspective.
초기 미술가들은 종종 원근법 없이 그림을 그린다.

What's your perspective on this problem?
이 문제에 대한 당신의 시각은 무엇입니까?

- 부 **perspectively** 원근법에 의해, 명료하게
- 숙 **in perspective** 원근 화법에 의하여, 올바른 견해로
- 숙 **out of perspective** 원근법에서 벗어나, 불균형하게

method

[méθəd]

명 방법/순서/수단

He is very up to date in his methods of language teaching.
그의 언어 학습법은 매우 최신식이었다.

- 형 **methodic, methodical** 질서있는, 조직적인
- **after the American** 미국식으로
- **by any methods** 수단 방법을 가리지 않고
- **work with method** 질서 정연하게 일하다
- **initiate new method** 새방법을 창안하다

mode

[moud]

명 방법/양식/유행/상태/기분

Change your cell phone to the vibration mode.
휴대폰을 진동으로 바꿔 놓아라.

He was in no mood for joking.
그는 농담할 기분이 아니었다.

- 숙 **in mode** 유행하고있는 (반 out of method)
- 숙 **be all the mode** 크게 유행하고 있다
- **follow the mode** 유행을 따르다

strike

[stráik]

동 치다/생각이 떠오르다/파업하다

The idea strikes me as a good one.
제가 보기에 그 아이디어는 아주 훌륭합니다.

- 숙 **strike a blow for** ~을 위해 전력을 다하다
- 숙 **strike at** ~에 덤벼들다
- 숙 **strike back** 되받아 치다
- 숙 **strike upon[on]** (어떤 생각이) 떠오르다
- 숙 **strike twelve** 전력을 다하다, 대성공을 거두다

profession

[prəféʃən]

명 직업/공언/선언/고백

My father wants me to inherit his profession.
아버지는 내가 당신의 직업을 이어받길 원하신다.

- 형 **professional** 직업의   동 **profess** 공언하다
- 숙 **by profession** 직업은
- 숙 **in practice if not in profession**
  공언은 하지 않지만 사실상
- 숙 **make one's profession** (성직자가 되는) 서약을 하다

usage

[júːsidʒ]

명 사용(법)/관습/습관

❚ It is authorized by usage.
그건 관례로 인정되어 있다.

· 숙 **by usage** 관례상, 관례에 따라
· 숙 **come into usage** 쓰이게 되다
· 숙 **under rough usage** 난폭하게 다루면
· 숙 **annual usage** 연간 사용량
· **contemporary English usage** 현대 영어 관용법

institution

[ìnstətjúːʃən]

명 협회/(공공)시설/제도/관습

❚ The institution of marriage is different from country to country.
결혼 제도는 나라마다 다르다.

❚ The school is a private institution.
그 학교는 사립이다.

· 동 **institute** (제도, 관습 등을) 만들다, 제정하다
· 형 **institutional, institutionary** 제도의, 학회의
· **a public institution** 공공단체

income

[ínkʌm]

명 수입/소득

❚ Expenditures should always be less than incomes.
지출은 언제나 소득보다는 적어야 한다.

❚ You must live according to your income.
수입에 맞추어 생활해야 한다.

· *cf.* 반 **expense** 지출
· 숙 **live within one's income** 수지 균형을 맞추다
· **a gross income** 총수입

vocabulary

[vəkǽbjuləri]

명 어휘/용어/단어집

❚ It helps a lot to build a large vocabulary.
그것으로 공부하면 단어실력이 많이 늘 겁니다.

❚ How do you increase your vocabulary?
당신은 어떻게 어휘력을 향상시키나요?

· *cf.* 유 **dictionary, words, glossary**
· 숙 **exhaust one's vocabulary** 어휘를 총동원하다
· **have a large vocabulary of** ~의 어휘가 풍부하다

vehicle

명 탈것/수송 수단/전달 수단

[víːikəl]

▌ Ambulances have priority over other vehicles.
구급차는 다른 차들보다 우선적이다.

▌ Language is the vehicle of thought.
언어는 사상의 전달 수단이다.

· 형 **vehicular** 탈것의, 매개[전달]하는
· **space vehicles** 우주선
· **motor vehicles** 자동차

preference

명 더 좋아하는 것/선호함

[préfərəns]

▌ Do you have any food preference?
특별히 더 좋아하시는 음식이라도 있으신가요?

▌ I will choose death in preference to dishonor.
나는 불명예보다 차라리 죽음을 선택하겠다.

· 동 **prefer** 선호하다　형 **preferable** 선호되는
· 숙 **in preference to** ～에 우선하여, 보다 오히려
· 숙 **have a preference to** ～을 (오히려) 좋아하다

soil

명 흙/토양/땅/나라　동 더럽히다

[sɔil]

▌ Plants draw nutrients from the soil.
식물은 흙에서 자양분을 얻는다.

· 숙 **remove soil** ～을 파내다
· 숙 **one's native soil** 고국, 고향
· 숙 **on foreign soil** 이국에서
· 숙 **belong to the soil** 농사짓고 있다
· 숙 **soil one's clothes** 옷을 더럽히다

outlook

명 견해/전망/조망/파수대/파수꾼

[áutluk]

▌ The outlook from the top of the mountain is breathtaking.
산 정상에서 본 전망은 정말 장관이다.

▌ He had a sanguine outlook on life.
그는 인생에 대해 낙천적인 견해를 갖고 있었다.

· 숙 **outlook on life** 인생관
· 숙 **have a pleasant outlook** 좋은 전망을 가지다
· 숙 **on the outlook** 경계하여
· 숙 **a outlook at the orchard** 과수원의 파수꾼

1260

promise 명 약속/계약/기대/희망 동 약속하다

[prá(ɔ)mis]

▮ You must keep your promise at all costs.
너는 무슨 일이 있어도 약속을 지켜야 한다.

· 숙 **make[give] a promise** 약속하다
· 숙 **keep[break] one's promise** 약속을 지키다[어기다]
· 숙 **be full of promise** 크게 유망하다
· 숙 **give promise of** ~의 가망이 있다
· 숙 **on the promise that ~** ~이라는 약속으로

1261

prospect 명 전망/가망/예상 동 답사하다/유망하다

[prá(ɔ)spekt]

▮ There is not much prospect of his success.
그의 성공 가능성은 그다지 많지 않다.

· 형 **prospective** 예견되는, 장래의, 가능성 있는
· 숙 **be in prospect** 가능성이 있다
· 숙 **have a prospect of** ~할 가능성이 있다
· 숙 **in prospect of** ~를 예상하여
· 숙 **strike a good prospect** 유망한 광맥을 찾아내다

1262

statue 명 상/조각상

[stǽtʃuː]

▮ A new statue will be erected downtown next year.
내년에 새로운 동상이 중심가에 세워질 것이다.

▮ The statue was carved out of marble.
그 상은 대리석으로 조각되어졌다.

· 숙 **cave a statue** 상을 새기다
· **Statue of Liberty** 자유의 여신상
· **priceless ancient statues** 매우 귀중한 고대 조각상

1263

ancestor 명 조상/선조

[ǽnsestər]

▮ Koreans worship their ancestors and pay their respects to them.
한국인들은 조상들에게 참배하고 경의를 표한다.

▮ Our ancestors were pioneers.
우리 조상들은 개척자들이었다.

· 형 **ancestral** 조상의 *cf.* 반 **descendant** 자손, 후손
· *cf.* 유 **forefather, predecessor** 조상, 선조
· 숙 **one's spiritual ancestor** 스승

phenomenon 명 현상/사건

[finǽmənàn]

▌ A total eclipse of the sun is a rare phenomenon.
개기일식은 드문 현상이다.

▌ Why does that phenomenon occur?
왜 그런 현상이 일어나죠?

· 형 **phenomena** 현상들(복수형)
· **the phenomenon of nature** 자연계의 현상
· **an infant phenomenon** 신동, 영재

ceiling 명 천장/상한/한계/최고 한도

[síːliŋ]

▌ People packed the hall from floor to ceiling.
사람들은 바닥에서 천장까지 홀을 꽉 메웠다.

▌ Mind you don't bump your head on the low ceiling.
낮은 천장에 머리를 부딪치지 않도록 조심해라.

· 형 **ceilinged** 최고조의, 상한의
· 숙 **hit the ceiling** 최고에 달하다
· 숙 **set a ceiling on** ~의 최고 한계를 정하다
· **from floor to ceiling** 바닥에서 천장까지

generation 명 발생/생식/유발/세대

[dʒènəréiʃən]

▌ Humans and animals were thought to have arisen by spontaneous generation.
인간과 동물은 자연 발생으로 생겨난 것으로 여겨졌다.

· 동 **generate** 발생시키다   형 **generative** 발생시키는
· cf. 반 **degeneration** 퇴화
· 숙 **for generations** 여러 대에 걸쳐서
· 숙 **from generation to generation, generation after generation**
대대로 계속해서

argument 명 견해/전망/조망/파수대/파수꾼

[áːgjumənt]

▌ What was the origin of the argument?
이 논쟁의 발단은 무엇입니까?

· 동 **argue** 논의하다   형 **argumental** 의논[논쟁]상의
· 숙 **without argument** 이의없이
· 숙 **start an argument** 논의를 시작하다
· 숙 **have an argument with** ~와 논쟁하다
· **a furious argument** 격렬한 논쟁

aviation

[éivièiʃən]

명 항공/항공기/비행/비행술

The aviation expert analyzed the statistics in detail.
그 항공 전문가는 통계를 상세하게 분석했다.

- 동 **aviate** 비행하다, 항공기를 조종하다
- 동 **aviator** 비행사, 조종사
- **the aviation of the future** 미래의 항공기
- **an aviation ground** 비행장

rainfall

[réinfɔːl]

명 강우(량)/강수(량)

It was a fine weather just after the rainfall.
비가 갠 뒤에 좋은 날이었다.

Inspite of the rainfall, all the students gathered at the test site.
비가 오는 것도 무릅쓰고 학생들은 일제히 시험장에 도착했다.

- *cf.* 유 **precipitation** 강우(량), 강수(량)
- **a rainfall chart** 강수 측정 차트

content

[kəntént]

동 만족시키다 형 만족하는 명 만족/내용

For all his wealth, he is not contented.
그는 부자임에도 불구하고 만족하지 않는다.

- 명 **contentment** 만족
- 숙 **be content with** ～에 만족하다
- 숙 **content oneself with** ～에 만족하다
- 숙 **to one's heart's content** 마음껏, 충분히
- 숙 **in content** 만족하여
- **the table of contents** 내용, 목차

personality

[pəːsənǽləti]

명 성격/개성/인물/명사

My friends tell me that I have an active personality.
내 친구들은 내가 활동적인 성격이라고 말한다.

How would you describe your own personality?
자신의 성격은 어떻다고 봅니까?

- 형 **personal** 개인적인 부 **personally** 개인적으로
- **personality test** 성격[인성]검사
- **sociable personality** 사교적인 성격

satellite

명 위성/시종 형 위성의 동 위성중계하다

[sǽtilait]

▪ The satellite dish is suspended in space.
위성 방송 수신용 접시 안테나가 매달려 있다.

▪ The moon is the Earth's satellite.
달은 지구의 위성이다.

· **shoot up a man-made satellite** 위성을 쏘아 올리다
· **communication satellite** 통신 위성
· **a weather[meteorological] satellite** 기상 위성

attribute

동 ~의 탓[덕분]으로 돌리다 명 속성/특성

[ətríbjuːt]

▪ He attributed his success to good luck.
그는 행운이 따라 성공했다고 여겼다.

▪ The attribute of the English is reserve.
영국인의 속성은 내성적이다.

· 명 **attribution** 귀속 형 **attributive** 속성의
· 숙 **attribute A to B** A를 B탓[덕]으로 돌리다
· 숙 **attribute to** ~에 기인하다

patience

명 인내/참을성/끈기

[péiʃəns]

▪ He is possessed of an exemplary patience.
그는 본받을 만한 인내심으로 자제하고 있다.

▪ Patience is an important factor in language learning.
인내력은 언어 학습의 중요한 요소다.

· 형 **patient** 참을성 있는 부 **patiently** 끈기 있게
· cf. 유 **endurance, forbearance, fortitude** 인내
· cf. 반 **impatience** 성급함, 조급함
· 숙 **try one's patience** ~의 인내심을 시험하다

circumstance

명 환경/사정/상황

[sə́ːkəmstəns]

▪ I tried to accommodate myself to the circumstances.
나는 환경에 순응하려고 애썼다.

· 동 **argue** 논의하다 형 **argumental** 의논[논쟁]상의
· 숙 **under the circumstances, in the circumstances**
이러한 사정에서, 사정이 이러하므로
· 숙 **under no circumstances** 결코 ~할 수 없는
· 숙 **according to circumstances** 사정에 맞게

1276

affection

명 애정/애착/호의/정서/감정

[əfékʃən]

▌ He is rarely affectionate towards his friends.
그는 친구들에게 거의 애정이 없다.

▌ It's not good for his affection.
그것은 그의 정서에 안 좋다.

· 동 **affect** 형 **affectionate** 부 **affectionately**
· 숙 **have affection for** ~에 애착을 가지다
· 숙 **set one's affection on** ~에게 애정을 품다
· **the object of one's affections** 사랑의 대상

1277

procedure

명 과정/순서/절차/수속/진행

[prəsíːdʒər]

▌ The certification procedure was far more complicated than it needed to be.
증명서 발급 절차가 필요 이상으로 너무 복잡했다.

· 숙 **make futher procedure impossible**
그 이상 진행이 불가능하게 되다

· 숙 **a step of procedure** 과정의 한 단계[절차]
· 숙 **a prearranged procedre** 예정된 행동
· 숙 **follow the procedure** 절차를 따르다

1278

curriculum

명 교육[교과]과정/이수과정

[kəríkjuləm]

▌ English has been among middle and high school corriculum subjects, with a focus on grammar.
지금까지는 영어과목은 문법에 주력하였으며, 중고등학교에서만 가르쳤었다.

· 형 **curricular** 교육과정의
· **regal curriculum** 정규 과목
· **curriculum vitae** 이력서

1279

concern

동 ~에 관계되다/걱정하다 명 관련/걱정/회사

[kənsə́ːn]

▌ All they are concerned about is their profit.
그들의 관심은 오로지 그들의 이익뿐이다.

· 숙 **as concerns** ~에 관하여
· 숙 **be concerned with** ~와 관련이 있는
· 숙 **be concerned about** ~에 대해 걱정하다
· **the matter of great concern** 중대한 관심사
· **paying concern** 수지맞는 장사

commonplace
형 평범한(것)/진부한 명 평범함/진부한 일

[kámənpèis]

▮ Do not fool a person by its commonplace appearance.
겉보기가 평범하다고 우습게 보지 마십시오.

▮ Travel by air is now a commonplace.
항공 여행은 오늘날 흔한 일이다.

· 부 **commonplacely** 평범하게
· **a commonplace remark** 진부한 의견
· **commonplace book** 비망록

tone
명 음조/말투/억양 동 가락[억양]을 띠다

[toun]

▮ Our thoughts are often displayed in our facial expressions, gestures, and tones of voice.
우리 생각을 종종 얼굴 표정, 몸 동작, 그리고 목소리의 어조로 나타내지요.

· 숙 **in an angry tone** 화난 어조로
· 숙 **in a tone** 일치하여
· 숙 **take a high tone** 큰소리치다
· 숙 **tone with** ~와 조화하다

fame
명 명성/명예/인기 동 유명하게 하다

[feim]

▮ He is eager for fame as well as wealth.
그는 재산뿐만 아니라 명성도 갈망한다.

▮ His spectacular successes made his fame worldwide.
눈부신 성공으로 그의 명성은 세계적인 것이 되었다.

· 형 **famed** 유명한(= famous)
· cf. 유 **prestige, renown, reputation** 명성
· 숙 **come to fame, win fame** 유명해지다

celebrity
명 유명인사/명성

[səlèbrəti]

▮ Who is your favourite celebrity?
네가 특히 좋아하는 유명인은 누구니?

▮ Celebrities must pay the price of fame.
유명인은 유명세로 인한 값을 치러야 한다.

· **the most famous celebrity in Korea**
한국에서 가장 유명한 인사

· **a man of celebrity** 저명 인사

reputation 명 평판/명성

[rèpjutéiʃən]

▌ He enjoys a reputation in the world of popular song.
그는 가요계의 인기를 한몸에 지니고 있다.

▌ Your reputation preceded you.
당신 평판이 대단하던데요.

· 동 **repute** 평판하다 형 **reputable** 평판 좋은
· 숙 **have a reputation for** ~으로 평판이 좋다
· 숙 **of great reputation** 평판이 자자한

epidemic 명 전염병/유행병 형 유행성의/만연하는

[èpədémik]

▌ After the earthquake an epidemic followed.
지진 뒤에 전염병이 유행하였다.

▌ Car theft is now reaching epidemic proportions.
차량 절도가 이제 전염병 수준에 달하고 있다.

· 형 **epidemical** 유행의 부 **epidemically**
· **an epidemic of terrorism** 다발하는 테러 행위
· **an epidemic evil** 나쁜 유행

passage 명 통행/통과/추이/수송/통로/(글의) 한 구절

[pǽsidʒ]

▌ The passage of strangers is rare in this valley.
이 계곡은 외지인의 통행이 드물다.

· 숙 **make a passage** 항해하다
· 숙 **have a rough passage** 난항하다
· 숙 **force a passage through** ~을 헤치며 나아가다
· 숙 **take passage in** ~을 타고 도항하다
· **a passage from Hamlet** 햄릿의 한 구절

popularity 명 인기/대중성/유행

[pɑ(ɔ)pjulǽrəti]

▌ Her books have grown in popularity recently.
그녀의 책은 최근에 인기가 증가했다.

· 동 **popularize** 형 **popular** 부 **popularly**
· 숙 **win popularity** 인기를 얻다, 유행하다
· 숙 **enjoy popularity** 인기가 있다
· 숙 **aim an popularity** 대중의 인기를 노리다
· **popularity poll** 인기 투표

possibility　　명 가능성/실현성/장래성

[pɑ(ɔ)sibíləti]

▌ That plan is beyond the realm of possibility.
그 계획은 가능성의 영역 밖에 있다. (불가능하다)

- 형 **possible** 가능한　부 **possibly** 가능하게
- 숙 **in view of possibility** ~를 기대하고
- 숙 **beyond possibility** 불가능하여
- 숙 **by any possibility** 만일에, 도저히, 아무래도
- 숙 **by some possibility** 어쩌면, 혹시
- 숙 **have the possibility** ~의 가능성이 있다

equality　　명 평등/평등성/동등

[ikwá(ɔ)ləti]

▌ Equality is guaranteed by the Constitution.
평등은 헌법으로 보장되어 있다.

- 형 **equal** 같은, 동등한　동 **equalize** 같게 하다
- 부 **equally** 같게　cf. 반 **inequality** 불평등
- 숙 **on an equality with** ~와 동등한 입장에서
- **the privilege of equality[citizenship]** 평등권[시민권]
- **the sign of equality** 이퀄 기호
- **equality between the sexes** 남녀 평등

behavior　　명 행동/행실/동작/태도

[bihéivjər]

▌ Correct behavior should be taught in the home.
올바른 행실은 가정에서 가르쳐야 한다.

▌ I felt bad about his rude behavior.
그의 무례한 행동에 대해서 매우 기분이 나빴다.

- 동 **behave** 행동하다　형 **behavioral** 행동의
- 숙 **be on one's good behavior** 근신하고 있다
- 숙 **during good behavior** 좋지 않은 행위가 없는 한

impulse　　명 충격/충동/추진력

[ínpʌls]

▌ The trade fair was held to give an impulse to trade between the two countries.
그 무역 박람회는 양국간의 무역을 촉진시키기 위해 개최되었다.

▌ I have a tendency to buy things on impulse.
나는 충동 구매하는 경향이 있습니다.

- 동 **behave** 행동하다　형 **behavioral** 행동의
- 숙 **be swayed by impulse** 충동에 좌우되다
- 숙 **give an impulse to** ~을 촉진하다

situation

[sìtʃuéiʃən]

명 상황/위치/처지

‖ They apprehend that the situation will be worse.
사태가 악화될까 봐 염려하고 있다.

· 동 **situate** 위치시키다 형 **situational** 상황의
· 숙 **save the situation** 사태를 수습하다
· 숙 **in a boring situation** 판에 박혀 재미없는
· 숙 **upset a stable situation** 평지 풍파를 일으키다
· **situation vacant columns** (신문의)구인 광고란

panic

[pǽnik]

명 (돌연한) 공포/공황 동 당황하다 형 당황한

‖ Panic destroys rational thought.
당황하면 합리적인 사고를 할 수 없다.

‖ We are meeting a financial panic.
우리는 재정적 위기에 직면해 있다.

· 숙 **in a panic** 허겁지겁, 당황하여
· 숙 **panic haste** 몹시 허둥댐
· 숙 **get up a financial panic** 금융 공황을 일으키다

application

[æplikéiʃən]

명 지원/신청/적용/응용

‖ How long will it take to process the application?
신청 수속은 얼마나 걸립니까?

‖ I'm only making application for one university.
나는 한 대학에만 원서를 내고 있습니다.

· 동 **apply** 적용하다 형 **applicable** 적용할 수 있는
· 숙 **make an application for** ~을 신청하다
· **application for admission** 입학 신청서

brute

[bruːt]

명 짐승/금수 형 금수와 같은/맹목적인

‖ Men differ from brutes in that they can think and speak.
사람은 생각하고 말할 수 있다는 점에서 짐승과 다르다.

‖ Hunger can turn people into brutes.
굶주린 사람은 금수로 변할 수 있다.

· 형 **brutish** 동물적인
· **brute courage** 만용
· **the manner of a brute** 짐승의 방식으로

thirst

[θə́:rst]

명 갈증/목마름/건조

▌ He has an unusual thirst for life.
그는 남다른 삶의 열정이 있습니다.

- 형 **thirsty** 목마른, 갈증의, 갈망하는
- 숙 **quench one's thirst** 갈증을 풀다
- 숙 **thirst after power** 권력을 추구하다
- 숙 **the thirst to be famouse** 유명해지고 싶은 열망
- 숙 **have a thirst** 갈증난다
- 숙 **the thirst to be famouse** 지식욕

gender

[dʒédər]

명 성(性)/성별

▌ Her gender was sometimes an obstacle.
그녀의 성이 때때로 걸림돌이었다.

- 형 **genderness** 성의 없는, 무성의
- **the masculine[feminine, neuter] gender**
  남성[여성, 중성]
- **gender-neutral** 성적 구별이 없는

shift

[ʃift]

명 변천/변동/교체 동 이동하다/바꾸다

▌ What time does your shift end?
몇 시에 당신의 근무 교대 시간이 끝납니까?

▌ Here comes the next shift.
다음 근무 교대 팀이 오고 있다.

- 숙 **for a shift** 임시 변통으로, 미봉책으로
- 숙 **make a shift (with)** 그럭저럭 꾸려나가다
- 숙 **relieve a shift** 교대하다
- 숙 **shift the scenes** 배경을 바꾸다
- 숙 **shift through life** 이럭저럭 살아가다
- 숙 **shift one's opinion** 의견을 바꾸다
- 숙 **shift back (a day)** (하루를) 앞당기다
- 숙 **shift for oneself** 자활하다
- 숙 **shift off** 남에게 전가하다
- 숙 **be put to shifts** 궁여지책을 쓰게 되다
- **shifts in policy** 정책의 변화
- **shift into second gear** 기어를 2단으로 바꾸다

1299

quiver
동 떨다/흔들리다 명 떨림/진동

[kwívər]

▮ His voice quivered with anger.
화가 나서 그의 목소리가 떨렸다.

▮ I saw his chin quiver.
나는 그의 턱이 떠는 것을 보았다.

· **quiver with fear** 공포에 떨다
· **quiver in the wind** 바람에 나부끼다
· **a quiver of excitement** 흥분에 의한 떨림

1300

abuse
명 남용/오용/학대 동 남용[오용]하다/학대하다

[əbjúːs]

▮ Drug abuse and juvenile delinquency are not always urban problems.
마약 남용과 청소년 비행이 언제나 도시만의 문제는 아니다.

· 명 **abusage** 말의 오용 형 **abusive** 악용[남용]하는
· 숙 **abuse one's authority** 직권을 남용하다
· 숙 **personal abuse** 인신공격을 하다
· 숙 **abuse one's eye sight** 눈을 혹사하다
· **rights abuses** 인권 유린

Chapter 3

수호천사

익혀두어야 할 기본 영단어

수능/내신 단 한 문제도
놓칠 수 없다 –
업그레이드 600단어

1301	**recede**	[risíːd]

동 물러나다/퇴각하다/손을 떼다/수축하다

1302	**rid**	[rid]

동 없애다/제거하다/벗어나다/면하다

1303	**retort**	[ritɔ́ːrt]

동 보복하다/반박하다/말대꾸하다   명 말대꾸/앙갚음

1304	**neglect**	[niglékt]

동 무시하다/소홀히 하다

1305	**riot**	[ráiət]

명 폭동/소동   동 폭동을 일으키다/방탕하다

1306	**nudge**	[nʌdʒ]

동 조금씩 움직이다/조금씩 밀다/팔꿈치로 슬쩍 찌르다

1307	**slumber**	[slʌ́mbəːr]

동 꾸벅꾸벅 졸다/겉잠자다/침묵하다

1308	**intoxicate**	[intá(ɔ́)ksikèit]

동 도취시키다/취하게 하다

1309	**impoverish**	[impávɔriʃ]

동 가난하게 하다/곤궁하게 하다/허약하게 하다

1310	**mar**	[maːr]

동 손상시키다/훼손하다/못쓰게 하다/상하게 하다

1311	**perplex**	[pərpléks]

동 당황하게 하다/난감하게 하다

1312	**partake**	[paːrtéik]

동 참가하다/함께하다/같이하다/～에 관여하다/먹어치우다

| 1313 | **magnify** | [mǽgnəfài] |

동 확대하다/과장하다

| 1314 | **transact** | [trænsǽkt] |

동 집행하다/처리하다/사무를 보다/거래하다

| 1315 | **reside** | [rizáid] |

동 거주하다/살다/존재하다

| 1316 | **persecute** | [pə́ːrsikjùːt] |

동 박해하다/학대하다

| 1317 | **hinder** | [híndər] |

동 방해하다/저해하다/방해가 되다

| 1318 | **grudge** | [grʌdʒ] |

동 싫어하다/아까워하다/~하기를 꺼리다/부러워하다

| 1319 | **indulge** | [indʌ́ldʒ] |

동 탐닉하다/(욕망/환락 등에) 빠지다/제멋대로 하게 하다

| 1320 | **obscure** | [əbskjúər] |

형 불명료한/무명의/희미한/어두운/눈에 띄지 않는

| 1321 | **apprehend** | [æprihénd] |

동 이해하다/염려하다/체포하다

| 1322 | **decree** | [dikríː] |

명 법령/명령/포고 동 명령하다/포고하다

| 1323 | **overwhelm** | [òuvərhwélm] |

동 압도하다/내리 누르다/짓밟다/당황하게 하다

| 1324 | **sneer** | [sniəːr] |

명 냉소/비웃음/경멸 동 비웃다/냉소하다/조소하다

| 1325 | **drudgery** | [drʌ́dʒəri] |

명 고된 일/단조롭고 고된 일/하기 싫은 일

| 1326 | **treason** | [triːzn] |

명 모반/배신/배반/반역

| 1327 | **immediate** | [imíːdiit] |

형 당장의/직접의

| 1328 | **sweep** | [swiːp] |

동 휩쓸다/쓸다/청소하다/싹 쓸어내다

| 1329 | **straggle** | [strǽgl] |

동 벗어나다/뒤떨어지다/낙오하다/어슬렁거리다/헤매다

| 1330 | **conserve** | [kənsɔ́ːrv] |

동 보존하다/보호하다

| 1331 | **shield** | [ʃiːld] |

명 방패/보호자/보호물   동 감싸다/보호하다/방패로 막다

| 1332 | **plead** | [pliːd] |

동 간청하다/변호하다

| 1333 | **embody** | [embádi] |

동 구체화하다/유형화하다/구현하다/실현하다/포함하다

| 1334 | **socialize** | [sóuʃəláiz] |

동 사회적으로 하다/사회화하다/사회주의화하다/교제하다

| 1335 | **hatch** | [hætʃ] |

동 부화하다/알을 까다/꾀하다/꾸미다

| 1336 | **chase** | [tʃeis] |

동 뒤쫓다/추적하다/추격하다/쫓아버리다

1337	**rebuke**	[ribjúːk]

동 꾸짖다/비난하다/나무라다

1338	**reign**	[rein]

명 통치/군림/지배 동 군림하다/통치하다

1339	**present**	[préznt]

동 선물하다/증정하다/소개하다/참석하다 명 선물

1340	**animate**	[ǽnimèit]

동 활기를 주다/~에 생기를 불어넣다 형 살아 있는/생기있는

1341	**abound**	[əbáund]

동 ~이 많다/풍부하다

1342	**migrate**	[máigreit]

동 이주하다/철따라 옮기다

1343	**resolve**	[rizá(ɔ)lv]

동 해결하다/분해하다/결의하다

1344	**narrate**	[næréit]

동 이야기하다/서술하다/진술하다

1345	**speculate**	[spékjulèit]

동 사색하다/추측하다/투기하다

1346	**devise**	[diváiz]

동 고안하다/궁리하다

1347	**sway**	[swei]

동 흔들다/흔들리다/동요하다

1348	**manifest**	[mǽnifest]

형 명백한/분명한/일목요연한 동 명시하다/명백히 하다

| 1349 | **pore** | [pɔːr] |
동 열심히 연구하다/곰곰이 생각하다/응시하다　명 털구멍/기공

| 1350 | **contemplate** | [kɑ́(ɔ́)ntemplèit] |
동 깊이 생각하다/응시하다/심사숙고하다/잘 생각하다

| 1351 | **preoccupy** | [priːɑ́kjəpài] |
동 마음을 빼앗다/먼저 차지하다

| 1352 | **abolish** | [əbɑ́(ɔ́)liʃ] |
동 철폐하다/폐지하다

| 1353 | **presume** | [prizúːm] |
동 가정하다/상상하다/생각하다

| 1354 | **ponder** | [pɑ̀ndər] |
동 숙고하다/깊이 생각하다/신중히 고려하다

| 1355 | **organize** | [ɔ́ːgənàiz] |
동 조직하다/체계화하다

| 1356 | **reproach** | [ripróutʃ] |
동 비난하다/꾸짖다

| 1357 | **deplore** | [diplɔ́ːr] |
동 애도하다/유감으로 여기다/뉘우치다/한탄하다

| 1358 | **discuss** | [diskʌ́s] |
동 논의하다/토론하다

| 1359 | **infer** | [infə́ːr] |
동 추론하다/추리하다

| 1360 | **renew** | [rinjúː] |
동 새롭게 하다/갱생하다/되찾다/재개하다/새로워지다

| 1361 | **renounce** | [rináuns] |
동 포기하다/폐기하다/부인하다

| 1362 | **ascertain** | [æsərtéin] |
동 확인하다/알아내다/조사하다

| 1363 | **verify** | [vérəfài] |
동 ~이 진실임을 증명하다/~이 진실임을 확인하다

| 1364 | **transmit** | [trænsmít] |
동 보내다/전달하다/발송하다/부치다

| 1365 | **provoke** | [prəvóuk] |
동 약올리다/화나게 하다/도발하다

| 1366 | **construct** | [kənstrʌ́kt] |
동 세우다/건설하다/짜맞추다

| 1367 | **salvage** | [sǽlvidʒ] |
동 구제하다/구출하다 명 구조/인양 작업/구제

| 1368 | **tumble** | [tʌ́mbl] |
동 굴러떨어지다/공중제비를 하다/굴리다/넘어지다

| 1369 | **groan** | [groun] |
동 신음하다/신음소리를 내다/번민하다

| 1370 | **threaten** | [θrétn] |
동 협박하다/위협하다

| 1371 | **diffuse** | [difjúːz] |
동 퍼지게 하다/보급하다/발산하다 형 흩어진/널리 퍼진/산만한

| 1372 | **pant** | [pænt] |
동 헐떡거리다/몹시 두근거리다/갈망하다 명 헐떡거림/숨참

1373	**recollect**	[rèkəlékt]
	동 회상하다/상기하다/생각해 내다	

1374	**prolong**	[prəlɔ́:(ɔ́)ŋ]
	동 연장하다/연기하다/늘리다	

1375	**withstand**	[wiθ(ð)stǽæd]
	동 저항하다/견디다/버티다	

1376	**venerate**	[vénərèit]
	동 존경하다/공경하다/받들어 모시다	

1377	**nominate**	[ná(ɔ́)minèit]
	동 후보자로 지명하다/임명하다	

1378	**dare**	[dèər]
	동 감히 ~하다/대담하게 ~하다	

1379	**confound**	[kənfáund]
	동 어리둥절하게 하다/깨뜨리다/좌절시키다/당황하게 하다	

1380	**obey**	[oubéi]
	동 따르다/복종하다/순종하다/준수하다	

1381	**cite**	[sait]
	동 인용하다/인증하다/예증하다/열거하다/~에 언급시키다	

1382	**succeed**	[səksíːd]
	동 성공하다/계승하다/상속받다	

1383	**vouch**	[vautʃ]
	동 증인이 되다/단언하다/보증하다/~의 보증인이 되다	

1384	**profess**	[prəfés]
	동 공언하다/단언하다/~이라고 자칭하다	

| 1385 | **summon** | [sʌ́mən] |

동 소환하다/호출하다/소집하다/(용기 따위를) 불러일으키다

| 1386 | **simulate** | [síːmjəléit] |

동 흉내내다/~을 가장하다/~인 체하다

| 1387 | **terminate** | [tə́ːminèit] |

동 끝내다/끝나다/한정하다/해고하다

| 1388 | **deflate** | [diflèit] |

동 ~의 공기를 빼다/(자신/희망 등을) 꺾다/수축하다

| 1389 | **stand** | [stænd] |

동 멈춰 서다/기립하다/견디다/(~상태에) 있다

| 1390 | **statement** | [stéitmənt] |

명 진술(서)/성명(서)/재무제표

| 1391 | **promotion** | [prəmóuʃən] |

명 승진/촉진/장려

| 1392 | **contradict** | [kà(ɔ)ntrədíkt] |

동 부인하다/반박하다/모순되다

| 1393 | **rival** | [ràivəl] |

명 경쟁자/적수　형 ~와 경쟁하는/경쟁의　동 ~와 경쟁하다

| 1394 | **compact** | [kəmpǽkt] |

형 아담한/소형의/조밀한/빽빽한　동 죄다/굳히다/압축하다

| 1395 | **ordain** | [ɔːrdéin] |

동 명하다/정하다/운명지우다/규정하다

| 1396 | **render** | [réndər] |

동 ~이 되게 하다/주다/제출하다/제공하다

| 1397 | **endow** | [endáu] |

⑧ 기부하다/재산을 증여하다/주다/부여하다

| 1398 | **entitle** | [entáitl] |

⑧ 권리[자격]를 주다/~에 제목을 붙이다/~라고 칭하다

| 1399 | **license** | [láisəns] |

⑲ 면허장/인가[허가]서 ⑧ 면허를 주다/~을 인가하다

| 1400 | **alleviate** | [əlíːvièit] |

⑧ 완화시키다/덜어주다/누그러뜨리다/경감하다

| 1401 | **penalize** | [píːnəláiz] |

⑧ 벌하다/형을 과하다/~에게 유죄를 선고하다

| 1402 | **grab** | [græb] |

⑧ 움켜쥐다/낚아채다/잡다

| 1403 | **blaze** | [bleiz] |

⑧ 타오르다/불꽃을 일으키다/빛나다 ⑲ 불꽃/섬광/화재

| 1404 | **flash** | [flæʃ] |

⑧ 번쩍이다/문득 떠오르다 ⑲ 섬광/번쩍임

| 1405 | **stifle** | [stáifəl] |

⑧ 숨막히게 하다/억누르다

| 1406 | **scrub** | [skrʌb] |

⑧ 북북 문지르다/비벼 빨다

| 1407 | **strive** | [stráiv] |

⑧ 노력하다/애쓰다/힘쓰다

| 1408 | **hazard** | [hǽzərd] |

⑲ 위험/모험/우연/운 ⑧ 위험을 무릅쓰다/위태롭게 하다

| 1409 | **revolt** | [rivóult] |

명 반역/혐오 동 반역하다/불쾌감을 느끼다

| 1410 | **throb** | [θrá(ɔ)b] |

동 심장이 고동치다/맥이 뛰다/두근거리다

| 1411 | **sow** | [sou] |

동 (씨를) 뿌리다/퍼뜨리다

| 1412 | **portray** | [pɔːrtréi] |

동 (그림을) 그리다/(인물을) 묘사하다

| 1413 | **entangle** | [entǽŋgl] |

동 빠뜨리다/얽히게 하다/말려들게 하다/~에 휘말리다

| 1414 | **swamp** | [swamp] |

명 늪/습지 동 물에 잠기게 하다/수렁에 처박다

| 1415 | **shed** | [ʃed] |

동 (눈물 등을) 흘리다/뿌리다/떨어뜨리다 명 헛간/창고/차고

| 1416 | **acquaint** | [əkwéint] |

동 알리다/숙지시키다/아는 사이가 되게 하다

| 1417 | **drool** | [druːl] |

동 군침을 흘리다 명 허튼소리

| 1418 | **tame** | [teim] |

형 길든/길들인/유순한/무기력한 동 길들이다/복종시키다

| 1419 | **ravage** | [rǽvidʒ] |

명 파괴/황폐/황폐한 자취/참상 동 파괴행위를 하다

| 1420 | **toss** | [tɔːs] |

동 던지다/(공을) 가볍게 톡 쳐 올리다/섞다/뒹굴다

1421	**pitch**	[pitʃ]

동 던지다/~의 높이를 정하다　명 던짐/소리의 높이

1422	**yell**	[jel]

동 소리치다/외치다/비명을 지르다

1423	**scold**	[skould]

동 꾸짖다/야단치다

1424	**span**	[spæn]

명 한 뼘/짧은 길이/지름　동 재다/목측하다/~에 걸치다

1425	**flee**	[fliː]

동 도망가다/달아나다/피하다

1426	**create**	[kriéit]

동 창조하다/창작하다/일으키다

1427	**seclude**	[siklúːd]

동 은퇴시키다/~에서 떼어놓다/격리하다

1428	**remind**	[rimáind]

동 상기시키다/생각나게 하다

1429	**satisfy**	[sǽtisfài]

동 만족시키다/충족시키다/채우다

1430	**enchant**	[entʃǽnt]

동 매혹시키다/매혹하다/황홀케 하다

1431	**pollute**	[pəlúːt]

동 더럽히다/오염시키다

1432	**derail**	[diréil]

동 어렵게 하다/탈선시키다

| 1433 | **fuse** | [fju:z] |

동 녹이다/융합시키다

| 1434 | **inflate** | [infléit] |

동 부풀게 하다/팽창시키다

| 1435 | **exterminate** | [ikstə́:rmənéit] |

동 멸종시키다/박멸하다/근절시키다

| 1436 | **gasp** | [gæsp] |

동 헐떡거리다/숨이 차다/(놀람 등으로) 숨이 막히다

| 1437 | **vex** | [veks] |

동 초조하게 하다/괴롭히다

| 1438 | **trouble** | [trʌ́bl] |

명 곤란/걱정 동 괴롭히다/수고를 끼치다

| 1439 | **sojourn** | [sóud/ə:rn] |

동 체류하다/머무르다 명 체류/머무름

| 1440 | **mop** | [mɔp] |

명 자루걸레 동 닦다/청소하다/(일 등을) 해치우다

| 1441 | **overhear** | [ðuvərhíər] |

동 우연히 엿듣다/도청하다

| 1442 | **lade** | [leid] |

동 ~을 싣다/적재하다/짐을 싣다

| 1443 | **chop** | [tʃɑ(ɔ)p] |

동 자르다/쪼개다/잘게 썰다

| 1444 | **degrade** | [digréid] |

동 타락하다/품위를 떨어뜨리다/지위를 낮추다

| 1445 | **omit** | [oumít] |

동 생략하다/빼다/빠뜨리다

| 1446 | **summarize** | [sʌ́məràiz] |

동 요약하다/요약하여 말하다

| 1447 | **exclude** | [iksklúːd] |

동 제외하다/배척하다

| 1448 | **subscribe** | [səbskráib] |

동 서명하다/기부하다/구독하다

| 1449 | **regain** | [rigéin] |

동 되찾다/회복하다

| 1450 | **kneel** | [niːl] |

동 무릎 꿇다/굴복하다

| 1451 | **shackle** | [ʃǽkəl] |

명 족쇄/수갑/속박 동 옭아매다/구속하다/속박하다

| 1452 | **lure** | [luər] |

동 유혹하다/꾀어내다 명 매혹/매력

| 1453 | **allure** | [əlúər] |

동 유혹하다/부추기다 명 유혹/유혹물

| 1454 | **snare** | [snɛːr] |

명 덫/올가미/함정/유혹 동 덫으로 잡다/(함정에) 빠뜨리다

| 1455 | **humiliate** | [hjuːmíliéit] |

동 창피를 주다/모욕하다

| 1456 | **adorn** | [ədɔ́ːrn] |

동 장식하다/꾸미다

1457	**nap**	[næp]

명 선잠/낮잠 동 졸다/낮잠 자다

1458	**sob**	[sɑ(ɔ)b]

동 흐느껴 울다 명 흐느낌 형 감상적인/눈물을 짜게 하는

1459	**mislead**	[mislíːd]

동 잘못 이끌다/현혹시키다

1460	**languish**	[lǽŋgwiʃ]

동 원기가 없어지다/시들다

1461	**lounge**	[laundʒ]

동 빈둥거리다/어슬렁 어슬렁 거닐다

1462	**resemble**	[rizémbl]

동 ~을 닮다/~와 공통점이 있다/비유하다

1463	**lick**	[lik]

동 (혀로) 핥다 명 핥기

1464	**invert**	[invə́ːrt]

동 ~을 거꾸로 하다/뒤집다

1465	**whish**	[hwiʃ]

동 쉿하고 소리나다/빨리 움직이게 하다

1466	**spin**	[spin]

동 실을 내다/방적하다/장황하게 이야기하다/회전시키다

1467	**lurk**	[ləːrk]

동 숨다/잠복하다/잠행하다 명 잠복/밀행

1468	**spit**	[spit]

동 (침을) 뱉다/토해내다/내뱉다

| 1469 | **lay** | [lei] |

동 놓다/눕히다/알을 낳다

| 1470 | **lawyer** | [lɔ́ːjəːr] |

명 변호사

| 1471 | **fatality** | [feitǽləti] |

동 불운/참사/재난/죽음/사망자

| 1472 | **radiation** | [rèidiéiʃən] |

명 (빛/열 등의) 방사/방열/복사/방사물(선)

| 1473 | **dominator** | [dámənèit] |

명 지배자/지배력

| 1474 | **disciple** | [disáipəl] |

명 제자/문하생/신봉자

| 1475 | **spouse** | [spauz] |

명 배우자

| 1476 | **investment** | [invéstmənt] |

명 투자/투자액

| 1477 | **pessimist** | [pèsəmíst] |

명 비관론자/염세론자

| 1478 | **faculty** | [fǽkəlti] |

명 능력/재능/기능/교직원/교수진/강사진

| 1479 | **treachery** | [trétʃəri] |

명 배신/반역/변절

| 1480 | **recovery** | [rikʌ́vəri] |

명 회복/복구/만회/회수/재생

| 1481 | **garment** | [gάːmənt] |

명 의복/옷/의류/외관

| 1482 | **design** | [dizáin] |

명 디자인/의장/도안/무늬 동 도안을 만들다/설계하다

| 1483 | **reductionist** | [ridʎkʃənist] |

명 환원론[주의]자

| 1484 | **hermit** | [héːrmit] |

명 수행자/신선/은둔자

| 1485 | **benefactor** | [bénəfæktər] |

명 은인/후원자/기증[기부]자

| 1486 | **recipient** | [risípiənt] |

형 받는/수용하는/받아들일 수 있는 명 수령인/수상자

| 1487 | **particle** | [pάːrtikl] |

명 작은 조각/극소(량)입자

| 1488 | **pedestrian** | [pədéstriən] |

형 도보의/보행하는/저속한/단조로운 명 보행자/도보 여행자

| 1489 | **invalid** | [ínvəlid] |

형 병약한/허약한 명 환자/병약자 동 병약해지다

| 1490 | **majesty** | [mǽd/isti] |

명 존엄/위엄/폐하

| 1491 | **canal** | [kənǽl] |

명 운하/수로

| 1492 | **pillow** | [pílou] |

명 베개 동 베개로 받치다/베개를 베다

| 1493 | **epoch** | [épək] |

명 시대/신기원/신시대/획기적인 사건

| 1494 | **observatory** | [əbzə́ːrvətɔ̀ːri] |

명 관측소/천문대/전망대

| 1495 | **sibling** | [síbliŋ] |

형 형제의/자매의　명 형제/자매

| 1496 | **interruption** | [ìntərʌ́pʃən] |

명 가로막음/방해/중지/불통

| 1497 | **scope** | [skoup] |

명 범위/영역/여지/시야

| 1498 | **secretary** | [sékrətèri] |

명 비서/비서관/서기관/(각 부의) 장관

| 1499 | **astray** | [əstréi] |

형 길을 잃어/길을 잘못들어/길을 잃은

| 1500 | **haven** | [héivən] |

명 항구/정박소/안식처/피난처　동 (배를) 피난시키다

| 1501 | **vicinity** | [visínəti] |

명 근처/부근/인근/가까움/근접

| 1502 | **elegantly** | [éligəntli] |

부 우아하게/기품있게/세련되게

| 1503 | **markedly** | [máːrkidli] |

부 현저하게/눈에 띄게/뚜렷하게

| 1504 | **obstinately** | [ábstənitli] |

부 집요하게/끈질기게

| 1505 | **obviously** | [á(ɔ)bviəsli] |

부 명백하게/분명히

| 1506 | **purely** | [pjuəli] |

부 순수하게/완전하게

| 1507 | **sternly** | [stə:nli] |

부 엄격하게/단호하게

| 1508 | **shyly** | [ʃaili] |

부 부끄러워서/수줍어하여/겁을 내어

| 1509 | **custom** | [kʌstəm] |

명 관습/풍습/세관/관세

| 1510 | **mutually** | [mjúːtʃuəli] |

부 서로/상호간에

| 1511 | **legislation** | [lèdʒisléiʃən] |

명 입법/법률 제정

| 1512 | **pomp** | [pɔmp] |

명 화려/장관/허식/과시/허세

| 1513 | **ecosystem** | [íːkousìstəm] |

명 생태계/생태환경

| 1514 | **unfortunately** | [ʌnfɔ́ːrtʃənitli] |

부 불행하게/운나쁘게/공교롭게

| 1515 | **slavery** | [sléivəri] |

명 노예 상태/노예의 신분/노예제도/굴종/예속

| 1516 | **heretic** | [hérətik] |

명 이단자/이교도

| 1517 | **latitude** | [lǽtətjùːd] |

명 위도/위선/씨줄/지방/지대

| 1518 | **equator** | [ikwéitər] |

명 적도

| 1519 | **mob** | [mɔb] |

명 군중/폭도/오합지졸/대중   동 (폭도가 되어) 몰려들다

| 1520 | **decently** | [díːsəntli] |

부 제대로/얌전하게/예의 바르게/응큼하지 않게

| 1521 | **potentially** | [pouténʃəli] |

부 잠재적으로/혹시

| 1522 | **genuinely** | [dʒénjuinli] |

부 진심으로/진짜로/진정하게/성실히/순수히

| 1523 | **theoretically** | [θiːərétikəli] |

부 이론상/이론적으로

| 1524 | **revelation** | [reviléiʃən] |

명 폭로/누설/발각

| 1525 | **pledge** | [pledʒ] |

명 서약/저당/담보/보증/공약   동 서약하다/맹세하다/저당잡히다

| 1526 | **accommodation** | [əkà(ɔ)mədéiʃən] |

명 숙박시설/수용시설/거처/편의/도움

| 1527 | **nitrogen** | [náitrədʒən] |

명 질소

| 1528 | **anachronism** | [ənǽkrenìzm] |

명 시대 착오/시대에 뒤진 것

| 1529 | **shade** | [ʃeid] |

명 그늘/응달/어둠/명암/색조/차양 동 그늘지게 하다/가리다

| 1530 | **predecessor** | [prédisèsər] |

명 전임자/선임자/전의 것/선배/선조

| 1531 | **dynasty** | [dáinəsti] |

명 (역대) 왕조/왕가/명문/명가

| 1532 | **domain** | [douméin] |

명 영토/영역/세력범위/분야

| 1533 | **fable** | [féibl] |

명 우화/전설/신화/설화 동 우화를 만들다/꾸며낸 얘기를 하다

| 1534 | **extension** | [iksténʃən] |

명 연장/확장/신장/(전화의) 내선/구내전화

| 1535 | **miser** | [máizər] |

명 구두쇠/노랑이/수전노

| 1536 | **exception** | [eksépʃən] |

명 예외/제외/이의/다른 의견

| 1537 | **guilt** | [gilt] |

명 죄/유죄/범죄 행위/죄책감

| 1538 | **council** | [káunsəl] |

명 회의/평의회/지방의회/교회회의/(단체의) 지방 지부

| 1539 | **parliament** | [pá:ləmənt] |

명 의회/국회

| 1540 | **reception** | [risépʃən] |

명 받아들임/수취/수령/접대/응접연회/환영회

1541	**committee**	[kəmíti]

명 위원회

1542	**rawmaterial**	[rɔːmətíəriəl]

명 원자재/원재료

1543	**medication**	[mèdəkéiʃən]

명 약품/약물/약물 치료

1544	**suffrage**	[sʌ́fridʒ]

명 투표/투표권/선거권/참정권 동 (투표로) 지지하다/인정하다

1545	**request**	[rikwést]

명 요청/요구 동 요구하다/청하다/의뢰하다

1546	**mechanism**	[mékənizəm]

명 기계(장치)/기구/구조/구성/(그림/음악 등의) 기법/기교

1547	**harbor**	[háːrbər]

명 항구/피난처/은신처 동 피난처를 제공하다/숨기다/정박하다

1548	**sewage**	[súːidʒ]

명 하수 오물/폐수/오수

1549	**scarcely**	[skɛ́əːrsli]

부 겨우/간신히/가까스로/거의 ~않다/설마 ~하는 일은 없다

1550	**rush**	[rʌʃ]

동 돌진하다/달려들다/문득 떠오르다 명 돌격/돌진/쇄도

1551	**temperance**	[témpərəns]

명 절제/극기/자제/중용/절주/금주

1552	**employer**	[emplɔ́iər]

명 고용주/사용자

1553	**usher**	[ʌ́ʃər]

명 안내인/접수인/수위 동 안내하다/선도하다

1554	**sphere**	[sfiəːr]

명 구체/구/범위/영역/창공 동 구 모양으로 만들다/둘러싸다

1555	**fallacy**	[fǽləsi]

명 잘못된 생각/궤변/이론상의 잘못/오류/허위

1556	**single**	[síŋgl]

형 단 하나의/혼자의 명 한 개/단일 부 혼자서 동 선발하다

1557	**personnel**	[pèːrsənél]

명 전직원/인원/(회사 등의) 인사부 형 직원의/인사의

1558	**proposition**	[pràpəzíʃən]

명 제안/건의/계획/진술/주장/명제 동 ～에게 제안하다

1559	**gross**	[grous]

형 뚱뚱한/큰/엄청난/총계의/무성한 명 총계/총액

1560	**immemorial**	[ìmimɔ́ːriəl]

형 태고의/먼 옛날의/아주 오랜

1561	**colloquial**	[kəlóukwiəl]

형 일상 회화의/구어의/구어체의

1562	**supreme**	[su(sju)príːm]

형 최고의/극도의/궁극의 명 최고의 것/최고/절정

1563	**singular**	[síŋgjuləːr]

형 유일한/단독의/개개의/각자의/기묘한/이상한

1564	**odd**	[ɔd]

형 홀수의/여분의/어림잡아/기묘한/이상한 명 자투리/나머지

| 1565 | **indispensable** | [ìndispénsəbəl] |

형 없어서는 안 되는/필수적인/필요불가결한

| 1566 | **inherent** | [inhíərənt] |

형 고유한/타고난/천성적인/생태의

| 1567 | **peculiar** | [pikjúːljər] |

형 독특한/특유의/특이한/기묘한/이상한

| 1568 | **spectacular** | [spektǽkjələr] |

형 장관의/볼 만한/구경거리의/극적인

| 1569 | **optical** | [á(ɔ́)ptikəl] |

형 눈의/시각의/시력의

| 1570 | **collaborative** | [kəlǽbərèitiv] |

형 공동의/합작의/협력적인

| 1571 | **rough** | [rʌf] |

형 거친/거칠거칠한/가공하지 않은/대략의

| 1572 | **immune** | [imjúːn] |

형 면역의/면역된/면제된 명 면역자/면제자

| 1573 | **complacent** | [kəmpléisənt] |

형 만족한/자기 만족의/안심한/은근한

| 1574 | **ethnic** | [éθnik] |

형 민족의/인종의/민족 특유의/인종학의/이교도의

| 1575 | **unexpected** | [ʌnekspéktid] |

형 예기치 않은/뜻밖의

| 1576 | **preliminary** | [prilímineri] |

형 사전의/예비의/임시의

374

1577 **cyclonic** [saiklánik]

형 강렬한/사이클론의

1578 **technical** [téknikəl]

형 기술적인/전문의/특수한/공업의

1579 **superfluous** [suːpə́ːrfluəs]

형 남는/여분의/불필요한/남아 도는

1580 **nomadic** [noumǽdik]

형 유목민의/유목의/방랑하는

1581 **corporate** [kɔ́ːrpərit]

형 법인의/단체의/공동의

1582 **suspicion** [səspíʃən]

명 의심/혐의/용의

1583 **halfway** [hǽːfwèi]

형 도중의/중간의/불충분한 부 도중까지/거의/불완전하게

1584 **intermediate** [ìntərmíːdiət]

형 중간의/중급의 명 중간물/중개자/조정자

1585 **homage** [há(ɔ)midʒ]

명 경의/존경/충성의 맹세 동 경의를 표하다

1586 **regular** [régjuliər]

형 정규적인/규칙적인/보통의

1587 **disposable** [dispóuzəbəl]

형 처분할 수 있는/사용 후 버릴 수 있는 명 일회용품

1588 **transition** [trænzíʃən]

명 변천/변화/과도기/추이/일시적 전조

| 1589 | **static** | [stǽtik] |

휑 정적인/정지 상태의 몡 잡음/격렬한 반대/요란한 비평

| 1590 | **stride** | [stráid] |

동 성큼성큼 걷다 몡 큰 걸음/활보/진보/발달

| 1591 | **outskirt** | [áutskə̀rt] |

몡 교외/변두리/외곽지역

| 1592 | **pane** | [pein] |

몡 (한 장의) 창유리/(네모꼴의) 한 구획

| 1593 | **administration** | [ædmìnistréiʃən] |

몡 (국가의) 통치/지배/관리/경영/행정(부)

| 1594 | **relish** | [réliʃ] |

몡 맛/흥미/향취/조미료 동 즐기다/좋아하다/맛있게 먹다

| 1595 | **preparation** | [prèpəréiʃən] |

몡 준비/예습/각오/조리/(약의) 조제

| 1596 | **equipment** | [ikwípmənt] |

몡 장비/설비/비품

| 1597 | **indication** | [ìndikéiʃən] |

몡 표시/징후/조짐/암시

| 1598 | **defiance** | [difáiəns] |

몡 도전/저항/반항/무시

| 1599 | **surveillance** | [sərvéiləns] |

몡 감시/감독

| 1600 | **initiative** | [iníʃiətiv] |

몡 솔선/주도/주도권/발의/창시 휑 처음의/발단의

| 1601 | **largely** | [láːrdʒli] |

📮 주로/대량으로/많이

| 1602 | **breadth** | [bredθ] |

명 너비/폭/넓이/관용

| 1603 | **puddle** | [pʌ́dl] |

명 (흙탕물의) 웅덩이/뒤죽박죽　동 더럽히다/흙탕물을 휘젓다

| 1604 | **pasture** | [pǽstʃər] |

명 목장/목초지/방목장/목초　동 (가축을) 방목하다

| 1605 | **habitat** | [hǽbətæ̀t] |

명 주거 환경/서식지/산지/본고장/거주지/주소

| 1606 | **standpoint** | [stǽndpɔ̀int] |

명 입장/견지/관점

| 1607 | **halt** | [hɔːlt] |

동 멈춰 서다/정지하다　명 멈춤/정지/정거장/정류소

| 1608 | **sight** | [sait] |

명 시각/시야/조망/광경/관광지　동 보다/찾아내다/관측하다

| 1609 | **gadget** | [gǽdʒit] |

명 간단한 장치/도구/부속품/묘안/고안/신안

| 1610 | **fur** | [fəːr] |

명 털/모피　동 모피로 덮다　형 모피의/털의

| 1611 | **sufficiently** | [səfíʃəntli] |

📮 충분히/족히

| 1612 | **flake** | [fleik] |

명 얇은 조각/파편/불꽃/불똥　동 벗겨져 떨어지다/펄펄 내리다

1613	**oblivion**	[əblíviən]

명 망각/잊혀짐/잊기 쉬움/알아차리지 못함

1614	**distraction**	[distrǽkʃən]

명 주의 산만/방심/기분 전환/오락/혼란/불화 소동

1615	**recreation**	[rìːkriéiʃən]

명 기분 전환/오락/휴양/보양

1616	**tyranny**	[tírəni]

명 포악/학대/폭정/전제정치

1617	**psychology**	[saikálədʒi]

명 심리학/심리(상태)

1618	**zoology**	[zouálədʒi]

명 동물학

1619	**enrollment**	[enróulmənt]

명 등록/입학/입대/등록부/등록자 명부

1620	**precaution**	[prikɔ́ːʃən]

명 조심/경계/예방책

1621	**warrant**	[wɔ́ː(ɔ)rənt]

명 근거/정당한 이유/보증(서)/허가증   동 보증하다/정당화하다

1622	**stink**	[stiŋk]

동 악취가 나다/불쾌하다/역겹다   명 악취/논쟁/물의

1623	**roar**	[rɔːr]

동 고함치다/외치다/으르렁거리다/크게 웃다   명 고함소리/포효

1624	**sip**	[sip]

명 한 모금   동 한 모금씩 마시다/(지식을) 흡수하다

1625	**distill**	[distíl]

동 증류하다/정제하다/순화하다

1626	**evolve**	[ivá(ó)lv]

동 발전하다/진화하다/(열/빛 등을) 방출하다

1627	**assimilate**	[əsíməlèit]

동 동화하다/소화하다/동화시키다/소화되다

1628	**represent**	[rèprizént]

동 대표하다/나타나다/묘사하다

1629	**feat**	[fiːt]

명 공적/위업/묘기/재주/곡예

1630	**jaw**	[dʒɔː]

명 턱(특히 아래턱)/(골짜기의) 좁은 입구/잔소리/긴 사설/수다

1631	**siege**	[siːdʒ]

명 포위 공격/끈질긴 권유/끈덕진 병

1632	**exertion**	[igzə́ːʃən]

명 노력/분발/힘의 발휘/권력의 행사/진력/수고

1633	**friction**	[fríkʃən]

명 마찰/알력/불화/의견 대립

1634	**incision**	[insíʒən]

명 (칼 등에) 벤 자국/베기/새김

1635	**livestock**	[láivstàk]

명 가축

1636	**shrinkage**	[ʃríŋkidʒ]

명 수축(량)/축소량/감소량

1637	**stimulation**	[stìmjuléiʃən]

명 자극/흥분/고무

| 1638 | **tragedy** | [trǽdʒədi] |

명 비극/비극적인 사건/비극적인 요소

| 1639 | **janitor** | [dʒǽnətər] |

명 경비원/문지기/수위/관리인   동 ~로서 일하다

| 1640 | **puzzling** | [pʌ́zliŋ] |

형 당혹하게 하는/어리둥절하게 하는/영문 모를

| 1641 | **incentive** | [inséntiv] |

형 자극적인/장려하는/고무적인   명 격려(금)/자극/유인

| 1642 | **subsequent** | [sʌ́bsikwənt] |

형 뒤의/이어서 일어나는/수반하는   명 뒤의 것/다음의 일

| 1643 | **perception** | [pərsépʃən] |

명 인식/지각/감지

| 1644 | **disadvantage** | [disədvǽ(áː)ntidʒ] |

명 불리/불이익/손해/불명예   동 불리한 처지에 놓이게 하다

| 1645 | **session** | [séʃən] |

명 개회중/회기/학기/(활동하는) 기간

| 1646 | **irritated** | [íriteitìd] |

형 화난/짜증난/신경질이 난/속이 탄

| 1647 | **section** | [sékʃən] |

명 부분/부문/구역/(신문/잡지의) 난

| 1648 | **incredible** | [inkrédəbl] |

형 믿어지지 않는/엄청난/믿을 수 없는/거짓말 같은

| 1649 | **solitary** | [sá(ɔ)litəri] |

형 혼자의/외로운/외딴/고독한 명 혼자 사는 사람/은자

| 1650 | **negligence** | [néglidʒəns] |

명 태만/부주의/무관심/자유 분방/과실

| 1651 | **frustration** | [frʌstréiʃən] |

명 좌절/차질/실패/욕구 불만/계약의 불이행

| 1652 | **parachute** | [pǽrəʃuːt] |

명 낙하산 동 낙하산으로 내려오다

| 1653 | **production** | [prədʌ́kʃən] |

명 생산/산출/생산량/제작/저작/제품

| 1654 | **anxiety** | [æŋzáiəti] |

명 걱정/불안/근심/염려

| 1655 | **permission** | [pəmíʃən] |

명 허락/허가/승인/면허

| 1656 | **prominent** | [prámənənt] |

형 탁월한/저명한/두드러진/눈에 띄는

| 1657 | **destine** | [déstin] |

동 운명으로 정해지다/운명 지우다/목적지로 정하다

| 1658 | **zone** | [zoun] |

명 지대/지역/지구/부분/구역/구간

| 1659 | **exhausted** | [igzɔ́ːstid] |

형 다 써버린/소모된/고갈된/지친

| 1660 | **preface** | [préfis] |

명 머리말/서문 동 ~에 서문을 쓰다/~의 발단이 되다

| 1661 | **catastrophe** | [kətǽstrəfi] |

명 파국/재난/비극적 결말

| 1662 | **editorial** | [editɔ́ːriəl] |

동 편집(상)의/사설의 명 (신문/잡지의) 사설/논설

| 1663 | **contempt** | [kəntémpt] |

명 경멸/모욕/치욕/체면 손상

| 1664 | **periodical** | [pìəriádikəl] |

형 정기(간행)의/주기적인 명 정기간행물

| 1665 | **thicket** | [θíkit] |

명 덤불/수풀/잡목 숲

| 1666 | **strategy** | [strǽtədʒi] |

명 병법/책략/전략/전술/작전

| 1667 | **drain** | [drein] |

동 배수하다/배출하다/유출시키다 명 배수/방수/유출/고갈

| 1668 | **posterity** | [pɑ(ɔ)stérəti] |

명 자손/후세/후대

| 1669 | **sincerity** | [sinsérəti] |

명 성실/성의/진실/순수함

| 1670 | **ward** | [wɔːd] |

명 보호/감독/감시/억류/감옥/병동/병실/(도시구역의) 구(區)

| 1671 | **temperament** | [témpərəmənt] |

명 기질/성질/성미/신경질/조절/타협/중용

| 1672 | **plate** | [pleit] |

명 접시/도금된 식기류/판/판금 동 ~에 도금하다/판금하다

1673	**shabby**	[ʃǽbi]

형 초라한/남루한/(옷이) 낡은

1674	**resentful**	[rizéntfəl]

형 분개한/성을 잘내는

1675	**momentous**	[mouméntəs]

형 중대한/중요한/쉽지 않은

1676	**predominant**	[pridá(ɔ́)minənt]

형 뛰어난/우세한/탁월한/세력있는/널리 퍼진

1677	**limitation**	[lìmitéiʃən]

명 제한/한정/규제/한계

1678	**steadfast**	[stédfæst]

형 확고 부동한/고정된/불변의

1679	**sublime**	[səbláim]

형 장엄한/웅대한/숭고한/탁월한　동 높아지다/고상해지다

1680	**reckless**	[réklis]

형 분별 없는/무모한/개의치 않는

1681	**mourn**	[mɔːrn]

동 슬퍼하다/한탄하다/애통해하다

1682	**prime**	[praim]

형 첫째의/주요한/최초의/근본적인　명 전성기/처음/초기

1683	**valid**	[vælid]

형 타당한/유효한/확실한/정당한/근거 있는

1684	**abundant**	[əbʌ́ndənt]

형 풍부한/풍족한/많은/남아 도는

| 1685 | **slender** | [sléndər] |
| 형 가느다란/호리호리한/날씬한/빈약한 |

| 1686 | **sagacious** | [səgéiʃəs] |
| 형 현명한/영리한/기민한 |

| 1687 | **extraordinary** | [ikstrɔ́ːdinèri] |
| 형 특이한/이상한/비상한/엄청난 |

| 1688 | **shallow** | [ʃǽlou] |
| 형 얕은/천박한　명 얕은 곳/여울　동 얕게 하다/얕아지다 |

| 1689 | **summary** | [sʌ́məri] |
| 명 요약/개요/일람　형 요약한/개략의/즉석의/약식의 |

| 1690 | **fragile** | [frǽdʒəl] |
| 형 부서지기 쉬운/깨지기 쉬운/연약한 |

| 1691 | **meager** | [míːgər] |
| 형 야윈/빈약한/불충분한/무미건조한 |

| 1692 | **awful** | [ɔ́ːfəl] |
| 형 무서운/지독한/대단한/터무니없는　부 몹시/굉장히 |

| 1693 | **scanty** | [skǽnti] |
| 형 부족한/불충분한/빈약한/얼마 안 되는/인색하게 구는 |

| 1694 | **inhumane** | [ìnhjuːméin] |
| 형 인정없는/무자비한/잔인한/비인간적인 |

| 1695 | **definite** | [définit] |
| 형 명확한/뚜렷한/한정된/일정한 |

| 1696 | **distinct** | [distíŋkt] |
| 형 별개의/명백한/명확한/뚜렷한 |

| 1697 | **immature** | [ìmətjúər] |

형 미숙한/미완성의/성숙하지 못한

| 1698 | **instructive** | [instrʌ́ktiv] |

형 교훈적인/교육적인/유익한

| 1699 | **desirable** | [dizáirəbl] |

형 바람직한/탐나는/호감이 가는/매력 있는

| 1700 | **preferable** | [préfərəbl] |

형 더 마음에 드는/더 바람직한/선호하는/오히려 나은

| 1701 | **spacious** | [spéiʃəs] |

형 널찍한/광대한/광활한

| 1702 | **insolent** | [ínsələnt] |

형 오만한/무례한/건방진/거만한

| 1703 | **praiseworthy** | [préizwə̀:rði] |

형 칭찬할 만한/기특한/갸륵한

| 1704 | **venerable** | [vénərəbəl] |

형 존경할 만한/훌륭한/덕망 있는

| 1705 | **sane** | [sein] |

형 제정신의/온전한/건전한/분별 있는

| 1706 | **sheer** | [ʃiə:r] |

형 얇은/비치는/섞이지 않은/순전한   부 완전히/아주

| 1707 | **uneasy** | [ʌní:zi] |

형 불안한/걱정되는/불편한/어색한/어려운

| 1708 | **subdued** | [səbdjú:d] |

형 정복당한/억제된/차분해진

| 1709 | **malice** | [mǽlis] |

명 악의/적의/원한

| 1710 | **savage** | [sǽvidʒ] |

형 야만적인/미개한/사나운/잔혹한　명 야만인/미개인

| 1711 | **genial** | [dʒíːniəl] |

형 따뜻한/친절한/인정있는/정다운/온화한

| 1712 | **sermon** | [sə́ːrmən] |

명 설교/잔소리

| 1713 | **ignoble** | [ignóubəl] |

형 성품이 저급한/비천한/수치스러운

| 1714 | **melancholy** | [mélənkàli] |

명 우울/울적함/우울증　형 우울한/슬픈/침울한

| 1715 | **frugal** | [frúːgəl] |

형 검소한/알뜰한/절약하는/모자라는/부족한

| 1716 | **undaunted** | [ʌndɔ́ːntid] |

형 굽히지 않는/불굴의/용감한

| 1717 | **dismal** | [dízməl] |

형 음침한/우울한/무서운/비참한　명 상복/우울

| 1718 | **intricate** | [íntrikit] |

형 뒤얽힌/복잡한/영문 모를/난해한

| 1719 | **urgent** | [ə́ːdʒənt] |

형 긴급한/다급한/절박한/재촉하는/졸라대는/강요하는

| 1720 | **imperative** | [impérətiv] |

형 명령적인/절박한/긴급한　명 명령/의무/책임/규칙/규범

| 1721 | **inappropriate** | [ìnəpróupriit] |

혱 부적당한/온당치 않은

| 1722 | **tolerable** | [tá(ɔ́)lərəbl] |

혱 참을 수 있는/웬만한/꽤 좋은

| 1723 | **legitimate** | [lidʒítəmit] |

혱 합법적인/정당한/본격적인/정통의　동 정당화하다

| 1724 | **caring** | [kɛ́əriŋ] |

혱 자상한/돌보는　명 상냥함/친절함/돌보기/간호

| 1725 | **pathetic** | [pəθétik] |

혱 측은한/불쌍한/가련한

| 1726 | **serene** | [siríːn] |

혱 고요한/화창한/침착한/차분한　명 평온한 바다/맑게 갠 하늘

| 1727 | **fluent** | [flúːənt] |

혱 유창한/거침없는/부드러운/융통성 있는/유동성의

| 1728 | **fond** | [fɔnd] |

혱 애정 있는/다정한/분별없는

| 1729 | **righteous** | [ráitʃəs] |

혱 올바른/공정한/정직한/정당한/당연한

| 1730 | **rouse** | [rauz] |

동 깨우다/일으키다/깨다/일어나다

| 1731 | **disinterested** | [disíntəristid] |

혱 사심없는/공평한/무관심한

| 1732 | **plump** | [plʌmp] |

혱 포동포동한/불룩한/충분한　동 불룩해지다/살찌게 하다

1733	**tranquil**	[trǽnkwil]

형 조용한/평온한/평화로운/차분한

1734	**stout**	[staut]

형 튼튼한/강인한/뚱뚱한/살찐

1735	**discreet**	[diskríːt]

형 사려 깊은/신중한/분별있는

1736	**deaf**	[def]

형 귀머거리의/귀먹은/귀를 기울이지 않는/무관심한

1737	**hypocrisy**	[hipá(ɔ)krəsi]

명 위선/위선적인 행위

1738	**prophecy**	[prá(ɔ)fəsi]

명 예언/신의의 전달/예언 능력

1739	**maxim**	[mǽksim]

명 격언/금언/좌우명

1740	**optimism**	[á(ɔ)ptimìzm]

명 낙관/낙천주의/무사태평

1741	**opinion**	[əpínjən]

명 의견/견해/소신/판단/평가/평판

1742	**relation**	[riléiʃən]

명 (국가간/사람간 등의) 관계/관련/사이

1743	**lag**	[læg]

동 뒤떨어지다/꾸물거리다/(흥미가) 점점 줄다   명 지연/지체

1744	**descendant**	[diséndənt]

명 자손/후예

1745 **humility** [hjuːmíləti]

명 겸손/겸허/비하

1746 **modesty** [má(ɔ)disti]

명 겸손/조심성/정숙/수수함/검소/중용

1747 **dehydrated** [diːháidreit]

형 탈수된/건조한

1748 **renovate** [rénəvèit]

동 새롭게 하다/쇄신하다/수선하다/회복하다

1749 **forbidden** [fəːbídn]

형 금지된/금단의

1750 **sterile** [stéril]

형 메마른/불모의/빈약한/헛된

1751 **erroneous** [iróuniəs]

형 틀린/잘못된

1752 **scholarship** [ská(ɔ)ləʃip]

명 학문/학식/장학금(제도)/장학생의 자격

1753 **prose** [prouz]

명 산문/평범/단조로운 이야기[문장] 형 산문의/단조로운

1754 **minute** [maːr]

형 상세한/사소한/하찮은 명 (시간의) 분/순간/잠시

1755 **masculine** [mǽskjəlin]

형 남성의/사내다운/힘센/용감한

1756 **talkative** [tɔ́ːkətiv]

형 말이 많은/수다스러운

| 1757 | **whimsical** | [hwímzikəl] |

형 변덕스러운/별난/묘한

| 1758 | **vulgar** | [vʌ́lgər] |

형 천한/상스러운/저속한/통속적인

| 1759 | **terrific** | [terífik] |

형 굉장한/훌륭한/무서운

| 1760 | **hideous** | [hídiəs] |

형 무시무시한/소름끼치는/섬뜩한/끔찍한

| 1761 | **unattainable** | [ʌnətéinəbəl] |

형 도달하기 어려운/얻기 어려운

| 1762 | **criterion** | [kraitíəriən] |

명 (판단의) 기준/표준/기준

| 1763 | **prior** | [práiər] |

형 앞서의/이전의/~보다 앞선   부 ~보다 전에

| 1764 | **progressive** | [prəgrésiv] |

형 진보적인/전진하는/점진적/진행성의   명 진보주의자/진행형

| 1765 | **bedridden** | [bédrìdn] |

형 누워만 있는/일어나지 못하는

| 1766 | **preventive** | [privéntiv] |

형 예방하는/예방의   명 방지하는 것/예방법/피임약

| 1767 | **trendy** | [tréndi] |

형 최신 유행의/유행을 따르는   명 유행의 첨단을 걷는 사람

| 1768 | **overanxious** | [òuvərǽŋkʃəs] |

형 지나치게 걱정하는

| 1769 | **cynical** | [sínikəl] |

형 냉소적인/빈정대는/비꼬는

| 1770 | **seemingly** | [síːmiŋli] |

부 겉보기에는/겉으로는/표면적으로는

| 1771 | **cordial** | [kɔ́ːdiəl] |

형 진심어린/마음에서 우러난

| 1772 | **vibrant** | [váibrənt] |

형 떠는/진동하는/설레는/울려퍼지는/힘찬

| 1773 | **upsetting** | [ʌpsétiŋ] |

형 소란을 일으키는/심하게 동요시키는

| 1774 | **punctual** | [pʌ́ŋktʃuəl] |

형 시간을 지키는/어김없는/착실한/꼼꼼한

| 1775 | **unconventional** | [ʌ̀nkənvénʃənəl] |

형 관습을 쫓지 않는/판에 박히지 않은/약식의

| 1776 | **regardless** | [rigáːdlis] |

형 부주의한/관심이 없는/관계없는

| 1777 | **irreducible** | [ìridjúːsəbl] |

형 더 이상 축소할 수 없는/바꿀 수 없는

| 1778 | **impatient** | [impéiʃənt] |

형 참을 수 없는/성급한/참을성이 없는

| 1779 | **ineffective** | [ìniféktiv] |

형 효과가 없는/쓸모없는/무효의

| 1780 | **shrewd** | [ʃruːd] |

형 빈틈없는/재빠른/심술궂은/극심한/모진

1781	**indebted**	[indétid]

[형] 은혜를 입고 있는/부채가 있는/빚이 있는/신세를 진

1782	**engaging**	[engéidʒiŋ]

[형] 마음을 끄는/매력적인/애교있는

1783	**vulnerable**	[vʌ́lnərəbəl]

[형] (비난 등을) 받기 쉬운/(유혹 등에) 노출되어 있는

1784	**authoritative**	[əθɔ́:ritéitiv]

[형] 권위 있는/정식의/신뢰할 만한/엄연한

1785	**elastic**	[ilǽstik]

[형] 탄력있는/신축성이 있는

1786	**responsible**	[rispá(ɔ́)nsəbl]

[형] 책임이 있는/책임이 따르는/원인이 되는

1787	**prudent**	[prú:dənt]

[형] 신중한/분별있는/세심한

1788	**naughty**	[nɔ́:ti]

[형] 장난꾸러기인/행실이 나쁜/버릇없는

1789	**rusty**	[rʌ́sti]

[형] 녹슨/색이 바랜/낡은/무디어진/못 쓰게 된

1790	**mercury**	[mə́:rkjəri]

[명] 수은/온도계/(천체 행성 중) 수성

1791	**petty**	[péti]

[형] 사소한/시시한/마음이 좁은/째째한/작은

1792	**forlorn**	[fə:rlɔ́:rn]

[형] 고독한/쓸쓸한/버림받은/불행한

| 1793 | **nauseous** | [nɔ́:ʃəs] |

형 메스꺼운/싫은/진저리나는

| 1794 | **bare** | [bɛər] |

형 벌거벗은/드러낸/꾸밈없는/겨우 ~한 동 벌거벗기다/드러내다

| 1795 | **affordable** | [əfɔ́:rdəbəl] |

형 줄 수 있는/입수 가능한/(값이) 알맞은

| 1796 | **brutish** | [brú:tiʃ] |

형 잔인한/야만적인/짐승같은

| 1797 | **notorious** | [noutɔ́:riəs] |

형 (나쁜 의미로) 소문난/유명한/악명이 높은

| 1798 | **wistful** | [wístfəl] |

형 탐내는 듯한/그리워하는/생각에 잠긴

| 1799 | **pensive** | [pénsiv] |

형 깊은 생각에 잠겨 있는/수심에 잠긴

| 1800 | **juvenile** | [dʒú:vənəl] |

형 젊은/어린/소년[소녀]의 명 소년소녀/아동

| 1801 | **bothersome** | [báðə:rsəm] |

형 성가신/귀찮은

| 1802 | **providence** | [prá(ɔ́)vidəns] |

명 섭리/신의 뜻/신/하느님/선견지명

| 1803 | **desperate** | [déspərit] |

형 자포자기의/절망적인/필사적인/맹렬한/지독한

| 1804 | **pessimistic** | [pèsimístik] |

형 비관적인/염세적인/염세론의

| 1805 | **protective** | [prətéktiv] |

형 보호적인/보호하는/보호무역의

| 1806 | **sociable** | [sóuʃəbəl] |

형 사교적인/친목적인

| 1807 | **compulsory** | [kəmpʌ́lsəri] |

형 강제적인/의무적인

| 1808 | **sceptical** | [sképtikəl] |

형 회의적인/의심 많은

| 1809 | **logical** | [lá(ɔ́)dʒikəl] |

형 논리의/논리적인/이치에 맞는/정확하게 추론할 수 있는

| 1810 | **physiological** | [fìziəládʒikəl] |

형 생리적인/생리학의

| 1811 | **transient** | [trǽnʃənt] |

형 덧없는/일시적인/무상한/순간적인/잠깐 머무는

| 1812 | **intellectual** | [ìntəléktʃuəl] |

형 지적인/지능적인/총명한 명 지식인

| 1813 | **scientific** | [saiəntífik] |

형 과학의/과학적인

| 1814 | **clinical** | [klínikəl] |

형 진료소의/임상의/병상의/객관적인/분석적인/냉정한

| 1815 | **attractive** | [ətrǽktiv] |

형 매력적인/사람의 마음을 끄는

| 1816 | **inborn** | [ínbɔ́ːrn] |

형 타고난/선천적인/천부적인

1817	**spontaneous**	[spɑ(ɔ)ntéiniəs]

형 자발적인/자연적인/임의의

| 1818 | **experimental** | [ikspèriméntl] |

형 실험의/실험적인

| 1819 | **romantic** | [roumǽntik] |

형 낭만적인/공상적인/신비적인

| 1820 | **imprudent** | [imprúːdənt] |

형 뻔뻔스러운/염치없는/경솔한

| 1821 | **diplomacy** | [diplóuməsi] |

명 외교/외교술/권모술수

| 1822 | **oratory** | [óːrətɔ̀ːri] |

명 웅변/웅변술

| 1823 | **lucid** | [lúːsid] |

형 맑은/투명한/알기 쉬운/밝은

| 1824 | **irrational** | [irǽʃənəl] |

형 비이성적인/불합리한

| 1825 | **intelligent** | [intélidʒənt] |

형 총명한/지성적인/영리한/이해력이 있는

| 1826 | **intensive** | [inténsiv] |

형 집중적인/철저한/강한/격렬한

| 1827 | **eager** | [íːgər] |

형 열망하는/열심인/간절히 ～하고 싶어하는

| 1828 | **retailer** | [ríːteiləːr] |

명 소매상인

1829	**predisposition**	[prìːdispəzíʃən]

명 경향/성질/소인

1830	**deduction**	[didʌ́kʃən]

명 감면/차감/공제

1831	**peril**	[péril]

명 위험/위태 동 위험에 빠뜨리다/위험하게 하다

1832	**resignation**	[rèzignéiʃən]

명 사직/사임/포기/체념/감수

1833	**infection**	[infékʃən]

명 전염/감염/전염병

1834	**novelty**	[nάvəlti]

명 신기함/새로움/새로운 것/색다른 것 형 신형의/신제품의

1835	**plenty**	[plénti]

명 많음/가득/풍부/대량 형 많은/충분한 부 듬뿍/충분히/아주

1836	**shyness**	[ʃάinis]

명 수줍음/소심

1837	**interval**	[íntəvəl]

명 (장소/시간 등의) 간격/거리/틈/사이

1838	**flaw**	[flɔː]

명 결점/흠/결함 동 흠을 내다/～에 금가게 하다

1839	**touch**	[tʌtʃ]

동 접촉하다/인접하다/영향을 주다 명 접촉/교섭/촉감

1840	**rainforest**	[reinfɔ́(ː)rist]

명 열대 다우림/강우림

| 1841 | **resolution** | [rezəlúːʃən] |

명 결심/결의(안)/해결/타결/분해/분석/(TV 등의) 해상도

| 1842 | **decision** | [disíʒən] |

명 결정/해결/결심/결단/판결/판례

| 1843 | **vanity** | [vǽnəti] |

명 덧없음/무상함/허영심/자만심

| 1844 | **liability** | [làiəbíləti] |

명 ~의 경향이 있음/책임이 있음/책임/의무/채무

| 1845 | **muffling** | [mʌ́fliŋ] |

명 (소리 등의) 약해짐/감소함

| 1846 | **probe** | [proub] |

명 탐사/탐침 동 면밀히 조사하다

| 1847 | **saliva** | [səláivə] |

명 침/타액

| 1848 | **suppression** | [səpréʃən] |

명 억압/진압/억제/은폐/제지/금지

| 1849 | **congestion** | [kəndʒéstʃən] |

명 혼잡/밀집/과잉/충혈/울혈

| 1850 | **cowardice** | [káuərdis] |

명 겁/비겁/소심

| 1851 | **square** | [skwɛə] |

명 정사각형/광장 형 정사각형의/공평한 부 공평하게/정면으로

| 1852 | **respiration** | [rèspiréiʃən] |

명 호흡/한 번 숨쉼

1853	**roll**	[roul]

동 구르다/진행하다/동그래지다　명 회전/두루말이

1854	**nuisance**	[njúːsəns]

명 폐/성가심/방해물/성가신 것

1855	**porch**	[pɔːtʃ]

명 현관/차 대는 곳/입구

1856	**peculiarity**	[pikjùːliǽrəti]

명 특색/특수성/특권/버릇

1857	**disappointment**	[dìsəpɔ́intmənt]

명 실망/기대에 어긋난 일

1858	**moth**	[mɔ(ː)θ]

명 나방(벌레)

1859	**frontier**	[frʌntíər]

명 국경/전선/변방/미개척의 영역

1860	**compensation**	[kàmpənséiʃən]

명 보상(금)/배상/변상/보정/보강

1861	**virtually**	[və́ːrtʃuəli]

부 사실상/실질적으로

1862	**improvement**	[imprúːvmənt]

명 개선/개량/개선점/향상/진보/증진

1863	**sanitation**	[sænətéiʃən]

명 공중 위생/위생 시설의 개선

1864	**hygiene**	[háidʒiːn]

명 위생/위생학

| 1865 | **strife** | [straif] |
명 투쟁/경쟁/싸움/분쟁

| 1866 | **warfare** | [wɔ́ːrfɛ̀ər] |
명 전투/교전/싸움

| 1867 | **controversy** | [ká(ɔ́)ntrə̀vəːsi] |
명 논쟁/논의/말다툼

| 1868 | **prosecution** | [pràsəkjúːʃən] |
명 실행/수행/종사/경영/기소/소추/고소

| 1869 | **adoption** | [ədàpʃen] |
명 채용/채택/입양/(입후보자의) 공천

| 1870 | **significance** | [signífikəns] |
명 의의/의미/취지/중요성

| 1871 | **variety** | [vəráiəti] |
명 변화/다양성/불일치/가지각색

| 1872 | **diversity** | [divə́ːrsəti] |
명 상이(점)/차이(점)/변화/다양성

| 1873 | **renown** | [rináun] |
명 명성/저명

| 1874 | **spectacle** | [spéktəkəl] |
명 광경/장관/(대단한) 구경거리/안경

| 1875 | **tact** | [tækt] |
명 재치/기지/솜씨/요령

| 1876 | **occupation** | [àkjupéiʃən] |
명 직업/업무/점유/거주/점령/종사/취임/취업/임기

1877	**testimony**	[téstəmòuni]

명 증언/증거/증명

1878	**illusion**	[ilúːʒən]

명 환상/환영/환각/망상

1879	**transformation**	[trὰnsfəːméiʃən]

명 변형/변질/변환/변모

1880	**tumult**	[tjúːmʌlt]

명 법석/소동/폭동/격정/흥분

1881	**torment**	[tɔ́ːrment]

명 고통/고뇌/고문   동 괴롭히다/고문하다

1882	**currency**	[kəː(ʌ)rənsi]

명 통용/유통/유포/통화/화폐

1883	**misuse**	[misjúːz]

명 오용/남용/학대   동 오용하다/학대하다

1884	**monk**	[mʌŋk]

명 수도사/수도승

1885	**response**	[rispáns]

명 응답/대답/반응/감응

1886	**overpopulation**	[òuvərpápjuléiʃən]

명 인구 과잉

1887	**stem**	[stem]

명 줄기/대/종족/혈통   동 유래하다/생기다

1888	**excess**	[eksés]

명 초과/과잉/잉여   형 초과의/여분의

| 1889 | **subconscious** | [sʌbkánʃəs] |

명 잠재의식/어렴풋이 의식하고 있음 형 잠재의식의

| 1890 | **timber** | [tímbər] |

명 재목/목재/수목/대들보 동 재목으로 받치다/재목을 공급하다

| 1891 | **refugee** | [rèfjudʒíː] |

명 피난자/난민/망명자/도피자

| 1892 | **secret** | [síːkrit] |

형 비밀의/극비의 명 비밀/기밀/비법

| 1893 | **reverie** | [révəri] |

명 공상/환상/몽상

| 1894 | **patent** | [pǽtənt] |

명 특허/특허권/특허증/특권 형 특허의/명백한

| 1895 | **serious** | [síəriəs] |

형 심각한/진지한/중대한

| 1896 | **hitherto** | [hìðərtúː] |

부 지금까지(는)/아직 형 지금까지의

| 1897 | **gloom** | [gluːm] |

명 어둠/우울/침울

| 1898 | **similarity** | [similǽrəti] |

명 유사성/비슷함

| 1899 | **foliage** | [fóuliidʒ] |

명 (무성한) 나뭇잎

| 1900 | **reality** | [riǽləti] |

동 진실(성)/본성/현실/실체

색 인

1900단어 알파벳순 정리

F

G

genetic • 249

genial • 388

genius • 60

genuine • 100

genuinely • 372

geometry • 90

germ • 249

glacier • 218

glance • 188

glitter • 146

globe • 80

gloom • 403

gloomy • 114

grab • 362

graceful • 281

grain • 311

grant • 34

grasp • 37

grate • 198

grateful • 294

gratitude • 214

grave • 273

gravity • 255

greed • 94

grief • 333

grin • 333

groan • 359

gross • 375

ground • 221

grudge • 355

guarantee • 13

guilt • 373

guilty • 23

H

habitat • 379

halfway • 377

halt • 379

harbor • 374

hardship • 260

harm • 201

harsh • 99

harvest • 49

haste • 313

hatch • 356

hate • 230

haul • 195

haunt • 195

haven • 370

hazard • 362

heal • 40

height • 248

heredity • 93

heretic • 371

heritage • 262

hermit • 369

hesitate • 10

hideous • 392

highly • 222

hinder • 355

hire • 198

hitherto • 403

homage • 377

horizon • 28

horror • 117

hospitality • 318

hostility • 71

huge • 264

humble • 101

humid • 264

J

K

N

T